Gustave RIGAUD

Ce que doit savoir
le Voyageur
en Chemin de Fer

OBLIGATIONS ET DROITS RESPECTIFS
DU TRANSPORTEUR ET DU VOYAGEUR

===== EXAMEN =====

DES DIVERS CAS DE RESPONSABILITÉ
AVEC JUGEMENTS CORRESPONDANTS

PARIS

L'ÉDITION FRANÇAISE ILLUSTRÉE

30, rue de Provence, 30

Ce que doit savoir le Voyageur
en Chemin de Fer

Gustave RIGAUD

Ce que doit savoir le Voyageur en Chemin de Fer

OBLIGATIONS ET DROITS RESPECTIFS
DU TRANSPORTEUR ET DU VOYAGEUR

EXAMEN

DES DIVERS CAS DE RESPONSABILITÉ
AVEC JUGEMENTS CORRESPONDANTS

BORDEAUX
IMPRIMERIES GOUNOUILHOU
9-11, rue Guiraude, 9-11

1919

Ce que doit savoir

le Voyageur

en Chemin de Fer

LES SERVICES DES COMPAGNIES

L'administration d'un chemin de fer se divise en trois grands services principaux : la VOIE, la TRACTION, l'EXPLOITATION.

Nous ne parlerons que du dernier, le seul auquel ait affaire le voyageur et, par suite, le seul qui l'intéresse.

Il est dirigé par un ingénieur en chef et comprend tous les agents des Compagnies, employés des gares ou des trains (en dehors des mécaniciens et chauffeurs).

Chaque réseau est divisé en inspections principales; chaque inspection principale a sous ses ordres plusieurs inspecteurs de l'exploitation, lesquels ont sous leurs ordres des contrôleurs d'exploitation.

Les agents supérieurs ne portent pas habituellement d'uniforme.

Uniforme.

Les agents des Compagnies, commissionnés ou non, doivent, aux termes de l'article 73 de l'ordonnance des 15-21 novembre 1846, être porteurs d'un uniforme ou d'un signe distinctif.

Chef de service.

Dans chaque gare un peu importante, c'est le sous-chef qui est chargé du service général. Il a la casquette recouverte d'une coiffe blanche. C'est à lui qu'on devra s'adresser pour avoir le livre des réclamations ou pour signaler un fait quelconque. On peut également avoir recours au chef de gare, bien entendu.

Dans les petites gares ou stations, c'est au chef de gare qu'il faut porter ses doléances.

Agents assermentés.

La plupart des agents des Compagnies sont assermentés. Ils ont le droit de constater les contraventions et de dresser des procès-verbaux qui font foi jusqu'à preuve du contraire.

Ils sont considérés dans l'exercice de leurs fonctions comme des citoyens chargés d'un service public et à ce titre sont protégés par les dispositions spéciales du Code pénal (art. 224 et 230 de la loi du 15 juillet 1845).

Les agents non assermentés ne sont pas des citoyens chargés d'un ministère de service public et, comme conséquence, les outrages qui leur sont adressés ne tombent pas sous l'application de l'article 224 du Code pénal.

La jurisprudence, d'abord hésitante, est définitivement fixée dans ce sens depuis un arrêt de la Chambre criminelle de la Cour de cassation du 24 janvier 1902 (D. P., 1902. I. 144) :

« Attendu, dit cet arrêt, que par les expressions « chargé » d'un ministère de service public » il faut entendre tout agent investi dans une mesure quelconque d'une portion de l'autorité publique, mais qu'on ne saurait comprendre sous cette dénomination les personnes qui ne participent pas à cette autorité, encore bien qu'un intérêt s'attache à leur service.
» Attendu que les Compagnies de chemins de fer, bien qu'établies dans un but d'intérêt général et d'utilité publique, n'en sont pas moins des administrations privées; que les agents nommés par elle et qui ne sont point assermentés, ne reçoivent aucune délégation de l'autorité publique et ne remplissent pas, dès lors, un ministère de service public. »

Voir, dans le même sens, un arrêt de la Chambre criminelle de la Cour de cassation, du 17 mai 1906 (D. P., 1907. I. 117), cassant, pour défaut de motifs, un arrêt prononçant une condamnation pour outrages envers un agent d'une Compagnie préposé à l'enregistrement des bagages, sans indiquer si cet agent est ou non assermenté et sans mentionner les circonstances dans lesquelles se sont produits les faits de la prévention.

Avant l'arrêt de la Cour de cassation cité plus haut, la Cour de Poitiers, par un arrêt du 9 juillet 1897 (D. P., 1898. 2. 313), et celle de Paris, par un arrêt du 18 décembre 1897 (D. P., 1898. 2. 313), avaient reconnu la qualité de citoyen chargé d'un ministère de service public à des employés de Compagnies non assermentés.

Les agents assermentés des Compagnies sont expressément compris par l'article 23 de la loi de 1845 dans la catégorie des officiers de police judiciaire que cet article énumère. Il suit de là qu'ils doivent être considérés, alors qu'ils procèdent en cette qualité, non comme des employés uniquement attachés au service des Compagnies, mais au contraire comme exerçant des fonctions de police dans les limites des attributions qui leur sont conférées. (Cass. civ., 24 juin 1890. D. P., 1891. 1. 439.)

Mais ces agents n'ont qualité pour constater que les infractions spécialement prévues aux titres I et III de la loi du 15 juillet 1845. (Cass. crim., 23 avril 1910. D. P., 1912. 1. 309.)

Les voyageurs sont tenus d'obtempérer à toutes les injonctions des employés pour l'observation des dispositions mentionnées à l'article 58 du décret du 1er mars 1901.

Le dernier alinéa de ce texte est formel en ce sens.

Le refus d'obéir aux injonctions des agents des Compagnies n'est donc punissable qu'autant que ces injonctions ont pour objet les prescriptions mentionnées à l'article 63 de l'ordonnance du 15 novembre 1846, remplacé aujourd'hui par l'article 58 du décret du 1er mars 1901. (Cour de Nancy, 4 août 1887; Cour de Paris, 30 juin 1892.)

Les employés ne doivent prendre de mesures contre le voyageur que lorsque celles-ci sont justifiées par des motifs sérieux. Un jugement de Besançon du 12 novembre 1857 a condamné à des dommages-intérêts un chef de train qui, sans motif sérieux, avait fait descendre un voyageur à une station et l'y avait laissé. (Lamé-Fleury, *Code annoté*, p. 47.)

Un voyageur contre lequel une contravention est relevée et contre lequel procès-verbal est dressé est tenu de donner son identité et d'en justifier. Il peut être conduit pour cela devant tout officier de police judiciaire et même être mis en état d'arrestation, s'il a commis un crime ou un délit.

Contraventions de Chemins de fer.

Les infractions à la police des chemins de fer punies par l'article 21 de la loi du 15 juillet 1845 rentrent dans la définition des délits formulée par l'article 1er du Code pénal. En conséquence, elles comportent l'application de l'article 365 du Code d'instruction criminelle, aux termes duquel, en cas de conviction de plusieurs crimes ou délits, la peine la plus forte est seule appliquée. (Cass. crim., 31 oct. 1908. D. P., 1910. 1. 228.)

La durée de la prescription est de trois ans.

Les règles de la complicité leur sont applicables. Mais, en ce qui concerne le complice, la juridiction de répression saisie de la poursuite doit rechercher si le complice a sciemment prêté son concours à l'auteur principal. (Cour de Bordeaux, 12 mai 1897. D. P., 1898. 2. 7.)

Le fait matériel suffit pour constituer l'infraction indépendamment de toute intention coupable. (Cass. crim., 12 avril 1890. S., 1890. 1. 428.)

Mais les infractions à la police des chemins de fer, désignées sous le vocable de « contraventions », sont considérées comme des délits, au point de vue de la sanction pénale applicable. Alors qu'il faut pour que l'auteur d'un délit soit punissable, qu'il ait eu l'intention de commettre le délit, en matière de contraventions à la police des chemins de fer, punies comme délit, cet élément essentiel n'a pas besoin d'exister.

Et c'est pourquoi tout en reconnaissant la bonne foi entière et justifiée des contrevenants, les juridictions de répression se trouvent obligées de prononcer des condamnations.

Les infractions à la police des chemins de fer sont de la compétence des tribunaux correctionnels (art. 76 du décret du 1er mars 1901), à l'exception de celles relatives à la conservation des chemins de fer et aux servitudes imposées aux riverains, qui sont de la compétence des conseils de préfecture (art. 11 de la loi du 15 juill. 1845).

Procès-verbaux.

Les procès-verbaux des agents assermentés des Compagnies de chemins de fer ne font foi que jusqu'à preuve contraire. L'article 23 de la loi des 15-21 juillet 1845 dispose expressément que « les procès-verbaux des délits et contraventions feront foi jusqu'à preuve contraire ». (Cour de Bordeaux, 9 août 1887. D. P., 1891. I. 439.)

Ils doivent être affirmés dans les trois jours de leur date à peine de nullité, devant le juge de paix de la résidence de l'agent verbalisateur. (Art. 24 de la loi du 15 juillet 1845.)

Par résidence on peut entendre non seulement l'endroit où l'agent verbalisateur réside habituellement, mais encore les endroits où se trouvent de grandes gares où l'agent verbalisateur a un bureau spécial à sa disposition. (Trib. corr. de Brignoles, 23 juin 1910; *Bull. des transports*, 1910, p. 167.)

Aucun délai n'est imparti à l'agent pour rédiger son procès-verbal. (Même jugement.)

Le titre III de la loi du 15 juillet 1845 n'impartit, en effet, aucun délai à l'agent verbalisateur. En ce sens, deux arrêts de cassation des 17 mai et 20 juin 1861 (*Bull. crim.*, 1861, n°s 109 et 127). Cependant, une circulaire ministérielle du 9 septembre 1897 (Lamé-Fleury, p. 40) prévient les Compagnies d'avoir à inviter leurs agents à n'apporter aucun retard dans la rédaction des procès-verbaux dressés en matière de fraude de billets et dans leur transmission aux parquets.

Une circulaire aux Compagnies, du 6 mars 1897 (Lamé-Fleury, p. 40) leur rappelle que les agents assermentés doivent adresser leurs procès-verbaux directement aux parquets.

SERVICE DU CONTROLE.

Étant donnés l'importance des chemins de fer et l'intérêt général qui s'attache à l'exécution des lois, décrets, ordonnances et règlements les concernant, l'État exerce une surveillance sur les Compagnies à l'aide de fonctionnaires à lui, qui constituent le service du contrôle, réorganisé par un décret en date du 30 mai 1895.

Le service du contrôle de chacun des grands réseaux

est confié à un inspecteur général des Ponts et Chaussées ou des Mines dont les attributions comprennent le contrôle de l'exploitation, le contrôle de la construction et le service d'études et travaux du réseau.

L'inspecteur général a sous ses ordres : un ingénieur en chef adjoint, un ingénieur en chef pour le contrôle de la voie et des bâtiments, un ingénieur en chef pour le contrôle de l'exploitation et de la traction et un ingénieur en chef du contrôle central.

Commissaires de surveillance administrative.

Les seuls agents du contrôle qui soient en rapport avec le public sont les commissaires de surveillance administrative, qu'il ne faut pas confondre avec les commissaires spéciaux des chemins de fer. Ces derniers font partie de la sûreté générale et font surtout de la police. Les premiers sont chargés de surveiller les sections de lignes placées sous leur contrôle et de faire une enquête sur chaque plainte inscrite sur le livre *ad hoc* dont nous parlerons plus loin.

Le véritable but du contrôle est donc de tenir la main à ce que les règlements soient observés par les Compagnies, à ce que les tarifs soient respectés, à ce que les trains soient formés selon les prescriptions ministérielles, partent et arrivent à l'heure, à ce que les Compagnies ne commettent aucune contravention. Le contrôle doit, ou plutôt devrait protéger le voyageur contre les Compagnies, mais il faut avouer qu'il remplit mal cette tâche, si tant est qu'il l'ait jamais remplie.

Les commissaires de surveillance pourraient et devraient aller au-devant des réclamations du public. Sans exiger d'eux une présence permanente dans les bureaux, présence incompatible avec les nécessités de leur service et les tournées qu'ils sont obligés de faire, on pourrait leur demander de se montrer sur les trottoirs et quais des gares où ils ont leur résidence, tout au moins aux heures des principaux trains, au lieu de s'enfermer dans leur bureau. Ils devraient, lorsqu'ils savent qu'une réclamation se produit et qu'un voyageur est aux prises avec un employé, intervenir aussitôt, faire connaître leur avis et, s'ils estiment que la réclamation est fondée, forcer la Compagnie ou ses représentants à y faire droit, en dressant procès-verbal, le cas échéant.

Ce sont là, du reste, les obligations de leur emploi, obligations nettement précisées et définies par divers arrêtés et circulaires ministériels.

« Les commissaires doivent se tenir d'une manière à peu près permanente dans la gare de leur résidence, y assurer le maintien du bon ordre ainsi que dans les cours et leurs abords, dans les salles d'attente et sur les quais, surveiller l'application des mesures relatives à la composition, au départ et à l'arrivée des trains, constater les irrégularités de l'exploitation, enfin, recevoir les réclamations du public. » (Arrêté et circ. du 5 avril 1850 et circ. du 21 oct. 1848.)

« Les commissaires doivent écouter avec politesse les observations et réclamations du public, lui procurer les renseignements qui lui sont nécessaires, lui faciliter au besoin les moyens de formuler ses plaintes sur les registres déposés dans les gares. » (Inst. minist. du 23 sept. 1863.)

« Les commissaires doivent toujours apporter la plus grande modération dans les discussions auxquelles ils sont exposés en accomplissant leurs devoirs et faire en sorte de toujours mettre la forme aussi bien que la raison de leur côté. » (Circ. minist. du 15 fév. 1881.)

Dans cette dernière circulaire, le ministre rappelle que les commissaires ne sont pas assujettis à revêtir constamment l'uniforme, *mais ils doivent toujours porter au moins la casquette réglementaire* comme signe distinctif et, si les circonstances l'exigent, ceindre leur écharpe.

Les commissaires de surveillance se bornent à faire des enquêtes sur les plaintes, à rechercher dans les limites où cela leur est possible si le voyageur a raison et à inscrire la réponse à la plainte. La plupart du temps, la plainte est reconnue fondée, et la formule stéréotypée est « qu'elle ne paraît pas devoir entraîner une sanction administrative, la question préjudicielle, à défaut d'entente amiable avec la Compagnie, étant du ressort des tribunaux ».

C'est tout et c'est peu.

C'est même trop peu et, dans son numéro d'octobre 1908, le *Bulletin de la Société amicale des Commissaires de surveillance* publie un article dont l'auteur n'hésite pas à écrire : « Sans crainte comme sans ostentation, nous libérerons notre conscience en répétant que le régime actuel des plaintes est une duperie pour tout le monde. »

Les critiques que l'on adresse au service du contrôle

ne sont pas sans fondement et, pour s'en convaincre, il suffira de rappeler le discours prononcé à la Chambre par le ministre des Travaux publics, à la séance du 26 février 1907.

M. Bénazet, député, avait posé une question au ministre sur les retards des trains et, dans sa réponse, le ministre disait : « Dès le mois de septembre 1906, j'indiquais au contrôle quelle était sa mission et j'ai le regret de constater que si le contrôle avait toujours rempli son devoir, la situation ne se serait pas présentée dans des conditions aussi critiques que celles que nous avons été unanimes à constater. »

Il était impossible de proclamer en termes plus nets la défaillance d'une institution qui pourrait rendre de grands services.

Lors de la discussion du budget de 1911, des critiques non moins sévères furent adressées au service du contrôle de l'Ouest-État par M. Besnard, qui disait :

« On peut se demander aussi quelle a été pour l'ancien réseau de l'Ouest l'utilité du contrôle; ou il n'a pas été exercé, ou il l'a été par un service qui, systématiquement, fermait les yeux ; ce n'est pas la première fois que l'on surprend le contrôle de l'État à fonctionner d'une façon tout à fait insuffisante. » (*J. off.*, 3 fév. 1911, p. 454.)

Malgré ces critiques et les promesses des différents ministres qui se sont succédé aux Travaux publics, il ne nous est pas apparu que la situation se fut modifiée.

On pourrait diminuer le nombre véritablement trop élevé des fonctionnaires du contrôle, les faire surtout circuler fréquemment sur tous les réseaux, en les chargeant de missions très étendues; ils auraient à relever au cours de leurs tournées, toutes les infractions aux règlements et à dresser immédiatement procès-verbal des contraventions constatées.

On pourrait surtout rappeler à ces fonctionnaires qu'ils n'ont pas été créés uniquement pour procéder à des constats à la requête et dans l'intérêt des Compagnies.

Cette mesure serait d'autant plus nécessaire que plusieurs tribunaux ont eu à critiquer des procès-verbaux dressés par des commissaires de surveillance à la demande des Compagnies.

Le Tribunal correctionnel de Mayenne décidait, le 9 novembre 1900 (*Bull. des transports*, mars 1901), qu'il ne fallait voir dans un tel procès-verbal (dressé par un commissaire de surveillance), que l'opinion d'un fonctionnaire dont l'honorabilité garantit mal les connaissances techniques.

Le Tribunal de commerce de Riom, dans un jugement du 10 février 1911 (*Bull. des transports*, 1911, p. 92), insérait l'attendu suivant :

« Attendu que la fonction de commissaire de surveillance dans une gare ne peut donner au titulaire des connaissances universelles, qu'il est à supposer que M. le Commissaire est plus apte à remplir ses fonctions administratives qu'à faire des analyses industrielles; qu'à ce point de vue un pharmacien ou même le témoignage d'un simple fabricant de liqueur aurait été plus probant que l'affirmation d'un homme sincère, peut-être, mais dont les connaissances n'ont pu faire un expert en la matière. »

Le même Tribunal de commerce de Riom a eu à s'occuper des constatations faites à la demande d'une Compagnie de chemins de fer par un commissaire de surveillance administrative, constatations qui étaient en contradiction avec une expertise judiciaire.

Étant donnée l'importance de ce jugement, en date du 6 juin 1913 (*Bull. des transports*, 1914, p. 45), nous en extrayons les attendus suivants :

L. Rivière contre Compagnie d'Orléans.

« Le Tribunal,

« Attendu que suivant jugement de ce siège en date du 28 février 1913, MM. Brun, Mège et Sauze furent nommés experts à l'effet d'examiner les 41 sacs litigieux, dire s'ils étaient susceptibles d'effectuer le voyage de la gare de L... à la gare de Saint-Bonnet-de-Rochefort; de décrire leur état et notamment s'ils sont percés, en cas d'affirmative, donner la dimension des trous, rechercher s'ils sont anciens ou récents et leurs causes possibles; dire si le blé a subi une dépréciation sur les quais de la gare;

» Attendu que ce jugement a été motivé par le fait du désaccord entre le rapport dressé par M. Perronin fils, les experts commis par ordonnance de M. le Président de ce siège en date du 4 janvier 1913, et le procès-verbal de constat portant la date du 1er janvier 1913 dressé par A..., commissaire de surveillance administrative des Chemins de fer de Paris-Orléans; qu'en effet, alors que M. le Commissaire de surveillance, à la date du 1er janvier, indiquait 12 sacs très usagés, rapiécés et raccommodés grossièrement avec de la laine noire ou blanche *(sic)*, faufilés et prêts à éclater au premier choc, les autres 29 étaient tous percés en un ou plusieurs endroits ; le 6 janvier, c'est-à-dire postérieurement aux constatations du commissaire de surveillance, l'expert judiciaire constatait 41 sacs en bon état, toiles suffisamment solides pour supporter sans avaries les chargements, déchargements et manœuvres pouvant se produire en cours de route, à l'exception d'un seul qui avait un trou, trou causé par les rats ;

» Attendu qu'il y a lieu de s'étonner que la Compagnie Paris-Orléans n'ait pu, tout au moins lors de l'expertise judiciaire, y faire assister M. le Commissaire de surveillance, qui aurait pu faire connaître à l'expert officiel le résultat de ses propres constatations ; qu'il est encore bien plus étonnant que la Compagnie Paris-Orléans, qui a fait constater l'état des sacs par un commissaire de surveillance, n'ait pas, faisant droit aux réclamations écrites de Rivière, fait appeler en même temps ce dernier pour lui montrer les dégradations constatées ;

» Attendu que les constatations de M. le Commissaire de surveillance faites en dehors de l'intéressé, n'ayant aucun caractère contradictoire, ne peuvent être opposées à Rivière, l'identité des sacs, si M. le Commissaire de surveillance est de bonne foi, paraissant loin d'être établie, il faut admettre ou un excès de complaisance de la part de M. le Commissaire de surveillance, ou, étant donné l'état d'esprit de M. le Chef de gare de L... vis-à-vis de Rivière, il faut estimer que pour les besoins de sa rancune, M. le Chef de gare a montré des sacs n'appartenant pas à Rivière ; qu'en effet, les constatations de M. le Commissaire de surveillance n'ont rien de commun, sauf le nombre des sacs, avec les constatations faites par les trois experts judiciaires ; que si les constatations des trois experts paraissent devoir être homologuées comme faites « contradictoirement » et en présence même de M. le Commissaire de surveillance, il suffira d'une simple citation pour établir, si l'on admet la bonne foi de M. le Commissaire de surveillance, que celle de M. le Chef de gare de L... doit être suspectée ou *vice versa :* tandis que M. le Commissaire de surveillance, en parlant des seuls sacs intacts, dit : « 12 de » ces sacs très usagés étaient rapiécés et raccommodés gros- » sièrement avec de la laine noire ou blanche, faufilés et » prêts à éclater au premier choc, mais toutefois ne perdant » pas leur contenu », les experts des mêmes sacs disent : « enfin 12 sacs bons, sans raccommodage » ;

» Attendu que ce simple rapprochement n'a pas besoin de commentaires ; que d'autre part les experts ont soigneusement décrit tous les trous et raccommodages, qu'ils ont indiqué la nature et la matière employée pour ces raccommodages ; que jamais ils n'ont parlé de laine noire ou blanche, mais de fils ou de ficelles, que du reste ceci n'a aucune importance, qu'il suffit que la réparation soit bien faite ;

» Attendu que même si l'on admettait, par hypothèse, que les constatations de M. le Commissaire de surveillance soient exactes(?), M. le Chef de gare de L... n'en a pas moins commis une faute qu'il n'essaie même pas de discuter ; qu'il ne faut pas oublier que Rivière, lors des observations du chef de gare, a déclaré qu'il était prêt à remplacer tous les sacs en mauvais état qu'on lui pourrait montrer ; que cette déclaration a été faite par écrit ; que ce fait n'a pas été et ne peut être dénié ;

» Attendu que la Compagnie Paris-Orléans est chargée d'un service public, que ce service est régi par des règlements qui ont force de loi ; que ces règlements qui lui confèrent des droits lui imposent aussi des devoirs ; que c'est un devoir de faire constater par l'intéressé les dégradations qui pourraient ensuite être reprochées à la dite Compagnie ; que c'est arbitrairement et sans droit que M. le Chef de gare de L... s'est refusé à la constatation matérielle et contradictoire des faits reprochés à Rivière ; que cette manière de faire seule constitue une faute lourde à la charge de la Compagnie de Paris-Orléans... »

La Compagnie a été condamnée à payer à Rivière la somme de 500 francs à titre de dommages-intérêts et à remettre 41 sacs ou à en payer le montant.

En matière civile ou commerciale, les constatations des commissaires de surveillance n'ont que la valeur de renseignements et ne peuvent pas, par conséquent, faire preuve.

En matière pénale, leurs constatations, comme celles des agents assermentés, peuvent être combattues par tous les moyens de preuve.

Registre des réclamations.

Les agents du service du contrôle sont informés des plaintes et réclamations des voyageurs par les copies du livre de plaintes ou registre de réclamations qui est tenu dans chaque gare (art. 72 de l'ordonnance du 15 nov. 1840 et du décret du 1er mars 1901) et qui doit être mis, à première réquisition, à la disposition des voyageurs, expéditeurs ou destinataires. Cette énonciation ne saurait être limitative ; elle s'applique à tous ceux qui ont affaire à une Compagnie de chemins de fer, qui veulent faire connaître leurs réclamations, leurs desiderata ou qui tiennent à constater une situation quelconque. C'est, du reste, ce que signifie le mot « public » employé dans une circulaire ministérielle du 22 septembre 1899.

Le registre doit être mis sans retard à la disposition du réclamant. Le chef de service n'a pas le droit d'exiger du voyageur la présentation de son billet, ni de l'expéditeur ou du destinataire la production d'une lettre de voiture ou d'un récépissé.

N'oublions pas cependant que le voyageur est tenu de présenter son billet de place à toute réquisition des employés. Donc, s'il n'est pas tenu de le montrer pour avoir le livre des plaintes, il doit d'un autre côté le montrer pour le contrôle.

Le représentant de la Compagnie n'a pas à se préoccuper de la nature, de la légitimité, du bien fondé de la plainte. Il doit, d'abord, présenter le livre à celui qui le demande; ceci fait, il pourra s'enquérir de la cause de la réclamation pour y remédier, le cas échéant, mais, nous le répétons, sa première obligation, obligation impérieuse, est de fournir le livre de plaintes à première réquisition.

Les employés ne remplissent pas toujours ce devoir. Ils soutiennent au voyageur que ce dernier doit d'abord leur soumettre sa réclamation, afin qu'ils puissent juger du point de savoir si elle mérite d'être inscrite au livre des plaintes.

Or, le refus par un employé de donner le livre des plaintes est puni, comme toutes les contraventions de chemins de fer, par l'article 21 de la loi du 15 juillet 1845. (Trib. de Fontainebleau, 8 avril 1859.) Le voyageur qui se verra refuser le registre devra se préoccuper de trouver des témoins du refus. Si le refus a eu lieu en cours de route, à une station de bifurcation par exemple, il pourra adresser sa plainte au ministère des Travaux publics en même temps qu'au commissaire de surveillance administrative de la circonscription. Nous envisageons ici le cas où le refus s'est produit au commencement du voyage ou en cours de route, à une gare intermédiaire, car, c'est ordinairement dans ces conditions que les employés, voyant un voyageur pressé et dont le temps est limité, font des difficultés pour lui donner le livre.

Dans une circulaire du 15 février 1881, le ministre des Travaux publics indiquait que « le désir de chacun de ne pas être retardé dans son voyage et la brièveté des arrêts donnent aux agents des Compagnies de grandes facultés pour refuser de faire droit aux demandes qui leur sont adressées ».

D'un autre côté, le voyageur qui arrive en retard à une gare et qui a intérêt à aller à ses affaires et à ne pas prolonger son retard, hésite à perdre encore plus de temps à demander le registre des plaintes et à inscrire sa réclamation. Rappelons que l'on peut, le voyage terminé, adresser sa plainte au commissaire de surveillance de la zone où s'est produit le fait donnant lieu à la plainte, en lui indiquant la gare où l'on désire que la réponse à la plainte soit donnée. Cette plainte sera inscrite sur le registre de la gare où le fait dont on se plaint s'est produit, en vertu des prescriptions de deux circulaires ministérielles des 22 septembre et 26 décembre 1899.

On sait que l'on peut inscrire une réclamation dans n'importe quelle gare du réseau français. Ainsi, un voyageur, domicilié à Lyon, prend à Bordeaux-Saint-Jean, gare de l'État, un billet à destination de Brest. Il pourra inscrire sa réclamation à la gare de Nantes et, s'il le demande, le résultat de l'enquête ouverte à la suite de sa plainte sera inscrit sur le livre de plaintes de la gare de Lyon.

Les Compagnies de chemins de fer et leurs employés ne tiennent guère à ce qu'une plainte soit inscrite. Il arrive qu'avant de donner le registre, l'employé chef de service demande au voyageur quelle est la nature de sa réclamation, indiquant qu'il y sera fait droit, le cas échéant. Lorsque la plainte est inscrite, le chef de service, après en avoir pris connaissance, déclare au voyageur que sa réclamation est fondée, mais que, le service du contrôle ne pouvant statuer sur les demandes d'indemnité, le voyageur a intérêt à annuler, à biffer sa réclamation et à écrire directement au directeur de la Compagnie, qui donnera entière satisfaction. Il faut se mettre en garde contre cette manœuvre, car la promesse faite a souvent pour but d'empêcher le service du contrôle d'être mis au courant de la réclamation.

Il faut donc toujours faire sa réclamation; on aura la ressource de l'annuler lorsque satisfaction aura été donnée.

Il est bon de faire remarquer que les déclarations et les affirmations contenues dans la réclamation peuvent être discutées par la Compagnie dont les agents n'ont aucune observation à faire au moment où la plainte est rédigée.

Les Compagnies ne peuvent, après avoir reçu une plainte sur le registre, le livrer à des témoins non intéressés, comme un brigadier de gendarmerie, qui y ont consigné des observations contraires à celles du plaignant.

Une dépêche ministérielle du 24 janvier 1872 a rappelé aux Compagnies, à propos d'un incident de cette nature, que le livre des réclamations est destiné à recevoir les plaintes des voyageurs, mais non les observations et les témoignages des tiers. (Lamé-Fleury, p. 231.)

Mais, par contre, et malgré l'opinion contraire de plusieurs auteurs, nous estimons qu'on peut faire figurer sur le livre les observations et les témoignages de tierces personnes qui peuvent très bien demander le livre et adresser une plainte personnelle contre le réseau incriminé en indiquant qu'elles ont été les témoins d'un fait quelconque dont elles peuvent se plaindre au même titre que celui qui est le principal intéressé.

Il n'est guère possible de donner un modèle uniforme de plainte. Nous nous bornerons à dire que le réclamant agira sagement en indiquant d'abord son état civil, sa profession, son domicile, puis le numéro, la classe, le lieu de départ et de destination de son billet. Ces indications fournies, il devra se borner à relater le fait et les circonstances motivant sa réclamation, sans jamais demander une indemnité, même en fixant un chiffre amiable. Cette indication est, en effet, sans importance pour le service du contrôle. Lorsqu'on aura à se plaindre d'un retard, il faudra demander au contrôle de faire connaître les causes exactes et précises du retard du train n°... qui devait entrer en gare de .... à telle heure et qui n'y est arrivé qu'à telle heure.

Lorsque l'on aura à se plaindre d'un employé, il sera à la fois prudent et juste de lui demander son nom et de l'avertir qu'on se plaindra de lui.

Comme nous l'indiquons plus haut, la réponse à la plainte est toujours très courte. Le commissaire de surveillance qui fait l'enquête, et qui a sous les yeux les allégations du voyageur, entend le ou les employés incriminés et, après s'être renseigné plus ou moins efficacement, fait connaître son opinion à son ingénieur, qui approuve ou modifie les termes de la réponse à la plainte, laquelle est ensuite transcrite sur le registre de la gare où la réclamation a été formulée et sur le registre de la gare que le voyageur aura indiquée.

Le 29 juillet 1907, le ministre des Travaux publics a adressé aux directeurs du contrôle une circulaire où, après avoir rappelé que des affaires de même nature avaient reçu des solutions qui variaient selon les réseaux ou qui même n'étaient pas conformes à la jurisprudence de l'Administration supérieure, il leur indiquait que le droit de clore l'instruction des affaires n'avait été donné aux contrôleurs généraux que pour les plaintes qui ne présentent ni importance, ni difficultés exceptionnelles et que, dans le cas où ils jugeront qu'une réclamation présente une certaine importance, soit à raison de l'autorité ou de la compétence du réclamant, soit par son caractère de généralité ou les conséquences financières de la solution qu'il aurait adoptée, soit par suite d'un désaccord entre le contrôle et les Compagnies sur les mesures à prendre, les contrôleurs généraux devront en référer aux directeurs qui apprécieront s'ils doivent donner une solution à l'affaire ou en saisir l'Administration.

Très souvent, le service du contrôle, dans les réponses aux plaintes, se livrait à des commentaires qui pouvaient influer par la suite sur les décisions des tribunaux saisis d'un litige.

Pour remédier à cet état de choses, le ministre des Travaux publics a adressé le 20 juillet 1910 aux directeurs du contrôle la circulaire suivante :

« Il arrive parfois que les mentions inscrites sur les registres des gares par les fonctionnaires du contrôle en regard des plaintes déposées par le public sont libellées en ces termes : « plainte non fondée » ou « la » responsabilité du chemin de fer n'est pas engagée » ou « plainte fondée, la responsabilité incombe à la gare » de...... ».

» Mon attention a été appelée sur les inconvénients qui peuvent résulter de semblables assertions; elles sont en effet, de nature à influer sur les décisions de l'autorité judiciaire lorsque celle-ci vient à être saisie des litiges qui se sont élevés entre les voyageurs ou expéditeurs et les administrations des chemins de fer.

» Il importe de remédier à cet état de choses et d'éviter dans ce but, quels que soient les résultats de l'instruction, de se servir, dans la rédaction des mentions, des expressions indiquées ci-dessus ou de toute autre qui constituerait une appréciation favorable ou défavorable à l'une ou l'autre des parties en cause.

» MM. les fonctionnaires du contrôle doivent en pareil cas se borner autant que possible à constater la matérialité des faits et à mentionner la suite qu'il a paru y avoir lieu de donner à l'affaire au point de vue administratif.

» Je vous prie d'adresser dans ce sens des instructions précises aux fonctionnaires placés sous vos ordres ou de les renouveler dans le cas où vous en auriez déjà donné vous-même et de veiller à ce que ces instructions soient rigoureusement observées. »

Le ministre des Travaux publics, auquel un député, M. Lefas, avait demandé s'il ne serait pas possible d'autoriser le voyageur qui a fait une réclamation à recevoir à domicile copie de la décision prise moyennant une légère taxe qu'il aurait à payer, a répondu (*J. off.*, 19 fév. 1912) que pour diverses raisons l'envoi par la poste et par les soins des commissaires de surveillance d'une lettre faisant connaître les résultats de l'instruction n'est pas praticable.

Nous ferons remarquer que les commissaires de surveillance accusent réception des plaintes qui leur sont directement adressées et indiquent au plaignant la gare sur le registre de laquelle seront inscrites et la réclamation et la réponse du contrôle.

Ajoutons, quelque bizarre que cela paraisse, que la Compagnie n'est pas touchée par la plainte, qu'elle est censée l'ignorer et qu'elle se contente de la transmettre au contrôle. En fait, copie de la plainte est adressée aux chefs de service intéressés, qui font procéder à une enquête; mais le voyageur a beau indiquer qu'il a subi un préjudice et qu'il demande des dommages-intérêts, la Compagnie n'est pas touchée, en droit, par cette réclamation.

De même l'inscription de réserves sur le livre de plaintes ne saurait tenir lieu des formalités prescrites en cas d'avarie par l'article 105 du Code de commerce, dont nous parlerons plus loin.

Il y aurait lieu de combler cette lacune. Les Compagnies pourraient avoir, à côté du registre des plaintes, un autre registre destiné uniquement à recevoir les demandes de toute nature que les voyageurs croient devoir adresser à la Compagnie ou les constatations qui n'intéressent pas spécialement le service du contrôle.

Par exemple, un voyageur à qui son bagage n'a pas été

livré à temps se servirait de ce livre, au lieu du livre des plaintes, pour établir qu'il est revenu à la gare à un jour et à une heure déterminés réclamer de nouveau son colis.

Un réclamant n'a pas le droit de feuilleter le livre et de prendre connaissance des réclamations qui ont été inscrites par d'autres que par lui. Le registre des réclamations est un document essentiellement secret.

Institué par la loi pour recevoir les plaintes portées contre les agents, il ne peut devenir entre les mains de ces mêmes agents la base de poursuites en diffamation contre le réclamant. Le principe a été posé par un arrêt de la Cour de Paris du 3 juillet 1884 infirmant un jugement du Tribunal correctionnel de la Seine du 3 mars 1884 qui avait condamné un voyageur pour diffamation envers un employé. (Lamé-Fleury, p. 231.)

Recommandations générales.

Une recommandation essentielle s'impose à celui qui a à se plaindre soit d'un employé, soit d'un détail de service, et qui vient présenter ses doléances à un représentant de la Compagnie — le plus souvent le chef de gare ou le sous-chef de gare — pour lui signaler le fait. Il doit toujours faire cette réclamation verbale sur un ton courtois et aussi froidement et posément que possible. Quelles que soient l'irritation et la nervosité, bien compréhensibles du reste, que causent les ennuis d'un retard ou d'une avarie, il faut se convaincre de cette idée que celui qui se fâche est perdu. Au surplus, l'employé de chemin de fer a formé son expérience sur ce point. Il sait que quatre-vingt-dix-neuf fois sur cent, pour ne pas dire toujours, il aura facilement raison de celui qui crie, qui tempête, qui menace tout le monde à tort et à travers. Par contre, ce même employé redoutera toujours le voyageur qui se présente à lui poliment, et le prie de bien vouloir constater tel ou tel fait, remédier à tel ou tel abus ou défectuosité du service, à une faute d'un employé subalterne; il est infiniment probable qu'il s'empressera de faire le nécessaire pour lui donner satisfaction.

Du reste, de nombreuses instructions spéciales recommandent aux employés des gares et stations et des trains de faire leurs efforts, tout en assurant le service, pour éviter au public tout sujet de plainte ou de réclamation.

Lorsqu'une plainte ou une réclamation leur est adressée, ils doivent, quel qu'en soit le motif, la recevoir *avec la plus grande politesse* et, si elle est fondée, s'empresser d'y faire droit. (Palaa, *Dict. du chemin de fer*, II, 539.)

Si le chef de service faisait la sourde oreille, ou si la réclamation portait sur un point important et pouvant devenir la source d'un procès, le voyageur demanderait le livre des plaintes et y consignerait d'une façon très détaillée et très précise tous les faits dont il croit avoir à se plaindre.

Nous croyons utile d'insister un peu sur ce que nous appellerons « l'instruction et l'éducation du voyageur ». Nous entendons par ces mots la connaissance par le voyageur de mille petits détails concernant les chemins de fer et leurs règlements et la manière de faire appliquer ces règlements.

Il faut convenir qu'avec notre caractère français, nous sommes portés à exhaler notre mauvaise humeur, à crier beaucoup sur le moment, à menacer et à tempêter. Quelques minutes après, tout est fini. Au commencement du voyage ou en cours de route, si nous avons à nous plaindre d'un manquement au service, d'un préjudice quelconque, si nous nous apercevons que le train a du retard, nous protestons; mais à l'arrivée, lorsque nous pourrions nous plaindre efficacement, nous préférons ne pas augmenter notre retard et nous voilà partis sans demander le livre des plaintes.

Le voyageur français n'est pas habitué à faire respecter ses droits. Il éprouvera une certaine répugnance ou une certaine paresse à écrire sa plainte. Il est vrai qu'il pourra éprouver quelque difficulté à obtenir le livre des réclamations. L'employé chargé de ce soin sera loin, sur les voies, occupé à un train; ou bien il parlementera avec le voyageur, essaiera de lui démontrer qu'il a tort. Si c'est à la gare de départ ou à une gare de bifurcation, il fera traîner les pourparlers en longueur, de façon à gagner du temps et à arriver au moment du départ du train.

Preuve des faits.

Les faits indiqués par le voyageur sur le livre des plaintes ne sont pas prouvés par le seul fait de leur inscription, à moins qu'il ne s'agisse de la présence matérielle du voyageur à la gare ou de la réclamation qu'il adresse à la Compagnie, notamment lorsqu'il indique que tel jour, à telle heure, le train n° tant est arrivé en retard, ou qu'un colis lui a manqué, ou qu'il est venu de nouveau le réclamer. On fera donc bien, toutes les fois qu'on aura à se plaindre d'un fait quelconque, de prendre un ou deux témoins.

Témoins.

Nous savons bien que ce n'est pas toujours chose facile et que bien souvent les compagnons de voyage font la sourde oreille et ne s'empressent guère de donner leur nom et leur adresse à celui qui réclame leur témoignage. On peut cependant y parvenir et, sans se faire délivrer par les témoins des attestations écrites qui plus tard seraient un obstacle à leur témoignage en justice, on pourra appeler leur attention sur les faits que l'on veut établir et au besoin leur faire certifier sur le livre des plaintes qu'ils ont été témoins des faits dont se plaint le voyageur et dont, par suite, ils ont constaté la réalité et l'existence.

Les Compagnies pourraient soutenir que plusieurs voyageurs ayant signé une plainte collective pour retard ou autre cause, ne pourraient être témoins les uns pour les autres en cas de litige. Cette prétention est très facilement réfutable et a déjà été repoussée. (Justice de paix de Bergerac, 17 janvier 1908.)

On peut se dispenser d'avoir recours à des témoignages lorsqu'un employé de la Compagnie consent à donner une déclaration dans laquelle il prend acte des plaintes et dires des voyageurs et les reconnaît exacts.

S'il est souvent difficile au voyageur de trouver des témoins, il n'en est pas de même pour les Compagnies qui, dans les enquêtes judiciaires, font appel aux témoignages de leurs employés.

En thèse générale, ces employés ne sont pas reprochables par ce seul fait qu'ils sont employés à la Compagnie. (Cass., Chambre civ., 22 fév. 1897. D. P., 1897, I. 535.) Mais les tribunaux ont à apprécier la valeur du témoignage et notamment l'intérêt que le témoin peut avoir à établir tel ou tel fait.

C'est ainsi que le Tribunal de la Seine a décidé, le 26 janvier 1895 (Lamé-Fleury, p. 94), que les renseignements émanant d'employés, dont la responsabilité pouvait être engagée, doivent être accueillis avec réserve.

Les témoignages des employés de la Compagnie sont suspects, a dit le Tribunal de commerce de Lyon, le 1ᵉʳ juin 1909. (*Bull. des transports*, 1910, p. 9.)

Il y a d'autant plus lieu d'accueillir avec réserve les témoignages des employés que fort souvent le procès fait à la Compagnie est un procès qui a sa cause dans une faute de l'employé, faute qu'il a le plus grand intérêt à nier pour dégager sa responsabilité.

Ainsi jugé par la Chambre des requêtes, le 11 mars 1913. (*Bull. des transports*, 1913, p. 73.)

« Sur le premier moyen pris de la violation des articles 1348 du Code civil, 270, 275, 282, 283, 289, 290 Code proc. civ. et 7 de la loi du 20 avril 1810.

» Attendu qu'en dehors du motif critiqué par le pourvoi et pris de ce que les employés de chemin de fer ne rentrent pas dans la catégorie des domestiques ou serviteurs visés par l'article 283 du Code de procédure civile, le jugement du Tribunal civil de Guéret et l'arrêt attaqué qui l'a confirmé par adoption de motifs ont écarté le témoignage de Vergue et de Comès par la raison que ces témoins pouvaient avoir intérêt à dégager leur responsabilité dans l'accident survenu à Marillier au cours des manœuvres exécutées par eux ; qu'en statuant ainsi, la Cour a entendu déclarer, en fait, que les dépositions de ces témoins ne présentaient pas de garanties de sincérité suffisantes pour lui inspirer confiance.

» Attendu que les juges du fond ayant un pouvoir souverain d'appréciation des reproches formulés contre les témoins en dehors des cas spécifiés par l'article 283 du Code de procédure civile, la Cour a pu confirmer la décision du Tribunal qui avait refusé d'entendre la lecture des déclarations de Vergue et de Comès et que, ce faisant, elle a donné pour base de sa décision une appréciation de fait qui échappe au contrôle de la Cour de cassation... »

La première Chambre du Tribunal civil de Toulouse a décidé, le 17 mai 1912 (*Bull. des Transports*, 1913, p. 30), que si un chef de train et un mécanicien ne sont pas des domestiques et des gens de service reprochables à ce titre comme témoins aux termes de l'article 283 du Code de procédure civile, leur déposition pourra être écartée, s'il résulte, notamment des circonstances de la cause, qu'ils ont un intérêt direct au procès et si spécialement l'accident générateur du procès intenté à la Compagnie met en cause leur propre responsabilité.

Dans une affaire en remboursement de paiement d'un parcours pour lequel le voyageur avait un billet circulaire, dont le coupon avait été détaché par erreur par un employé de la Compagnie, cette dernière soutenait que de l'enquête faite auprès des agents chargés du service de contrôle, il résultait qu'aucune faute n'avait été commise par eux.

Le Tribunal de commerce de Brioude, saisi de l'action en remboursement, accueillait la demande en déclarant que « entre la déclaration du voyageur dont l'intérêt était de conserver le coupon et celle de l'agent de la Compagnie intéressé à ne pas avouer une faute commise, le Tribunal ne pouvait hésiter ». (Com. Brioude, 27 juill. 1910; *Bull. des transports,* 1911, p. 11.)

Toutes les fois que cela sera possible, le voyageur aura intérêt à recourir au ministère d'un huissier pour faire dresser un procès-verbal de constat ou faire une sommation à la Compagnie.

Constats d'huissiers. Sommations.

Les Compagnies ont voulu, à un moment donné, interdire l'accès de certains locaux de leurs gares aux huissiers.

Saisi d'une plainte d'un voyageur, le ministre des Travaux publics répondait, le 16 octobre 1908, que les huissiers lui paraissaient rentrer dans la catégorie des personnes venant pour affaires concernant le service des chemins de fer, lorsqu'ils viennent offrir des marchandises au transport, réclamer une livraison, vérifier l'état des marchandises à livrer, prendre copie d'affiches.

Quoique le ministre ajoute que sa lettre n'est qu'une simple indication, il est à croire que les Compagnies n'émettront plus la prétention d'interdire aux officiers ministériels l'accès des locaux où ils ont affaire, alors même que ces locaux ne seraient pas ceux où le public a librement accès.

La première salle, ou vestibule, dans laquelle se donnent les billets et s'enregistrent les bagages, ne fait pas en principe partie de l'enceinte des chemins de fer. (Com. Mayenne, 3 fév. 1899; Lamé-Fleury, p. 1023.) Il semble donc que les huissiers peuvent y entrer et y instrumenter.

Cependant, ils n'ont pas qualité pour vérifier dans une

gare l'état des arrivages. (Cour de Paris, 26 mars 1884; Lamé-Fleury, p. 848 et Palaa, I, 496.)

La valeur des constats d'huissiers peut être contestée et un procès-verbal de constat dressé par un huissier agissant en dehors de justice et sur la réquisition d'une partie ést dénué de force probante à l'égard de l'adversaire qui conteste ces constatations. (Cour de Bordeaux, 21 juin 1909; *Journ. arr. Cour de Bordeaux*, 1910, I, 44.)

« Attendu, dit cet arrêt, que le procès-verbal de constat versé aux débats par Boë a été dressé par un huissier agissant en dehors de justice et en vertu du mandat que cet officier ministériel tenait du dit sieur Boë lui-même, qu'il est dénué de toute force probante, que les constatations qui y sont relatées sont contestées par la Compagnie du Midi. »

On peut trouver la preuve d'un fait à la charge de la Compagnie dans les livres et registres qu'elle est dans l'obligation de tenir, soit comme commerçante, soit en vertu des décisions ministérielles.

L'apport de ces livres peut être ordonné en justice et de nombreuses décisions ont été rendues en ce sens depuis peu.

Le 23 juin 1910, la Cour d'Angers (*Bull. des transports*, 1911, p. 41), saisie d'une demande d'indemnité pour retard formée par un voyageur abonné qui, avant tout débat sur le fond, concluait à la communication des livres par la Compagnie, a admis la thèse du voyageur.

« Attendu, dit la Cour, que l'intimé conclut, avant tout débat sur le fond... à ce que la Compagnie soit tenue de communiquer les registres ou une copie des registres indiquant les causes du retard dont il se plaint; que le décret du 1er mars 1901 a prescrit la tenue de ces registres dans un intérêt public, que ces renseignements sont en effet nécessaires pour apprécier, eu égard aux faits de la cause, la validité et l'étendue de la clause invoquée par la Compagnie...

» Dit que la Compagnie d'Orléans communiquera, par la voie du greffe, tous les registres de chacune des gares du parcours de Tours au Mans où il doit en exister, indiquant les causes du retard subi le 16 novembre 1907 par le train de Tours au Mans qui doit arriver dans cette dernière ville à 6 h. 45 du soir, ou une copie certifiée conforme par le commissaire de surveillance administrative des mentions portées aux dits registres sur les causes du retard. »

Les registres dont parle la Cour d'Angers sont ceux dont la tenue est prescrite par l'article 42 de l'ordonnance de 1846 et du décret de 1901.

Même jugement du Tribunal de commerce de Laigle, du 10 avril 1912 (*Bull. des transports*, 1912, p. 153), dans une affaire analogue d'abonné ayant eu du retard.

« Attendu que Mesnel demande que la Compagnie des chemins de fer de l'État représente au Tribunal ou bien le livre des plaintes de la gare de Laigle en usage au 15 décembre 1910 et au besoin les livres de chacune des gares de Dreux à Laigle inclus indiquant : 1º l'horaire normal et la durée de stationnement réglementaire dans chaque gare du train nº 453 à l'époque du 15 décembre 1910 ; 2º en fait, l'horaire et la durée de stationnement du dit train 453 dans chaque gare le 15 décembre 1910 ; 3º les causes du retard de ce train, notamment l'ordre général des gares et le journal du train nº 453 du 15 décembre 1910, ou bien une copie de ces livres et registres certifiée conforme par le commissaire de surveillance administrative ;

» Attendu que cette demande est recevable ;

» Par ces motifs,

» Avant de faire droit au fond, ordonne que dans le délai d'un mois à partir de la signification du présent jugement l'administration des chemins de fer de l'État devra représenter au Tribunal par la voie du greffe ou bien le livre des plaintes... ou une copie conforme... »

La Compagnie produisit seulement copie du livre des plaintes, où il était constaté que le retard du train était la conséquence de divers incidents d'exploitation dont l'un avait fait l'objet d'une mesure disciplinaire, et le journal du train 453.

Le Tribunal et le demandeur se contentèrent de cette production et le Tribunal estimant qu'une faute avait été commise, faute constatée par le journal du train, condamna la Compagnie à payer à l'abonné une indemnité de 80 francs. (Jugement du 3 juin 1912 ; *Bull. des transports*, 1912, p. 180.)

Le Tribunal de commerce de Rouen, par jugement en date du 25 octobre 1912 (*Bull. des transports*, 1913, p. 109), a condamné les chemins de fer de l'État qui avaient refusé de communiquer leurs livres à un arbitre rapporteur.

Le Tribunal constate que le réseau de l'État ne cherche même pas à établir que la production des livres réclamés par l'arbitre lui porterait un préjudice quelconque ; que d'un autre côté la Compagnie n'est pas un commerçant ordinaire auquel la production de ses livres pourrait être préjudiciable, mais bien une Compagnie de chemins de fer jouissant d'un monopole et soumise à des règlements et à des ordonnances.

Le Tribunal du Mans avait fait état du refus par la Compagnie de montrer ces livres pour établir sa responsabilité. (Com. Le Mans, 1ᵉʳ fév. 1910 ; *Bull. des transports*, 1910, p. 87.)

L'ordonnance de 1846 spécifie que « les registres mentionnés au présent article seront représentés à toutes réquisitions des fonctionnaires et agents chargés de veiller à l'exécution du présent règlement ». Le Tribunal estime qu'un mandataire de justice doit avoir le même pouvoir.

Cette théorie nous paraît des mieux établies.

La Cour de cassation avait été saisie d'un pourvoi formé contre un jugement du Tribunal de commerce de Lisieux du 23 janvier 1872, ordonnant que la Compagnie de l'Ouest devrait représenter ses copies de lettres et les livres des colis manquants.

Ce pourvoi a été rejeté par arrêt de la Chambre des requêtes du 4 mars 1873 (D. P., 1873. I. 302).

« Attendu, dit l'arrêt, que les livres dont l'article 15 du Code de commerce permet d'ordonner la représentation ne sont pas uniquement ceux dont la loi exige et règle la tenue pour les commerçants ; qu'il appartient aux Tribunaux de se faire représenter aussi les autres livres ou registres auxiliaires qui sont tenus dans les maisons de commerce et dont l'examen est propre à éclairer leur religion. »

AU DÉPART

Nous allons maintenant prendre le voyageur au sortir de son domicile, au moment où il monte dans un omnibus de la Compagnie et nous ne le quitterons qu'au moment où, rentrant chez lui et en possession de ses bagages, il aura pu les vérifier et s'assurer qu'ils n'ont pas été avariés en cours de route.

Omnibus.

Dans certaines grandes villes, les Compagnies mettent à la disposition des voyageurs des omnibus qui vont les chercher ou les conduisent à leur domicile, eux et leurs colis-bagages. Pour avoir un omnibus à l'arrivée, on peut faire télégraphier, sans frais, d'une gare du parcours à la gare destinataire. On peut commander l'omnibus de départ par lettre. Le mieux est de se rendre à la gare et de signer une demande imprimée dont il n'est du reste pas délivré de récépissé. Il y a là une lacune à combler, la Compagnie pouvant soutenir que la commande n'a pas été faite. Bien entendu, si l'omnibus ne vient pas ou arrive en retard et empêche le voyageur de prendre son train, la Compagnie est responsable.

Il en est de même d'un entrepreneur d'un service d'omnibus qui, après avoir promis d'envoyer prendre un voyageur, a oublié sa promesse. (Trib. civil de la Seine, 19 nov. 1891.)

La Compagnie devient également responsable du voyageur et de ses bagages à partir du moment où le véhicule est chargé, c'est-à-dire qu'elle doit réparer le préjudice qu'elle causerait en cas d'accident au voyageur, de retard, d'avarie ou de perte de bagages.

Les tarifs des omnibus, soit au départ, soit à l'arrivée, qu'il s'agisse d'un service fait directement par les Compagnies ou fait par des entrepreneurs qui ont traité avec elles, doivent être affichés dans l'intérieur des voitures et on ne peut rien exiger au-dessus de ce tarif.

Il arrive souvent que les Compagnies traitent avec des entrepreneurs pour faire le service des correspondances. Une circulaire ministérielle du 30 juillet 1892 prescrit aux Compagnies de faire connaître par des placards imprimés ou manuscrits les horaires des entreprises et des trains qu'elles desservent. Conformément à la circulaire ministérielle du 25 septembre 1866, ces placards doivent reproduire le prix des places à percevoir tant de jour que de nuit. Les affiches ou placards seront apposés dans le bureau du correspondant, dans ses voitures et dans les gares desservies ou à l'extérieur.

Lorsqu'un voiturier correspondant d'une Compagnie prétend prélever un droit supplémentaire pour le transport des bagages d'un poids admis à la gratuité, il faut réclamer communication de son cahier des charges, et s'il persiste, payer, mais réclamer aussitôt.

La plupart des Compagnies acceptent des voyageurs des télégrammes en franchise qui peuvent être remis aux diverses gares de leurs réseaux pour commander un omnibus à l'arrivée à Paris. (Voir au mot *Télégraphe*.)

Porteurs.

A la gare, les bagages sont déchargés par les hommes d'équipe et dans certaines grandes gares par des porteurs qui prennent en même temps les colis à main des voyageurs pour les porter dans les wagons.

Ces services sont gratuits.

Les Compagnies sont responsables de la manutention des bagages et de ses conséquences, mais sont-elles responsables de la perte ou du vol commis dans un wagon des colis à main confiés à un porteur qui les aura déposés dans un compartiment et, sans attendre le voyageur, sera parti continuer son service ?

La 5e Chambre de la Cour de Paris a, dans un arrêt du 13 novembre 1906 (*Bull. des transports*, 1907, p. 26), arrêt d'espèce à notre avis, exonéré la Compagnie de toute responsabilité. Il s'agissait, il est vrai, d'un voyageur qui, après avoir donné ses colis à main à un porteur, longtemps avant le départ du train, lui avait recommandé d'aller lui retenir un coin, ajoutant qu'il le suivait. Or, au bout de dix minutes, le porteur, ne voyant pas revenir le voyageur, se mit à sa recherche en laissant les colis pour marquer la place.

Le 13 avril 1907, le Tribunal de commerce de Bordeaux a rendu un jugement déboutant de sa demande un voyageur dans des conditions à peu près semblables. (*Bull. des transports*, 1907, p. 104.)

Dans un arrêt du 17 mai 1900 (D. P., 1901. 2. 55), la Cour d'Aix avait admis la responsabilité de la Compagnie et décidé que lorsqu'un voyageur attendant dans une gare l'arrivée d'un train et voulant sortir de la gare pendant un court espace de temps a confié la garde de ses bagages à un homme d'équipe chargé de se mettre à la disposition des voyageurs pour le transport de leurs colis, et que l'un de ces bagages a été soustrait par suite de l'imprudence de cet employé, la Compagnie doit être déclarée responsable du vol.

Le Tribunal de Nice a, le 9 février 1892, admis la responsabilité d'un préposé de la Compagnie des Wagons-Lits qui avait remis un sac précieux à un voyageur autre qu'au véritable propriétaire qui le lui avait confié.

Le juge de paix du 8e arrondissement de Paris avait, le 19 novembre 1891, admis la responsabilité spéciale de la Compagnie des Wagons-Lits dans un cas où une valise avait été volée dans une voiture en cours de route; mais la décision a été réformée par le Tribunal de la Seine, le 14 mai 1892.

La question de fait a une grande importance dans les litiges de cette espèce et la responsabilité de la Compagnie ne saurait être mise en doute si le voyageur établit que les colis ont été pris en charge par le porteur qui avait à les garder jusqu'au retour du voyageur.

La Compagnie est responsable de la perte d'un colis à main alors que le colis est placé sous la surveillance du porteur, le voyageur étant occupé à prendre son billet et à faire enregistrer ses bagages.

GARES ET STATIONS

La police des cours des gares appartient aux préfets qui ont le droit de réglementer la circulation, l'emplacement des voitures et de prendre les mesures nécessaires pour empêcher les voyageurs d'être assaillis d'offres importunes (art. 1er du décret du 1er mars 1901). Les arrêtés pris par les préfets pour assurer le bon ordre s'appliquent non seulement aux cours, salles des gares, mais à tous les lieux où le public peut avoir accès, notamment aux quais intérieurs. (Cass. crim., 25 mars 1904; D. P., 1905. I. 294.)

Les gares, les cours et les vestibules où se font la distribution des billets et l'enregistrement des bagages sont des lieux publics, quoi qu'en dise un jugement, du reste isolé, du Tribunal de police de Reims, en date du 28 février 1870. Pour légitimer son opinion, le juge de police déclarait que l'article 61 de l'ordonnance de 1846 défendait à toute personne étrangère au service de la Compagnie de s'introduire dans les gares.

Les vestibules des gares, les salles où s'enregistrent les bagages et où se distribuent les billets doivent être pourvus de bancs. (Circ. min. du 29 juill. 1857; Palaa, I, 113.)

Les heures d'ouverture et de fermeture des gares et stations sont fixées par des décisions ministérielles et par l'arrêté préfectoral type du 21 janvier 1908. Elles sont ouvertes une demi-heure au moins avant le départ ou l'arrivée du premier train du matin. Elles pourront être fermées après le départ ou l'arrivée du dernier train du soir sans qu'il puisse être dérogé aux prescriptions des décisions ministérielles fixant les heures d'ouverture ou de fermeture des gares.

Les Compagnies peuvent fermer pendant certaines heures de nuit les vestibules ou salles des pas perdus, et le voyageur qui s'y introduit en forçant la porte commet une contravention à l'article 61 de l'ordonnance de 1846. (Trib. corr. de Mayenne, 3 fév. 1899; Lamé-Fleury, p. 1023.)

On s'est souvent plaint de l'inconvénient que présente la rareté des inscriptions du nom de la localité dans les gares et le mauvais emplacement ou le peu de visibilité de ces noms. Le ministre des Travaux publics a par deux circulaires des 17 février 1898 et 10 août 1900 recommandé aux Compagnies de répéter le nom de la station en nombre de fois suffisant le long des trottoirs et très visiblement par des inscriptions qui, la nuit, puissent être éclairées.

Les Compagnies ne sont tenues de connaître que les noms officiels des stations tels qu'ils sont fixés par les arrêtés ministériels. (Com. Perpignan, 10 mai 1910; *La Loi* du 27 juin 1910.)

Aux termes de l'article 66 du décret du 1ᵉʳ mars 1901, aucun crieur, vendeur ou distributeur d'objets quelconques ne pourra être admis par les Compagnies à exercer sa profession dans les cours ou bâtiments des gares qu'en vertu d'une autorisation spéciale du préfet du département.

Régulateur.

Les trains doivent partir et arriver à l'heure fixée par les ordres de service dûment homologués. Les Compagnies commettent une contravention en faisant partir les trains avant l'heure et en les faisant arriver en retard. Il est donc du plus haut intérêt d'avoir dans chaque gare l'heure exacte.

Cette heure est donnée plus ou moins exactement par une horloge placée dans la façade de la gare ou station regardant la voie. Cette horloge est plus communément désignée sous le nom de régulateur et c'est sur ses indications que se font les mouvements des trains.

Toutes les gares à voyageurs et à marchandises sont indispensablement pourvues d'horloges-régulateurs, placées à l'intérieur aussi bien qu'à l'extérieur des bâtiments, de manière à fournir les indications nécessaires aux voyageurs et aux agents.

L'importance de la régularité de marche des horloges des gares et stations exige que leurs arrêts ou leur dérangements soient signalés dans le plus bref délai et par la voie la plus prompte afin que l'horloger puisse être immédiatement avisé de les remettre en bon état. (Palaa, I, 62.)

Les gares doivent être pourvues d'horloges placées dans des lieux apparents, de manière à fournir les indications nécessaires aux employés comme à ceux qui fréquentent les gares pour leurs affaires. L'entretien et la mise à l'heure doivent faire l'objet d'un service spécial et les instructions de service recommandent de signaler immédiatement les dérangements qui pourraient se produire dans la marche des horloges pour qu'il y soit remédié le plus promptement possible. (Féraud-Giraud, t. I, n° 305.)

Tous les régulateurs des gares devraient donc donner la même heure. Il y a cependant des variations et le régulateur d'une gare peut être en avance ou en retard d'une ou de plusieurs minutes. C'est néanmoins cette heure-là qui fait en quelque sorte foi pour le service de la gare.

Bien entendu, on aura toujours le droit de se plaindre d'une avance ou d'un retard du régulateur, de l'établir et de demander la réparation du préjudice que cette avance ou ce retard pourrait causer. Si, par exemple, le régulateur est en avance de plusieurs minutes sur l'heure exacte et qu'un train ait été expédié à l'heure donnée par le régulateur, c'est-à-dire avec plusieurs minutes d'avance, le voyageur arrivé à la gare assez tôt et qui n'aurait pu prendre le train sera fondé à réclamer des dommages-intérêts.

Heure nationale.

L'heure donnée par le régulateur est l'heure nationale légale.

Horloges extérieures.

Les Compagnies ont dans les gares importantes des horloges placées à l'extérieur, au fronton de l'édifice, et dans l'intérieur des gares et stations, des horloges qui donnent l'heure légale.

Or, il arrive souvent que ces horloges sont arrêtées ou ne sont pas d'accord avec le régulateur.

Le Tribunal de commerce de Lisieux a décidé, le 9 décembre 1905 (*Bull. des transports*, 1906, p. 57), que les Compagnies, n'étant pas tenues de fournir l'heure, n'encourent aucune responsabilité en cas de dérangement de ces appareils.

Même jugement du Tribunal de paix de Bordeaux (6ᵉ arrondissement) en date du 3 septembre 1909 (D. P., 1911. 2. 162.) Le juge de paix estimait que s'il est utile pour le public qu'il ait le moyen de se rendre compte du moment du départ du train, il possède par lui-même, à l'aide de sa montre, le moyen de se fixer.

Cette jurisprudence est des plus critiquables et il est facile de la combattre en faisant remarquer que, en cas de désaccord entre l'heure de l'horloge et celle de la montre du voyageur, ce n'est pas la montre du voyageur qui fera foi; ce devra être l'heure de l'horloge, même inexacte, et jusqu'à preuve contraire, parce que l'horloge de la gare à raison du service public qui se règle sur elle ponctuellement, est présumée indiquer l'heure exacte.

A notre avis, il ne saurait y avoir de différence entre la bonne marche de l'horloge intérieure et celle de l'horloge extérieure qui, depuis l'unification de l'heure, doivent donner les mêmes indications. C'est pour ainsi dire l'instrument officiel qui marque le temps pour le concessionnaire et pour le public et indique le moment où commencent et cessent, dans les rapports qu'ils ont entre eux, leurs obligations réciproques.

Dans une affaire où un voyageur se plaignait qu'un train fût parti deux minutes trop tôt de la station, la Compagnie alléguait que l'horloge était en retard de cinq minutes. Le Tribunal civil de Maryejols a, le 28 décembre 1910 (*Bull. des transports*, 1911, p. 25), repoussé cette prétention et admis la responsabilité du transporteur.

BILLETS.

Aux termes de l'article 5 des tarifs généraux de grande vitesse, la distribution des billets commence au plus tard dans les grandes gares ou stations trente minutes et dans les autres gares ou stations quinze minutes avant l'heure réglementaire du départ du train.

Elle cesse, au plus tôt, dans les grandes gares ou stations cinq minutes et dans les autres gares ou stations trois minutes avant l'heure réglementaire du départ du train.

Toutefois, lorsque le train sera en retard, il devra, autant que possible, être délivré des billets aux voyageurs qui se présenteront dans les limites fixées plus haut, avant l'heure annoncée pour le passage du train en retard.

Nous ferons remarquer que le voyageur qui serait arrivé à la gare après l'heure réglementaire du départ et qui par suite bénéficierait du retard du train, serait malvenu de se plaindre de ce même retard à l'arrivée. Du reste, les Compagnies ont soin de marquer dans ce cas sur les billets et sur les récépissés de bagages l'heure de délivrance des billets et d'enregistrement.

Avec les nouveaux tarifs, les cartes à moitié prix, les billets d'excursion ou de bains de mer, la délivrance d'un billet prend souvent plusieurs minutes; et le voyageur arrivé à la gare avec ses bagages, même avant l'ouverture du guichet de distribution, et qui a trouvé du monde avant lui, est obligé de faire queue et constate avec inquiétude que le temps s'écoule. Pour peu qu'il y ait affluence, et surtout au moment des vacances, le cas se produit fréquemment.

Les receveurs chargés de la distribution des billets auront alors la velléité d'inscrire sur le ticket la mention « sans bagages », sous le prétexte que le voyageur s'est présenté au guichet moins de quinze minutes avant le départ du train. Le voyageur devra protester énergiquement contre cette prétention et il lui sera relativement facile de trouver immédiatement des témoins et de prouver qu'il était là depuis longtemps, soit par les voyageurs qui se trouvaient derrière lui au guichet, soit par les personnes qui l'ont amené, lui et ses bagages. Si au bureau d'enregistrement des bagages on refuse d'enregistrer et de délivrer le bulletin, le voyageur demandera le livre des plaintes, sur lequel il indiquera l'heure de son arrivée à la gare, les circonstances (affluence, lenteur de l'employé chargé de la distribution des billets) qui ont motivé le retard, le refus de la Compagnie d'enregistrer le bagage. Il indiquera qu'il peut faire la preuve des faits dont il se plaint.

Il est plus que probable que, devant son attitude, le chef de service lui aura donné raison, même avant que la plainte soit rédigée. S'il n'en était pas ainsi, le voyageur n'aurait qu'à mettre ses bagages à la consigne et à attendre le train suivant. S'il était trop pressé, il pourrait prendre le train par lequel il se disposait à partir et il se ferait expédier ses bagages en grande vitesse. Il porterait ensuite l'affaire devant la juridiction compétente.

Les billets ne sont, en principe, valables que pour la journée au cours de laquelle ils sont délivrés. Il en résulte qu'un voyageur muni d'un carnet à itinéraire facultatif a vu annuler un billet pris à une date antérieure au voyage. (Com. Pont-Audemer, 7 fév. 1902; Palaa, 1022.)

Au début même de l'exploitation des chemins de fer, on indiquait sur le billet, comme on l'indique aujourd'hui sur le bulletin de bagages, le numéro du train pour lequel le billet était délivré.

Si, par suite de circonstances imprévues, on ne peut partir le jour même où le billet a été pris, on peut demander, et les Compagnies l'accordent facilement, de partir le lendemain.

Si même le voyageur est obligé de renoncer à son voyage, non par pur caprice, mais pour des raisons sérieuses, il a droit, à notre avis, au remboursement de son billet. Nul ne peut, en effet, s'enrichir aux dépens d'autrui, et les Compagnies ne sauraient sérieusement prétendre qu'elles peuvent garder le prix d'un voyage qui n'a pas été effectué.

Dans les grandes gares des divers réseaux et dans certaines villes où les Compagnies ont des bureaux distincts des gares, l'on délivre des billets à l'avance et à des conditions qui varient suivant chaque Compagnie.

Signalons, à propos de la délivrance des billets, un jugement assez curieux du Tribunal correctionnel de la Seine du 11 mai 1909 (*Gaz. Pal.*, 26 mai 1909) aux termes duquel constitue une infraction à l'article 66 du décret du 1er mars 1901 le fait par un individu de se tenir dans une gare du Métropolitain au bas de l'escalier donnant accès au guichet de distribution des billets, et, en l'absence de toute autorisation, de vendre au public des billets de place. Le Tribunal de Melun, 7 mai 1878 (Lamé-Fleury, p. 266), et le Tribunal de Bordeaux, 7 août 1868 (*Bull. des ch. de fer*, 1870. 8), avaient condamné des vendeurs de billets dans les cours des gares.

Monnaie au guichet.

Aux termes de l'article 7 de la loi du 22 avril 1790, c'est au débiteur à faire l'appoint. Le voyageur est donc tenu de solder exactement, au guichet, le prix de son billet et n'a pas le droit d'exiger de la monnaie. Il ne peut notamment forcer la Compagnie à lui rendre la monnaie sur un billet de banque d'une valeur supérieure au prix du billet.

La plupart du temps, les receveurs ont la monnaie, mais il peut arriver qu'ils refusent de changer soit un billet, soit une pièce d'or ou d'argent; c'est leur droit. Mais, s'il y avait mauvaise volonté de la part du receveur, il faudrait signaler le fait sur le livre des plaintes.

Différentes espèces de billets.

On sait qu'il y a plusieurs sortes de billets : les billets simples, les billets aller et retour, les billets militaires, les billets d'enfants, les billets directs, les billets à demi-tarif pris avec des cartes d'abonnement, les billets de trains dits de plaisir, les billets d'excursion, de voyage circulaire, de bains de mer, etc.

Billet simple.

Le billet simple, ainsi nommé par opposition au billet aller et retour, est délivré d'une gare à une autre pour un seul trajet entre ces deux gares.

On a soutenu que ce billet était personnel. Et l'intérêt de la solution de cette difficulté réside dans le droit pour le voyageur de faire enregistrer gratis trente kilos de bagages. Une décision unique (Tribunal civil de Nice, 5 juillet 1905) a posé en principe que le billet de chemin de fer était personnel.

C'est là une opinion isolée et très discutable. Elle ne nous paraît pouvoir s'appliquer qu'une fois le voyage commencé et lorsque le billet a été utilisé pour une partie du parcours par un voyageur qui ensuite voudrait le céder à un autre voyageur pour terminer le voyage.

Dans tous les cas, le billet simple peut être utilisé par n'importe quelle personne. Nous voulons dire par là que ce billet peut être utilisé par un voyageur autre que la personne qui a pris et payé le billet au guichet.

Billets aller et retour.

Les billets aller et retour sont ceux donnant droit au voyage aller et au voyage retour entre deux gares, et ce, sous certaines conditions de diminution du prix total du voyage et de durée de validité du billet.

Le billet aller et retour doit être utilisé, disent les Compagnies, par la même personne à l'aller et au retour. Il y a à l'appui de cette théorie un jugement du Tribunal d'Agen du 15 octobre 1878 confirmé par la Cour d'Agen le 13 février 1879. Ce qu'il y a d'exact, c'est que la vente des billets aller et retour est interdite aux termes des tarifs homologués ; mais il n'y a pas fraude, s'il n'y a pas vente de billets, s'il n'y a pas, par suite, contravention formelle au tarif. Nous ne pensons pas que la Compagnie puisse interdire le voyage retour à une autre personne que celle qui a fait le voyage d'aller, lorsque cette personne est de la même famille ou un serviteur.

Pour s'assurer que les coupons retour ne sont pas vendus et pour empêcher le trafic des billets, les Compagnies avaient émis la prétention de faire représenter par le voyageur, au point terminus du voyage aller, le billet entier avec ses deux coupons. Rien dans les règlements n'autorise une pareille prétention. Si les Compagnies craignent une fraude, c'est à elles de la découvrir par leurs propres moyens.

Une décision ministérielle du 27 août 1863 avait autorisé les Compagnies à exiger que les deux coupons aller et retour fussent représentés à la fois adhérents ou détachés tant au départ qu'au contrôle et à l'arrivée, faute de quoi le voyageur devrait payer le prix intégral de sa place. Les singulières prescriptions de cette circulaire n'ont pas été reproduites dans les nouveaux tarifs homologués.

A l'heure actuelle, la jurisprudence est fixée en ce sens que celui qui utilise un coupon de retour acheté commet une contravention aux tarifs homologués.

La Cour de Caen (13 fév. 1889) et la Cour de Paris (7 mai 1890) ont décidé que le voyageur qui achète un coupon de retour commet un délit dont le vendeur est complice.

Ces deux arrêts n'ont pas fait jurisprudence.

La même Cour de Paris avait décidé antérieurement, par un arrêt du 30 juin 1881 (*Bull. des ch. de fer*, 1883, p. 93), que le vendeur d'un coupon de retour ne commettait pas d'escroquerie.

Le 16 mars 1881, le Tribunal de Melun avait décidé (*Bull. des ch. de fer*, 1883, p. 95) que l'acheteur d'un coupon retour d'un billet aller et retour dont le coupon aller avait été déjà utilisé, ne commettait ni délit ni contravention, son cas n'ayant été prévu par aucun texte ni ordonnance.

La Cour d'Agen avait jugé, le 18 février 1879, (S., 81. 2. 111) que le contrevenant qui avait voyagé avec un coupon retour acheté à un autre voyageur n'était point passible de dommages-intérêts envers la Compagnie, lorsque le porteur primitif du billet avait pris un autre billet sur le même réseau.

EN ROUTE

Billets circulaires ou d'excursion.

Il y a un très grand nombre de combinaisons pour les billets circulaires, d'excursion, à itinéraire facultatif, combinaisons que les Compagnies offrent à leur clientèle et permettant soit aux voyageurs isolés, soit aux familles, de bénéficier de remises plus ou moins importantes sur les prix des parcours qu'elles ont à effectuer sur leurs réseaux.

L'étude des avantages et aussi des inconvénients que présentent ces combinaisons ne rentre pas dans le cadre de cet ouvrage. Nous nous bornerons à dire que sur certains de ces billets circulaires ou d'excursion, il est indiqué que le billet entier doit être présenté à l'arrivée et que les feuilles afférentes au trajet parcouru doivent être détachées par l'employé chargé de recueillir les billets à la sortie.

Cet employé, et par suite la Compagnie, est responsable d'une erreur qu'il commettrait à ce moment-là en prenant des feuilles ne s'appliquant pas au parcours. Il en serait de même si l'employé auquel un voyageur remettrait un billet aller et retour entier, prenait le coupon retour et laissait le coupon aller.

C'est ce qui a été décidé par un jugement du Tribunal de commerce de Bordeaux en date du 5 août 1905. D'après ce jugement, le fait que le coupon aller est entre les mains du voyageur constitue une présomption suffisante de la véracité de ses dires et, la fraude ne se présumant pas, on doit tenir ses explications pour exactes, alors surtout qu'elles ne sont pas sérieusement contestées. Il importerait peu que la Compagnie alléguât n'avoir pas retrouvé le coupon retour qui aurait été pris à la sortie.

Même décision du Tribunal de commerce de Brioude

en date du 27 juillet 1910 (*Bull. des transports*, 1911, p. 11) condamnant la Compagnie P.-L.-M. à rembourser à un voyageur le prix exigé deux fois à la suite d'une erreur d'employé et à 15 francs de dommages-intérêts.

Un jugement assez curieux du Tribunal de la Seine, du 13 août 1867, cité par Lamé-Fleury, p. 872, avait statué dans le même sens et décidé que :

Entre le voyageur, propriétaire de son billet de circulation, qui en arrivant le remet à un agent de la Compagnie, et cet agent, intervient un contrat de mandat, consistant de la part de ce dernier à remettre ce billet au bureau du contrôle.

Le contrôle garantit ce voyageur contre les réclamations possibles et ses propres erreurs, par suite, comme dans l'espèce (billet aller et retour), de la remise au receveur du coupon retour au lieu du coupon aller. En effet, le détournement opéré par ce receveur, qui avait vendu le coupon retour, a privé le voyageur de l'exercice de son droit de retour sans nouveaux frais.

L'erreur du voyageur n'empêche pas le contrat de mandat de se former sur la chose remise et ne diminue en rien les obligations de l'agent mandataire.

Billets d'arrêt.

Dans certaines conditions et sur certains réseaux on délivre, en même temps que le billet et moyennant un supplément, des billets dits billets d'arrêt qui donnent le droit de s'arrêter une ou deux fois pendant le parcours.

Le voyageur qui est obligé de s'arrêter aux gares de bifurcation pour attendre des trains correspondants n'est pas tenu de rester dans les gares ; on peut exiger du voyageur qu'il dépose son billet entre les mains du chef de gare, mais alors le voyageur a le droit d'exiger un reçu. Si on le lui refuse, il peut rédiger une réclamation.

Accomplissement du parcours.

Un voyageur qui ne veut pas accomplir le voyage jusqu'au bout est libre de s'arrêter avant la station terminus, mais, dans ce cas, il doit remettre son billet là où il descend et, bien entendu, son billet est périmé et l'obligation contractée par la Compagnie est éteinte.

La Compagnie ne pourrait pas s'opposer à ce que le

voyageur s'arrêtât en cours de route et ne terminât pas le voyage. C'est un droit absolu pour le voyageur de s'arrêter dans une gare intermédiaire en abandonnant complètement le droit que lui donne son billet de poursuivre sa route. Comme l'indique M. Féraud-Giraud critiquant un arrêt de Toulouse du 26 décembre 1873 (*Bull. des ch. de fer*, 1873, p. 267), l'obligation de transporter n'existe que du côté de la Compagnie; le voyageur a dès lors la faculté de ne pas épuiser son droit et la Compagnie n'a pas à son égard le pouvoir de le transporter malgré lui. Le voyageur qui a pris un billet d'aller et retour par un train ordinaire ou tout autre ne s'est pas lié vis-à-vis de la Compagnie par un contrat de louage; il peut toujours conserver et reprendre au besoin de plein gré la libre disposition de sa volonté et de sa personne.

C'est ce que décide un arrêt de cassation du 20 mai 1892 (D. P., 93. 1. 47).

Cette question a son importance, car il arrive souvent que pour utiliser certains trains qui ne sont accessibles que pour un parcours déterminé, le voyageur a intérêt à prendre un billet pour une station un peu éloignée de celle où il a l'intention de descendre. Il se produit même ce fait que les Compagnies acceptent souvent d'enregistrer les bagages pour la gare qui est le but réel du voyage, alors que le billet de place est donné pour une gare plus éloignée.

Il a été jugé que le voyageur qui, ayant pris un billet pour une station déterminée, descend du train avant d'être arrivé à sa destination ne commet aucune contravention et ne peut être forcé de payer un supplément de prix, parce qu'il aurait profité d'une combinaison que les mesures adoptées par la Compagnie pour un train spécial lui ont permis de réaliser, tout voyageur ayant le droit incontestable de quitter le train à une station d'arrêt et ne pouvant être forcé d'accomplir l'entier parcours pour lequel il avait pris et payé son billet. (Le Mans, 26 juill. 1872, et Angers, 10 mars 1873; D. P., 73. 2. 125.)

Coupons de retour non utilisés.

Aux termes des tarifs de grande vitesse (G. V. 2 et 102) concernant la délivrance des billets aller et retour, « les coupons non utilisés dans les délais stipulés n'ont plus aucune valeur ».

En droit strict, les Compagnies ne sont donc pas tenues de les rembourser, quel que soit le motif pour lequel le voyageur n'a pu effectuer son voyage de retour.

Cette clause a soulevé de nombreuses protestations.

Dans une circulaire en date du 19 mai 1892 (Palaa, Supp., 29), le ministre des Travaux publics trouvait que « la clause qui obligeait le porteur à payer une seconde fois son trajet de retour au prix du tarif ordinaire était parfaitement régulière, mais n'en était pas moins d'une rigueur excessive... »

Les Chambres de commerce de Grenoble et de Périgueux ont protesté contre cette clause : la première demandait que le voyageur puisse exiger l'échange ou le remboursement du coupon de retour non utilisé, dans des conditions à déterminer, lorsque des circonstances imprévues ne lui permettraient pas de s'en servir, et la seconde indiquait que l'importance du remboursement devait être du montant de la valeur du billet, déduction faite de l'aller au tarif plein.

Une des grandes Compagnies a répondu « qu'elle ne pouvait envisager une mesure dont la conséquence serait de la mettre dans l'impossibilité de lutter contre la fraude ». Et elle a soutenu qu'on présentait très souvent au remboursement soit des coupons trouvés ou volés, soit des coupons déjà utilisés et qu'on a pu soustraire au contrôle d'arrivée, soit des coupons cédés à des racoleurs pendant les périodes d'émission de billets d'aller et retour à prix réduits ou de mise en marche de trains de plaisir.

La même Compagnie ajoutait que « dans la pratique elle examinait toujours avec bienveillance les demandes de remboursement qui lui sont adressées et que si, d'une part, toute possibilité de fraude peut être écartée et si, d'autre part, le réclamant justifie par des motifs sérieux la non-utilisation du coupon de retour, elle consent à annuler le contrat ».

Le Comité consultatif des chemins de fer, dans un rapport du 19 février 1910, précisant les desiderata des Chambres de commerce de Grenoble et de Périgueux qui voulaient obtenir le droit pour le public de se faire rembourser les coupons de retour non utilisés dans certains cas exceptionnels, reconnaissait qu'il paraissait impossible de prévoir tous les cas et avait pensé un moment à proposer une formule générale dans laquelle le remboursement aurait été prévu lorsque le cas de force majeure aurait pu être justifié. Mais en raison de la difficulté de donner à ces mots une signification précise, le Comité s'est rallié à l'opinion du service du contrôle qui concluait à laisser les choses en l'état. Il a cependant demandé que les Compagnies examinent avec bienveillance les demandes de remboursement justifiées par des raisons sérieuses.

C'est laisser les Compagnies absolument maîtresses de rembourser quand il leur plaît.

En ce qui nous concerne, nous avons demandé, en août 1898, à la Compagnie d'Orléans, le remboursement d'un coupon de retour non utilisé, c'est-à-dire la différence entre le prix du billet simple et le prix du billet aller et retour. Pour pouvoir faire juger la question, nous avions indiqué que nous entendions exercer un droit et non réclamer une faveur. La Compagnie d'Orléans nous a remboursé sans faire de difficultés.

Nous ne connaissons qu'un jugement rendu en la matière. C'est celui du Tribunal de paix de Vouziers du 18 février 1910 (*Bull. des transports*, 1910, p. 56) qui a repoussé la demande d'un voyageur tendant à se faire rembourser par la Compagnie de l'Est un coupon de retour, alors qu'il avait fait cette demande avant l'expiration des délais de validité du billet.

Les principaux considérants de ce jugement sont à citer :

« Attendu que le billet aller et retour est un billet de faveur puisqu'il donne au voyageur cette faveur de payer pour un même trajet une somme moins forte que celle que doit payer un voyageur muni d'un billet ordinaire; c'est un privilège que la Compagnie offre au voyageur qui lui en fait la demande expresse; donc, comme tout privilège, comme toute dérogation au droit commun, la convention qui intervient entre la Compagnie et le voyageur doit être interprétée restrictivement et par suite le voyageur ne saurait revendiquer le bénéfice de cette faveur, sans souscrire en même temps à toutes les conditions stipulées par la Compagnie...

» ... Attendu que le tarif spécial G. V. n° 2 ne donne droit aux porteurs de billets aller et retour que d'utiliser les dits billets dans les délais déterminés; qu'il n'autorise pas les Compagnies à rembourser les coupon non utilisés, mais déclare formellement au contraire que les billets non utilisés dans les délais stipulés n'ont plus aucune valeur... »

Signalons tout d'abord l'erreur commise par le rédacteur du jugement en parlant de « faveur » ou de « privilège » à propos de billets de chemins de fer.

Comme nous l'indiquerons plus loin en traitant de la validité de la clause d'irresponsabilité insérée dans les cartes à demi-tarif ou d'abonnement, le contrat intervenu entre une Compagnie et un voyageur est un contrat d'une nature toute particulière.

En réalité, le voyageur, l'un des contractants, se trouve placé en face d'un autre contractant, qui, par l'effet de son monopole, est maître de lui imposer les conditions qu'il lui plaît, pourvu qu'elles aient été approuvées par l'autorité supérieure; et on sait combien cette autorisation est facilement donnée, au mépris des règles les plus élémentaires du droit et sans aucun souci de l'intérêt du voyageur.

Au-dessus des tarifs approuvés, il y a ce principe de droit : c'est que nul ne peut s'enrichir aux dépens d'autrui.

C'est ce principe qu'a appliqué le juge de paix du Xe arrondissement de Paris, dans un jugement du 22 septembre 1909, que nous relaterons au chapitre de la non-représentation d'une carte d'abonnement.

En l'espèce, il ne s'agissait pas de savoir si un coupon de retour était valable ou non, mais bien de savoir si la Compagnie pouvait garder dans sa caisse le prix payé d'avance d'un travail qu'elle n'effectuait pas ou d'un service qu'elle ne rendait pas.

Prix des billets ([1]).

Le prix des billets est fixé par les tarifs homologués (26 janvier 1895). Les Compagnies ne peuvent rien exiger en sus et devraient restituer les sommes ainsi perçues indûment (Tribunal de paix de Versailles, 8 janvier 1902, déjà cité).

Le prix des places d'après les bases du dégrèvement opéré par la loi de finances du 26 janvier 1892 est, par voyageur et par kilomètre, de 0 fr. 112 en 1re classe, 0 fr. 0756 en 2e classe et de 0 fr. 04928 en 3e classe.

Sur le réseau de l'État, le prix en 1re classe est de 0 fr. 10192.

---

1. Pendant la guerre, ces prix ont été majorés. (Voir p. 235.)

Militaires.

Les militaires et marins en activité de service voyagent à un tarif réduit (le quart de la place due en vertu de l'ancien tarif).

Les officiers en congé de trois ans n'ont pas droit au tarif militaire. (C. C. 8 novembre 1907; D. P., 1909. 1. 485.)

Aux termes d'un arrêt de cassation du 6 mai 1909, rendu toutes Chambres réunies et publié dans le numéro de juillet 1909 du *Bulletin des Transports*, l'officier en congé, sans solde, qui s'est fait délivrer un billet à quart de place contrevient : 1º à l'article 2 des tarifs G. V., contravention prévue par l'article 76 de l'ordonnance du 15 novembre 1846; 2º à l'article 56 de la même ordonnance, pour avoir voyagé avec un billet délivré en vertu d'une clause illicite et par suite nulle.

Les billets militaires donnent les mêmes droits et engendrent les mêmes obligations que les billets civils; néanmoins pour les sous-officiers et soldats voyageant en troupe, la Compagnie peut se servir de wagons à marchandises, aménagés pour les transports militaires.

En outre, certains trains express ne sont pas accessibles aux militaires voyageant par détachements de plus de vingt hommes.

Enfants.

Au-dessous de trois ans, les enfants ne paient rien, à la condition d'être portés sur les genoux des personnes qui les accompagnent. De trois à sept ans, les enfants paient demi-place et ont droit à une place distincte; toutefois, dans un même compartiment, deux enfants ne pourront occuper que la place d'un voyageur.

Au-dessus de sept ans, les enfants paient place entière.

Ce texte de l'article 3 du tarif général G. V. est suffisamment clair pour ne donner lieu à aucune équivoque.

De très nombreuses contestations s'élèvent entre les Compagnies et les voyageurs conduisant des enfants, au sujet de l'âge de ces derniers. Le Tribunal de Corbeil, dans un jugement du 31 mars 1877 rapporté dans Palaa, 1, 698 et dans Lamé-Fleury, p. 175, a eu à s'occuper du refus par un employé de délivrer un billet de demi-place, sous ce prétexte que l'enfant était âgé de plus de sept ans.

Le Tribunal devant lequel la Compagnie était poursuivie en dommages-intérêts et en restitution du trop-perçu a accueilli la demande et posé les principes suivants :

« En l'absence de règlement faisant convention et loi des parties, les demandes de billets exceptionnels doivent être aux risques et périls de celui qui les formule. La Compagnie doit s'en rapporter en ce cas à celui qui invoque l'exception, sauf à réclamer plus tard des dommages-intérêts, en raison du préjudice causé et à poursuivre en justice la réparation de la fraude.

» En refusant le billet demi-tarif et en obligeant par suite le demandeur à des soins et à des démarches, la Compagnie lui a causé un préjudice dont elle doit réparation. »

Les Compagnies peuvent-elles, au moment de la délivrance du billet ou au moment de l'entrée dans les salles, demander aux parents de l'enfant ou aux personnes qui l'accompagnent de signer une déclaration certifiant l'âge du petit voyageur? Ces temps derniers, plusieurs Compagnies ont fait apposer dans les gares une affiche à ce sujet.

Nous pensons qu'elles n'ont pas ce droit.

Les règlements et tarifs sont absolument muets sur les justifications à fournir par les parents, soit avant, soit après la prise du billet, au sujet de l'âge de l'enfant.

On a soutenu, ce qui nous paraît inexact, que chaque voyageur peut être tenu, en pénétrant dans l'enceinte du chemin de fer, de donner son identité. Nous ne voyons pas du tout dans quels textes on peut trouver trace d'une semblable obligation imposée aux voyageurs.

Ce n'est, à notre avis, que lorsque le voyageur a commis un crime, un délit ou une contravention qu'on peut le forcer à décliner son identité et à en justifier.

Mais il faut que le crime, le délit ou la contravention existent réellement ou soient formellement imputés, par les agents de la Compagnie, et dans ce cas, à leurs risques et périls, à un voyageur, pour que ce dernier ne puisse se refuser à donner son état civil.

A l'appui de notre opinion, rappelons ce fait que les

billets ordinaires sont personnels, mais ne sont pas nominatifs.

Si donc les Compagnies redoutent une fraude, elles devront la découvrir à leurs risques et périls par leurs propres moyens ou investigations, notamment au départ ou à l'arrivée, en prétendant d'une façon formelle qu'elles ont été trompées sur l'âge de l'enfant, et que ce dernier a voyagé avec un billet insuffisant, ce qui équivaut à l'absence de billet et constitue non une escroquerie, mais une contravention à l'article 58 du décret de 1901, elles pourront, étant donné qu'elles prétendent relever à ce moment-là une contravention réelle, demander au voyageur qui accompagne l'enfant son état civil et l'état civil de ce dernier.

Il y aura alors deux solutions au procès-verbal.

Ou bien la Compagnie aura été trompée réellement sur l'âge de l'enfant et alors les personnes responsables seront poursuivies correctionnellement en vertu de l'article précité, et la Compagnie pourra réclamer des dommages-intérêts et notamment le prix du transport dont elle aura été frustrée.

Ou bien l'âge de l'enfant a été indiqué exactement; aucune contravention n'a été commise. Mais la personne contre qui un procès-verbal aura été dressé aura le droit de s'adresser aux tribunaux pour obtenir de la Compagnie réparation du préjudice qu'elle aura subi du fait de l'imputation dirigée contre elle.

Non seulement les Compagnies seraient responsables du procès-verbal dressé ainsi, à tort, contre le voyageur, mais elles encourent une responsabilité certaine, lorsque par suite d'une erreur, d'une légèreté ou d'une imprudence dans la vérification des déclarations d'un père de famille concernant l'âge de l'enfant qui voyageait avec lui, elles ont exposé le voyageur à des dépenses inutiles et lui ont causé un préjudice moral et matériel.

C'est ce qu'a décidé le Tribunal de commerce de la Seine, le 10 décembre 1908. (*Bull. des transports*, 1909, p. 56.)

Le demandeur, voyageant avec son enfant âgé de moins de trois ans, fut obligé de se rendre au bureau des renseignements de la gare de Châteauroux où un employé exigea une déclaration écrite indiquant la date et le lieu de naissance.

La Compagnie fit rechercher sur les registres de l'état

civil d'un arrondissement autre que celui indiqué et le père fut convoqué au commissariat de police pour s'expliquer sur l'infraction commise par lui et sa fausse déclaration.

Il dut se procurer l'acte de naissance de son enfant et justifier ainsi de la véracité de ses dires.

Il demanda alors des dommages-intérêts à la Compagnie qui soutint tout d'abord que son employé avait agi comme agent de la police des chemins de fer et non comme son agent.

Le tribunal repoussa le déclinatoire proposé. Puis, constatant que la déclaration du père avait été mal contrôlée, il condamna la Compagnie à 60 francs de dommages-intérêts.

La question de l'exigence de la déclaration écrite n'avait pas été posée, comme on le voit.

Il nous semble que les principes posés par le jugement du Tribunal civil de Corbeil conservent toute leur valeur.

En un mot, c'est aux Compagnies elles-mêmes à se protéger contre la fraude par des moyens d'investigation ordinaires qui, dans tous les cas, ne devront pas dépasser les limites permises et ne devront sous aucun prétexte être une cause de gêne, de vexation et de suspicion pour les voyageurs.

Déclassement.

Aux termes du paragraphe 2 de l'article 4 des tarifs, le voyageur, qui veut prendre place, pour tout ou partie du parcours, dans une voiture d'une classe supérieure à celle indiquée sur son billet est tenu, avant de changer de classe, d'en faire la déclaration au conducteur du train et de payer pour le parcours effectué en déclassement, un supplément égal à la différence, d'après le tarif ordinaire des billets simples, entre le prix de la place par lui occupée et le prix de la place à laquelle le billet lui donnait droit.

Donc, lorsqu'en cours de route on se déclasse, c'est-à-dire qu'on monte dans une classe supérieure à celle portée sur le billet, ou lorsqu'on a l'intention de dépasser la station portée sur le billet, on doit prévenir le chef de train. Si cet employé demande les billets, soit pour préparer la perception supplémentaire entre deux stations, soit pour remettre les billets à l'arrivée, on fera bien de lui demander un reçu ou de faire constater par un ou deux témoins que l'on s'est dépossédé de son titre de voyage.

Une circulaire du 31 mars 1902 (Lamé-Fleury, p. 1024) invite les Compagnies à ne retirer les billets aux voyageurs qu'en leur remettant en échange un jeton ou toute autre pièce pouvant tenir lieu de billet pendant le temps où le voyageur en est démuni.

Le voyageur, qui se trouve dans une voiture d'une classe supérieure à celle de son billet et qui n'a pas prévenu de son intention de se déclasser, est en faute et peut se voir dresser procès-verbal, même s'il offrait immédiatement le prix du déclassement. Aux termes du paragraphe 1er de l'article 58 du décret de 1901, il est interdit de monter dans une voiture d'une classe supérieure à celle indiquée sur le billet. Ce point ne fait plus et ne peut faire l'objet d'une controverse et le voyageur est en délit, quelle que soit sa bonne foi. Citons cependant, à titre documentaire, un jugement du Tribunal correctionnel de Toulouse du 27 octobre 1900 (*France judiciaire*, 1901, 2. 48) acquittant un voyageur qui s'était vu dresser procès-verbal après qu'il avait fait accepter le déclassement et le prix par le contrôleur. Le Tribunal estima que le contrat de transport primitif avait été modifié d'un commun accord. La question de fait était, en outre, très favorable au voyageur.

Il n'en est pas de même des abonnés. En effet, dans un arrêt de la Chambre criminelle du 19 juin 1902 (*Bull. des transports*, septembre 1902), il a été décidé que les porteurs de cartes d'abonnement, qui se déclassent, ne sont passibles d'aucune poursuite pourvu qu'ils paient le supplément; ce n'est qu'en cas de refus de payer qu'ils sont en contravention. La Cour s'est basée sur la clause spéciale aux tarifs d'abonnement.

Le déclassement peut avoir lieu pour tout ou partie du trajet et quel que soit le billet, simple, aller et retour, etc., dont le voyageur est muni. Pendant un certain temps, des Compagnies admettaient des déclassements partiels en faveur de tous les voyageurs; d'autres Compagnies ne les admettaient que pour les voyageurs munis de billets simples. Une circulaire ministérielle du 27 octobre 1899 a recommandé aux Compagnies de se mettre d'accord pour assurer aux voyageurs la même faculté, quelle que fût la nature des billets.

Il peut arriver d'un autre côté, et en sens contraire, qu'un voyageur muni d'un billet de 1re ou de 2e classe soit obligé, ne trouvant pas de place dans les voitures de la classe de son billet, de monter en 2e ou en 3e classe. En dehors des dommages-intérêts qu'il peut réclamer à la Compagnie, sauf le cas de force majeure, il a droit, pour le moins au remboursement de la différence, d'après le tarif ordinaire des billets simples, entre le prix de la place par lui réellement occupée et le prix de la place à laquelle le billet lui donnait droit.

Nous traiterons, du reste, plus amplement cette question au mot « compartiment complet ».

Perforation des billets.

Pour prévenir la fraude et empêcher que l'on utilise les billets plusieurs fois, les Compagnies, dans les gares importantes, font perforer les billets au moment où le voyageur pénètre dans les salles d'attente. Cette opération indique que le billet a été utilisé; le voyageur a néanmoins le droit de sortir de la salle d'attente et d'y rentrer avant le départ du train.

Il arrive parfois que, par erreur, l'employé chargé du contrôle perfore le coupon retour au lieu de perforer le coupon aller. Pour éviter d'avoir des difficultés au moment du retour, il sera bon d'exiger de la gare de départ où l'erreur a été commise, qu'elle mentionne le fait au dos du coupon retour et qu'elle y applique son timbre. Si l'on refusait, il faudrait inscrire une plainte.

Si les Compagnies ont le droit de perforer les billets, c'est à la condition de ne pas faire disparaître une des indications indispensables portées sur le billet (chiffres du numéro, date d'émission ou prix). Nous traiterons cette question sous la rubrique « contrôle des billets ».

Places de luxe.

Les places de luxe sont taxées différemment sur chaque réseau. La Compagnie n'est pas tenue d'en fournir lorsqu'il n'en existe pas dans la composition normale des trains et que tout son matériel de luxe est indisponible; mais elle est tenue de les fournir quand elle a promis de les procurer et que le voyageur s'est conformé aux conditions réglant l'admission. (Trib. de com. de la Seine, 30 mai 1890 et 4 janv. 1900 (Palaa, Supp., p. 62) ; Just. de paix de Bergerac, 19 avril 1907 et Trib. civ. de Bergerac, 31 oct. 1907.) La Compagnie de l'Ouest a été condamnée à payer des dommages-intérêts pour n'avoir pas fourni, au jour fixé, un salon-lit retenu et payé. (Trib. de com. de la Seine, 8 avril 1908; *Bull. des transports*, 1908, p. 153.)

La Compagnie des Wagons-Lits a été condamnée à payer des dommages-intérêts à une voyageuse qui fut délogée de son wagon-lit en cours de route de Lausanne à Paris. (Trib. de com. de la Seine, 2 mars 1912; *Bull. des transports*, 1912, p. 67.)

Durée de validité des billets aller et retour.

La durée de validité des billets aller et retour est déterminée par la longueur du parcours. Les billets délivrés le samedi sont valables jusqu'au lundi soir. La durée de validité d'un billet aller et retour, comme d'un billet simple, commence avec la première heure du jour où il est délivré et se prolonge jusqu'à la dernière heure du jour où il vient à expiration. (Cass., Chambre civ., 2 mai 1906; D. P., 1909. 1. 70.)

L'expiration du délai pour le retour ne se compte pas d'après l'heure d'arrivée du train que prend le voyageur; il suffit que le délai ne soit pas expiré au moment du départ.

Pour certaines fêtes, la durée de validité des billets est augmentée. Le Tribunal de commerce de Castelnaudary a jugé, le 24 juin 1902, que l'art. 5 du tarif G. V. avait pour objet non pas de refuser la prolongation des billets, mais de dire que les jours supplémentaires accordés aux tickets de cette catégorie n'entraient pas en ligne de compte. Ainsi, un billet aller et retour délivré d'une ville pour une autre a une durée de validité ordinaire de cinq jours. Or, les billets délivrés pour la Noël et le Jour de l'An sont valables du 23 décembre au 6 janvier.

Le billet pris le 2 janvier sera valable jusqu'au 6 janvier non pas seulement à cause de la prolongation accordée pour les fêtes, mais parce que cette durée de validité est normale. Et en payant le supplément prévu, le voyageur pourra faire proroger son billet.

Le voyageur porteur d'un coupon de retour périmé

est assimilé au voyageur sans billet et il y a contravention, même quand le voyageur est de bonne foi. (Grenoble, 15 déc. 1898; D. P., 99. 2. 234. Trib. corr. de la Seine, 26 nov. 1868; D. P., 71. 5. 55.)

La prolongation du billet doit être demandée à la gare de retour.

Timbrage des permis et billets.

Certains titres de circulation (permis, billets circulaires, d'excursion, etc.) doivent être timbrés par la gare de départ ou les gares d'arrêt.

Un jugement correctionnel de la Seine du 25 janvier 1904 (Sirey, 1904. 2. 284) considère le voyageur muni d'un permis non timbré comme n'ayant pas de billet.

Encore faut-il que cette obligation de faire timbrer le permis soit contenue dans un tarif homologué. S'il n'y a pas de tarif homologué et qu'il s'agisse d'un simple règlement intérieur de la Compagnie, il n'y a pas de sanction pénale et par suite pas de contravention. (Trib. corr. d'Angers, 14 fév. 1913; *Gaz. des trib.*, 1913, I, 186.)

Les coupons de retour de certains billets A. R. à prix réduits doivent être également timbrés. Il a été jugé à ce sujet que le défaut de timbrage de ces coupons par la gare de retour n'entraîne pas la nullité du billet, car le n° 7 des conditions d'application du tarif 106, qui règle ce cas, ne contient aucune sanction en cas d'inexécution. Si donc, dans ce cas, la Compagnie faisait payer le parcours, elle serait tenue à restitution. (Trib. de paix du XIIIe arr. de Paris, 15 sept. 1905. Trib. de comm. d'Oloron-Sainte-Marie, 15 janv. 1906.)

Les porteurs de certains carnets doivent prendre leurs billets au guichet, tant au départ qu'en cours de route, après chaque arrêt prévu par eux. Le carnet sur présentation duquel des billets leur sont délivrés doit porter le timbre de la gare de départ. L'omission de ce timbre ou son application défectueuse peuvent causer au voyageur nombre d'ennuis et parfois un réel préjudice. La délivrance des billets peut, en cours de route, leur être refusée. Ils en sont alors réduits soit à perdre un temps précieux en renvoyant leur carnet à la gare qui l'a délivré afin que celle-ci le régularise, soit à prendre des billets à plein tarif dont le remboursement ultérieur les obligera à des démarches fastidieuses, soit à poursuivre le voyage à leurs risques et périls puisqu'ils peuvent être considérés comme voyageant sans titre.

Il serait bon que les Compagnies prissent des mesures pour que les voyageurs munis de ces carnets ne soient pas exposés à tant de mésaventures. Il est nécessaire, qu'en attendant, elles rappellent à leurs employés qu'ils doivent veiller à ce que les carnets présentés à la gare de départ sortent de leurs mains, munis de tous les timbres et visas nécessaires.

Le voyageur titulaire d'un carnet pour un voyage circulaire avec itinéraire facultatif, qui s'arrête volontairement à une gare intermédiaire sans faire viser son billet, ainsi qu'il en a l'obligation à chaque parcours partiel, n'est point déchu du bénéfice de son contrat pour la totalité du parcours, ni de l'usage de son carnet circulaire. Il ne peut se prévaloir de la possession de son billet de parcours partiel qui n'a point été régulièrement visé. (Cass., Chambre civ., 5 févr. 1900 ; Sirey, 1900, 1, 237.)

Si le billet doit être présenté au timbrage de la gare par le voyageur, la Compagnie est responsable aussi du défaut d'attention de ses employés qui laissent passer un voyageur, au contrôle, avec un titre non timbré, alors que le voyageur soutient qu'il a présenté son titre avec d'autres et qu'il y a eu faute des agents de la Compagnie.

C'est ce qu'a décidé un jugement de la 11e chambre du Tribunal de la Seine du 23 octobre 1909 (*Gaz. des trib.*, 24 oct. 1909 ; *Gaz. du Palais*, 2 déc. 1909 ; *Le Droit*, 5 déc. 1909).

La Compagnie du Midi faisait poursuivre un voyageur qui avait été trouvé en route avec un billet non timbré par la gare de départ et elle soutenait que, « aux termes des conditions générales du tarif commun, le coupon de retour doit porter le timbre à date de la station thermale ou balnéaire de laquelle le voyageur est tenu de repartir pour revenir à son point de départ. Tout coupon de retour qui ne serait pas frappé de ce timbre serait considéré comme nul et sans valeur. Et, comme il est de jurisprudence constante que le voyageur muni d'un billet non timbré par la gare de départ doit être assimilé au voyageur sans billet, X... a contrevenu, dès lors, aux lois et ordonnances concernant la police des chemins de fer. »

Indépendamment de la sanction pénale, la Compagnie réclamait à titre de réparation civile : 1° la somme de 3 fr. 25, prix d'un billet de 2ᵉ classe d'Arcachon à Bordeaux; 2° 1 franc à titre de dommages-intérêts; 3° l'affichage du jugement à intervenir dans les gares et stations du réseau.

A la prétention des deux poursuivants, le voyageur répondait qu'il avait présenté au guichet de la gare d'Arcachon son billet en même temps que ceux de sa femme et de ses enfants, qu'il avait cru que son billet avait été timbré et qu'il ne s'était aperçu du défaut de timbrage qu'au moment du contrôle en cours de route.

Enfin, il ajoutait que la faute de la Compagnie s'aggravait de ce double fait que l'absence du timbre n'avait été remarquée ni par le préposé aux bagages ni par l'employé chargé du contrôle au passage du quai.

Le Tribunal a admis les explications du voyageur dans un jugement extrêmement intéressant et qu'il importe de reproduire :

« Attendu qu'il résulte de la déposition formelle du témoin entendu à l'audience que X... a présenté un billet au guichet de la gare d'Arcachon, en vue du timbrage exigé par le tarif applicable à ce billet et dûment homologué;

» Attendu que si le tarif exige que le coupon de retour soit timbré à la gare de départ, il est constant que le défaut de timbre de doit pas être mis à la charge du voyageur, lorsqu'il provient du fait personnel, distraction ou négligence de l'agent de la Compagnie auquel il a été présenté par le voyageur, alors que celui-ci a fait ce qu'il devait pour se mettre en règle, et qu'il ne saurait lui être fait grief de n'avoir, dans la précipitation du départ et en raison de l'affluence, constaté si l'employé de la Compagnie a rempli correctement son devoir;

» Attendu que si on en décidait autrement, on serait amené à dire que l'infraction serait commise même par le voyageur qui se serait heurté à un refus formel de timbrage d'un employé, vis-à-vis duquel il serait dénué de tout moyen de coercition. »

Le Tribunal correctionnel de Bordeaux, dans un jugement du 4 mars 1910, a acquitté un voyageur qui, muni d'un billet de famille, avait omis de faire timbrer son billet au passage en gare de Cette dans la nuit et avait refusé de payer sa place une seconde fois.

« L'omission du timbrage, a dit le Tribunal de Bordeaux, ne rend pas le billet nul, car certaines prescriptions des tarifs ne sont pas impératives à peine de nullité et les Compagnies elles-mêmes sont dans l'usage constant de s'y soustraire.

» Bien qu'il s'agisse d'un délit contraventionnel, le fait matériel ne suffit pas pour rendre le voyageur passible d'une peine. S'il est punissable, sans avoir l'intention frauduleuse proprement dite, il faut au moins pour qu'il tombe sous le coup de la loi un acte volontaire ou une imprudence impliquant une certaine volonté, ce qui n'existait pas dans l'espèce, puisqu'il était constaté que le voyageur dormait en gare de Cette. »

Par contre, la 7ᵉ Chambre du Tribunal de la Seine, statuant sur un appel d'un jugement de paix et le réformant, a décidé que les Compagnies n'étaient pas tenues de rembourser à un voyageur le prix d'un voyage perçu une seconde fois pour défaut de timbrage d'un coupon retour de billets de bains de mer.

« Attendu que le voyageur qui prend un billet de bains de mer se trouve obligé à se conformer strictement aux conditions spéciales édictées dans le tarif à prix réduit dont il profite; que l'une de ces conditions, précisément celle qu'il a négligé de remplir, consiste dans l'obligation de faire timbrer son coupon de retour à la gare de la station thermale ou balnéaire de laquelle il est tenu de repartir pour revenir à son point de départ, et qu'il est dit textuellement au paragraphe IV du tarif G. V. nº 106 que tout coupon de retour qui n'est pas frappé de ce timbre est considéré comme nul et sans valeur. » (Seine, 7ᵉ Ch., 3 fév. 1911 ; Bull. des transports, 1911, p. 90.)

Mentions sur le billet.

Quelquefois, le receveur, au moment où le voyageur demande son billet, le prévient que le train qu'il a l'intention de prendre a du retard et écrit sur le billet que la correspondance n'est pas garantie. Cette mention, à laquelle le voyageur ne peut s'opposer, n'enlève rien de la responsabilité de la Compagnie. Elle a pour but d'empêcher le voyageur de soutenir qu'il n'a pas été prévenu du retard du train. Au surplus, le voyageur pourra toujours consigner sur le livre de plaintes ses protestations et indiquer l'intérêt qu'il y a pour lui à ne pas manquer la correspondance.

Les Compagnies ont-elles le droit de faire figurer sur les billets, cartes à demi-tarif ou cartes d'abonnement des mentions ayant le caractère d'annonces?

Le juge de paix du VIIIe arrondissement de Paris (16 juin 1898) et, sur appel, la 1ʳᵉ Chambre de la Seine (17 mai 1899; D. P., 1900. 2. 459) ont décidé que non.

Les tarifs et règlements des Compagnies de chemins de fer, dit ce jugement, ont force de loi pour et contre les Compagnies; ils doivent être appliqués à la lettre et il est interdit aux Compagnies d'aggraver en quoi que ce soit les obligations qui résultent pour les voyageurs de ces tarifs et règlements.

En conséquence, les cartes d'abonnement délivrées par les Compagnies ne peuvent contenir des énonciations étrangères au contrat de transport et qui ne sont pas de nature à en assurer l'exécution, notamment des mentions de publicité et de réclame, alors surtout que ces mentions font corps avec la carte et ne peuvent en être détachées.

Itinéraire.

Lorsque, pour se rendre d'un point à un autre, la configuration du réseau ou des réseaux permet de choisir entre deux itinéraires, le voyageur a le droit de prendre l'itinéraire qui lui convient, à la condition de payer le tarif qui s'applique à cet itinéraire. (Palaa, 2. 212.)

Une décision ministérielle du 13 août 1868 prescrit, lorsque le voyageur ne désigne pas un itinéraire de son choix, de le diriger par la voie la plus courte qui doit être aussi la voie la plus économique. (Palaa, 2, 212.)

Le voyageur qui accomplit en revenant un itinéraire plus long que celui porté sur son billet, se trouverait en contravention.

Un jugement du Tribunal correctionnel de Mayenne du 6 août 1897 (D. P., 1897. 2. 448) décide que, en passant par un itinéraire plus long, le voyageur ne commet pas de contravention, lorsque le billet indique exclusivement la station de départ et celle d'arrivée sans mentionner l'itinéraire et que la disposition matérielle du billet réservait une place pour l'indication de cet itinéraire.

Dans ce jugement, le tribunal admet que si les tarifs dûment homologués ont force de loi, et si nul n'est censé les ignorer malgré les difficultés presque insurmontables en fait qu'éprouve le public à les connaître, ils cessent cependant d'être opposables aux intéressés lorsqu'il est tacitement intervenu entre la Compagnie et les voyageurs un traité de dérogation aux conditions ordinaires de transport et lorsque ces derniers ont été induits en erreur par l'insuffisance ou l'imperfection des indications fournies par la Compagnie. (D. P., 97. 2. 448.)

Les voyageurs sont autorisés, dans certains cas, à suivre au prix de l'itinéraire le plus court un itinéraire allongé.

Les trains à utiliser et les conditions sont indiqués dans les affiches de service.

Les autorisations de trajets allongés ou déviés, sans taxe supplémentaires, sont exceptionnelles et strictement soumises aux conditions limitatives imposées par les Compagnies et portées à la connaissance du public. (Rouen, 24 fév. 1900.)

Les voyageurs ont toujours le droit de suivre l'itinéraire de leur choix sous la seule condition de payer la taxe correspondante. (Lettre du Min. des Trav. publ. du 13 septembre 1898.)

Le Tribunal correctionnel de Saint-Lô (17 juin 1911, *Bull. des transports*, 1911, p. 196) a acquitté un voyageur qui avait suivi un itinéraire allongé et qui avait ensuite refusé de payer le supplément, pour le motif qu'aucun avis n'avait été donné au voyageur et qu'aucune observation n'avait été faite au départ.

BAGAGES

Le voyageur en possession de son billet va faire enregistrer ses bagages.

Qu'entend-on par bagages et quels objets le voyageur peut-il faire accepter par les Compagnies ?

Il y a eu à ce sujet de vives controverses, et les Compagnies ont émis la prétention de ne considérer comme bagages que les objets à l'usage des voyageurs : vêtements, linge, objets de toilette, etc. A l'heure actuelle, il est permis de dire que le voyageur a le droit de présenter à l'enregistrement tout objet qui n'est pas soumis à une taxe spéciale. Les Compagnies rangent parmi ces objets les animaux, les matières explosibles ou inflammables, ou exhalant une odeur infecte, les bijoux, matières d'or et d'argent, dentelles, pierres précieuses, objets d'art.

Nous aurons à revenir sur la question des bijoux, matières d'or et d'argent, etc., en étudiant l'étendue de la responsabilité de la Compagnie en cas de perte des bagages.

La jurisprudence comprend sous le nom de bagages les objets ou marchandises que le voyageur transporte avec lui. Exception est seulement faite pour les objets de trop grandes dimensions (6 m. 50 de longueur) qui dépassent les limites du matériel, ou de poids excessif (10,000 kilos).

Un jugement de paix d'Argelès, du 7 août 1902, décide que l'on peut classer dans la catégorie des effets accompagnant un voyageur un chien enfermé dans une caisse.

Un arrêt de la Cour de cassation du 24 octobre 1888 (D. P., 1889. 1. 117) décide que tout voyageur qui a payé le prix de sa place doit être admis à présenter comme bagages les objets, quels qu'ils soient, qu'il lui convient de faire transporter avec lui et à revendiquer pour ce transport le bénéfice de la gratuité jusqu'à concurrence du poids fixé par le cahier des charges. Le droit du voyageur ne reçoit d'autres restrictions que celles qui proviendraient des nécessités de chargement et de déchargement des trains de grande vitesse et des dimensions du wagon affecté au transport des bagages.

Un arrêt plus récent de la Chambre civile, en date du 7 juin 1904, confirme cette jurisprudence et décide que le voyageur qui a payé sa place doit être admis à présenter comme bagages les objets quels qu'ils soient, qu'il veut faire transporter, à moins qu'il ne s'agisse d'un objet soumis à une taxe spéciale. (D. P., 1906. 1. 174.)

Des circulaires des 23 et 30 novembre 1901 prescrivent aux Compagnies qui refusent de prendre un objet comme bagage, parce qu'il excéderait les dimensions du fourgon, etc., de certifier, quand on le leur demande, que le colis leur a été présenté et qu'elles ne l'ont pas accepté. (Lamé-Fleury, p. 1025.)

Une autre circulaire ministérielle du 24 mai 1902 prescrit à tout agent d'une Compagnie qui refuse, pour un motif quelconque, d'accepter comme bagage un colis présenté par un voyageur de délivrer à ce voyageur, sur sa demande, un certificat sur papier libre constatant la cause du refus.

On doit considérer comme bagages, dit un arrêt de Pau du 11 août 1903 (D. P., 1904. 2. 302), non seulement les objets affectés à l'usage personnel du voyageur ou destinés à pourvoir aux besoins ou conditions du voyage, mais encore ceux quels qu'ils soient qu'il lui convient de faire transporter avec lui.

La Consigne et les objets payés.

Le contrat de transport en matière d'enregistrement des bagages est un contrat essentiellement personnel. Il ne peut avoir d'effet qu'entre les parties contractantes et il ne saurait créer un lien de droit quelconque entre une Compagnie de chemins de fer et une personne autre que le voyageur qui s'est lui-même adressé à la Compagnie. (Trib. de com. de Nice, 20 avril 1911.)

On verra plus loin, au chapitre « Retard de bagages » que les bagages doivent voyager par le même train que le voyageur.

Or le voyageur qui, muni d'un billet, fait enregistrer

un colis comme bagage et qui ne fait pas le parcours, commet une contravention à l'ordonnance de 1845. C'est ce qu'a décidé, le 7 mai 1910, la 11ᵉ Chambre correctionnelle de la Seine, à propos d'un voyageur qui avait fait enregistrer au guichet de la gare de Bel-Air-Ceinture un colis contenant des effets à destination de la gare du boulevard Ornano. Il avait transmis par la poste le bulletin de bagages à une personne qui se présenta le lendemain à la gare d'arrivée pour retirer les bagages.

« Attendu que les tarifs généraux et spéciaux, dûment homologués, pour les transports de voyageurs, bagages, articles de messagerie, marchandises, établissent des classifications différentes suivant le mode d'expédition;

» Que l'article 8 des tarifs généraux pour les transports à grande vitesse mentionne que tout voyageur dont le bagage de pèse pas plus de 30 kilos n'a à payer pour le transport de ce bagage aucun supplément au prix de sa place et que l'article 12 ajoute que l'enregistrement des bagages est effectué sur la présentation du billet de place du voyageur et qu'il est constaté par la délivrance d'un billet;

» Attendu que cette exonération de taxe, qui constitue un avantage pour le voyageur, en vue de faciliter ses déplacements, suppose nécessairement que le transport des bagages n'est que l'accessoire du voyage lui-même;

» Que les prescriptions de l'article 8 ne s'appliquent donc qu'au voyageur qui, ayant pris un billet, effectue le parcours indiqué sur ce billet, et que son bagage, dans ce cas, est déposé en principe dans le même train que celui dans lequel il prend sa place;

» Qu'il en est autrement lorsqu'il s'agit soit d'articles de messageries ou de marchandises ou même d'objets à l'usage personnel des voyageurs non accompagnés sur tout ou partie du parcours. »

En sens contraire, la Chambre correctionnelle de la Cour d'Amiens a décidé, le 15 novembre 1912 (*Bull. des transports*, 1913, p. 29), que le voyageur n'était pas tenu de prendre le train indiqué sur son bulletin de bagages.

Les porteurs de cartes d'abonnement prennent l'engagement de ne pas transporter et faire enregistrer comme bagages avec franchise de trente kilos des colis ne leur appartenant pas. Cette prescription, édictée dans le but de mettre fin à l'industrie des commissionnaires messagers, a été aggravée par l'homologation d'un tarif spécial concernant spécialement ces industriels et les Compagnies.

Motocyclettes et automobiles.

A la suite de difficultés faites par les Compagnies pour l'enregistrement comme bagages de motocyclettes et d'automobiles, le ministre des Travaux publics envoya, à la date du 27 mars 1901, une circulaire spécialement relative à l'enregistrement de ces objets.

La circulaire prescrit l'admission, comme bagages, des motocycles et automobiles, de même que de tous autres colis, quel qu'en soit le poids, si le nombre des agents de la gare préposés au service des bagages permet, sans un effort anormal, d'embarquer le véhicule et si cet objet peut être installé sans difficultés insurmontables dans le fourgon.

Comme on le voit, cette circulaire laisse la porte ouverte à des discussions et des controverses, car on pourra ergoter longtemps sur la signification du mot « anormal » et du mot « insurmontable ». Le voyageur ne devrait pas avoir, en outre, à se préoccuper du nombre des agents préposés au service des bagages; c'est à la Compagnie à assurer le service comme elle l'entend, pourvu qu'il soit effectué.

Puisque nous parlons de voitures automobiles, signalons un jugement du Tribunal de commerce de Lyon, en date du 3 juillet 1899, qui décide qu'un voyageur est responsable lorsqu'il embarque une voiture contenant du pétrole, en cas d'incendie du fourgon.

Bicyclettes.

Toujours au même point de vue, un employé n'a pas le droit de refuser l'enregistrement d'une bicyclette non munie de plaque. Il doit se borner à faire mention du défaut de plaque sur le bulletin. (Avis du Comité du contentieux du T. C. F.)

Le même Comité a été saisi d'une plainte d'un sociétaire qui, présentant au chemin de fer, à l'enregistrement, une bicyclette sans plaque de contrôle, a été l'objet d'un véritable interrogatoire d'identité de la part d'un agent de la Compagnie. Ayant porté ce fait à la connaissance du directeur de la Compagnie, il a reçu une réponse dans laquelle on l'informe « qu'à la suite d'une entente intervenue entre l'administration des Contributions indirectes et les Compagnies de chemins de fer pour l'application des articles 23 et 24 de la loi de finances du 30 janvier 1907, il a été décidé que lorsqu'une bicyclette sans plaque de contrôle serait présentée au transport, les agents auraient à s'inquiéter des nom, prénoms et domicile du voyageur. Cette formalité, qui a d'ailleurs pour but de permettre la prompte livraison de la machine au cas de procès-verbal, a été prise dans l'intérêt même du voyageur. »

« Nous persistons à penser, dit le Comité du T. C. F., que rien n'autorise les Compagnies, même dans l'intérêt du voyageur, à se faire les auxiliaires du fisc, et qu'elles sortent complètement de leur rôle de transporteurs en se prêtant à des actes de ce genre. Cette sorte de procédé d'intimidation serait d'ailleurs dépourvue de toute sanction si le voyageur refusait de se prêter à l'interrogatoire en question, car il ne nous semble pas douteux que si la Compagnie en faisait résulter un refus d'enregistrement de la bicyclette, elle s'exposerait à une poursuite en dommages-intérêts. »

Le Comité n'a pas persisté dans sa manière de voir et a engagé les sociétaires à se conformer aux prescriptions des Compagnies relativement à la déclaration d'identité en présence de la responsabilité directe que le fisc peut faire peser sur les transporteurs.

Le transport des bicyclettes s'effectue toujours dans les fourgons ordinaires, et bien peu de voitures à bagages sont aménagées en vue de cet objet spécial. Des réclamations ont eu lieu et nous en trouvons l'écho dans un article publié dans la *Revue du Touring-Club* d'octobre 1909 :

« Il ne se passe pour ainsi dire pas un jour sans que nous recevions des plaintes touchant les mauvaises conditions dans lesquelles s'effectue le transport des bicyclettes. Dans des fourgons sans aménagements spéciaux, on empile les machines au petit bonheur, on les entasse, on les presse, et il en résulte des inconvénients graves. La délivrance des bicyclettes se fait très lentement. Nombre d'elles sortent du fourgon plus ou moins détériorées. Les employés et les voyageurs perdent également leur temps et sont pareillement furieux les uns contre les autres. Les Compagnies sont assaillies de réclamations et elles paient, au cours d'une année, un total appréciable d'indemnités pour détérioration de machines à elles confiées. Cet état de choses est devenu tellement général qu'il a éveillé jusqu'à l'attention des corps constitués. Dans sa session de septembre, le Conseil général de la Sarthe a voté, à l'unanimité, le vœu suivant déposé par M. Bouttié, député :

« Le Conseil général de la Sarthe émet le vœu que, pen-
» dant la saison d'été, un fourgon spécial aménagé avec des
» garages en bois ou des crochets suspendus, soit réservé aux
» bicyclettes à chaque train de voyageurs, sur les grandes
» lignes principalement. Les cyclistes auraient à payer une
» redevance supplémentaire, mais ils obtiendraient ainsi que
» leurs machines leur soient rendues vite et en bon état. »

» Ce vœu, il n'est pas un cycliste qui ne s'y associe. Les Compagnies ont intérêt à trouver le moyen le plus pratique d'y satisfaire. Le tout est de s'y mettre avec la ferme volonté d'aboutir et de commencer avec l'idée bien arrêtée de continuer. Il nous paraît impossible qu'on ne se décide pas à le faire, tout le monde devant y gagner et les Compagnies plus que tout le monde. Les frais qui résulteront pour elles de l'aménagement de quelques fourgons seront couverts, et au delà, par le bénéfice double qu'elles en tireront, d'une part en s'assurant une clientèle de cyclistes plus nombreuse encore et, d'autre part, en économisant la majeure partie des sommes qu'elles payent actuellement en indemnités de toutes sortes. »

Groupage.

Chaque billet donne droit au transport gratuit de 30 kilogrammes de bagages. Il est interdit au voyageur de faire enregistrer des bagages à l'aide d'un billet appartenant à un autre voyageur avec lequel il n'a aucun lien, et il y a là une contravention que les Compagnies poursuivent rigoureusement.

Mais les voyageurs qui font partie d'une même famille d'un groupement d'amis ou d'associés, liés par la parenté ou l'intérêt ou un but commun, dans un voyage ou une excursion entrepris de concert, ont le droit, pour augmenter leur franchise de bagages de 30 kilogrammes chacun, de grouper à cet effet tous les billets de voyageurs (Trib. corr. de Bayonne, 17 avril 1904. Cass. Chambre crim., 16 déc. 1882; Sirey, 1883. I. 433.)

Un voyageur a le droit de faire enregistrer comme siens des bagages qui ne sont pas sa propriété, mais qu'il avait en sa possession à la gare au moment de prendre son billet. (Corr. de la Seine, 21 avril 1886. Carcassonne, 4 juill. 1889.)

Lieu de destination.

Les bagages doivent être enregistrés pour la gare portée sur le billet du voyageur. Il peut arriver que le voyageur se rende à une gare située sur un autre réseau et pour laquelle la gare de départ ne donne pas de billet direct.

Il peut encore arriver que le voyageur ait à emprunter trois et même quatre réseaux pour arriver au but de son voyage, et que la gare de départ ne donne pas de billets de place pour la destination.

M. Lamy soutient, dans son *Manuel des transports*, que, aux termes des articles 12 et 17 des tarifs généraux G. V., la gare de départ est tenue d'enregistrer les bagages pour la gare d'un réseau voisin, alors même qu'elle ne délivrerait pas de billets pour cette gare.

D'après les tarifs généraux, « l'enregistrement est accepté pour la station inscrite sur le billet délivré au voyageur, mais dans le cas où la station de départ ne délivrerait pas de billet pour la station définitive indiquée par le voyageur, l'enregistrement n'en est pas moins effectué pour cette dernière station et par conséquent les bagages, quelle que soit leur destination, ne sont soumis qu'à un seul droit d'enregistrement ». (Palaa, I, 181.)

D'après les Compagnies, l'article 12 ne viserait que les relations entre les gares du réseau de départ.

Il résulte d'une lettre du ministre des Travaux publics, en date du 13 juin 1908, que la gare de départ est tenue d'enregistrer les bagages directement pour la gare destinataire, alors même qu'elle ne donnerait pas de billets de place pour cette gare et que le trajet emprunterait trois réseaux et même davantage.

Mais quelque temps après, le même ministre des Travaux publics a indiqué que la lettre du 13 juin 1908 visait un cas particulier, les chemins de fer de l'État, de l'Orléans et de l'Ouest, ayant passé des arrangements en vue desquels, pour les relations qui s'établissent par leurs voies, les bagages sont toujours enregistrés directement pour leur destination.

Aux termes des annexes A et B du tarif G. V. 101, qui est commun aux six grands réseaux et aux chemins de fer de Ceinture, les Compagnies continueront à délivrer des billets directs entre toutes les gares de deux réseaux limitrophes.

Les bagages doivent donc être enregistrés pour toutes les gares d'un même réseau ou de deux réseaux limitrophes..

Itinéraire.

Les bagages doivent voyager par le même train et, par suite, suivre le même itinéraire que le voyageur.

Le voyageur ayant, en effet, le droit de terminer son voyage avant la station indiquée sur le billet, doit pouvoir retirer ses bagages sous la seule obligation de remettre son bulletin.

Au cas de plusieurs itinéraires aboutissant à la même destination, la Compagnie est tenue de suivre celui fixé par le billet du voyageur. (Trib. de com. de Lyon, 29 juil. 1904. Trib. de com. de Lyon, 24 déc. 1901; *Bull. des transports*, mai 1902.)

Pesage.

« Tout voyageur dont le bagage ne pèse pas plus de 30 kilogrammes, n'a à payer, pour le transport de ce bagage, aucun supplément au prix de sa place. Cette franchise ne s'applique pas aux enfants transportés gratuitement et elle est réduite à 20 kilogrammes pour les enfants transportés à moitié prix. » (Art. 8 du tarif général.)

Le voyageur fera bien de veiller à ce que le pesage soit exactement effectué. Pour les bagages pesant moins de 30 kilogrammes, les employés ne se donnent pas la peine de faire une pesée exacte, puisqu'il n'y a pas de surcharge, et ils se contentent de porter sur le bulletin un poids approximatif. Cela peut avoir des inconvénients. En effet, au cas de perte ou de vol, si le poids porté au départ est inférieur au poids réel, une pesée régulière et exacte faite à l'arrivée pourra concorder avec la pesée inexacte faite au départ, et la Compagnie viendra dire au voyageur : rien n'a été volé ou n'a été perdu en cours de route, puisque le poids n'a pas varié.

D'un autre côté, en cas de perte, si un poids inférieur au poids réel a été porté sur le bulletin le transporteur pourra soutenir qu'il y a exagération dans le nombre des objets réclamés.

De même, il y a intérêt à faire peser les bagages à l'arrivée; le transporteur, étant responsable du poids, doit démontrer à l'arrivée que le poids est bien celui porté au départ.

Les Compagnies sont responsables des erreurs de pesage provenant du fait des employés ou des appareils et elles doivent avoir, comme tout le monde, des bascules en bon état. (Trib. de com. de Castres, 15 janv. 1906; *Bull. des transports*, juin 1906. Trib. de com. de Lyon, 9 nov. 1909.)

Si elles se servent d'instruments de pesage inexacts, elles tombent sous le coup de l'article 423 du Code pénal, modifié par la loi du 13 mai 18 3 (Cour de Grenoble, 23 juin 1911; *Journal de la Cour de Grenoble*, 30 nov. 1912.)

La Chambre civile de la Cour de cassation, dans un arrêt du 17 février 1903 (D. P., 1904, 1. 432) a décidé que les Compagnies étaient responsables du préjudice qui peut être causé aux expéditeurs ou aux destinataires par la défectuosité de leurs instruments de pesage. Même décision du Tribunal de commerce de Lyon du 26 avril 1912. (*Gaz. de Lyon*, 23 oct. 1912.)

Excédents de bagages.

Au-dessus de 30 kilogrammes (20 kil. pour les enfants voyageant à moitié prix), les excédents de bagages sont taxés par l'article 9 du T. G. et l'article 1er, paragraphe 6 de l'arrêté ministériel du 21 mars 1898, ainsi qu'il suit ([1]):

De 0 à 40 kilogrammes inclus, 0 fr. 50 par tonne et par kilomètre, sans que, dans aucun cas, la taxe puisse être supérieure à celle d'un excédent de plus de 40 kilogrammes;

Et 0 fr. 40 par tonne et par kilomètre, au-dessus de 40 kilogrammes.

Ce dernier prix est appliqué aux excédents de bagages pesant ensemble ou isolément plus de 40 kilogrammes.

Les prix fixés pour les excédents sont perçus sur 5 kilogrammes pour les poids égaux ou inférieurs à ce chiffre; sur 10 kilogrammes au-dessus de 5 kilogrammes, jusqu'à 10 kilogrammes inclusivement; par fraction indivisible de 10 kilogrammes au-dessus de 10 kilogrammes.

Les militaires et marins paient pour les excédents de bagages le quart de la taxe (art. 10, du tarif général).

---

1. Pendant la guerre ces prix ont été majorés de 37 %.

Vérification du bulletin de bagages.

De même qu'il a intérêt à vérifier son billet de place et à prendre en note les indications contenues sur ce titre, de même le voyageur fera bien de s'assurer que le bulletin d'enregistrement de bagages qui lui est remis porte les indications exactes de date, de numéro de train, de nombre et de nature des colis et de poids qui doivent y figurer; mais cela n'est pas obligatoire pour lui, quoi qu'en dise un jugement du Tribunal de commerce de Lyon du 4 octobre 1901.

Deux décisions du Tribunal de commerce d'Avignon, en date des 19 mars 1909 et 26 août 1910 (*Bull. des transports*, 1909, p. 137, et 1911, p. 43), affirment la non-obligation de vérifier le bulletin.

Si le voyageur peut être jusqu'à un certain point rendu responsable d'une erreur dans l'enregistrement de ses colis lorsqu'il n'a pas suffisamment surveillé le pesage et l'appel du lieu de destination, il n'a pas à se préoccuper, en droit strict, des indications qui y sont contenues.

Les bagages ne peuvent être enregistrés que pour la destination mentionnée sur le billet et les Compagnies sont en faute par le seul fait que le bulletin porte une autre destination. (Trib. de com. de Lyon, 20 mars 1912.)

De même, le voyageur ne saurait être rendu responsable d'une erreur d'étiquetage ou d'une substitution pure et simple de colis.

Il y a une copieuse jurisprudence sur ce point et nous pouvons citer notamment parmi les dernières décisions rendues en ce sens : Tribunal de commerce de Rochefort, 6 octobre 1911 (Rec. Havre 1912, 2. 86.) Tribunal de commerce de Cognac, 4 janvier 1912 (*Bull. des transports*, mars 1912). Tribunal de commerce de Nantes, 20 mars 1912 (Rec. Nantes 1912, 1. 318). Tribunal de commerce de Lyon, 3 janvier 1912 (*Gaz. comm. de Lyon*, 26 juin 1912) et 16 mai 1913 (*Bull. des transports*, déc. 1913).

On peut faire remarquer aussi que le voyageur n'est pas tenu de connaître les numéros des trains qu'il doit prendre et qu'il ne peut pas, par suite, voir si une erreur a été commise dans le numéro du train qui a été indiqué sur le bulletin.

Adresse sur les bagages.

S'il est prudent de mettre son nom et son adresse sur ses bagages, ainsi que le lieu de destination, ce n'est pas là une obligation pour le voyageur. (Voir en ce sens Trib. de comm. de Nantes, 20 mars 1912, déjà cité.)

Indications portées sur le bulletin.

Le voyageur est dans l'impossibilité matérielle de s'opposer à l'inscription sur son bulletin de mentions telles que : « malle usagée », « malle en mauvais état », « défaut d'emballage », « sans garantie », etc.

Il est inutile, dans ce cas, de discuter avec l'employé. On n'a qu'à demander le livre des plaintes et protester contre les mentions portées au bulletin.

Il est bon de s'assurer, lorsque l'on fait enregistrer une bicyclette que la mention « avec plaque » a été inscrite.

L'absence de cette mention n'a pas, du reste, pour effet de dégager la responsabilité de la Compagnie, car il y a présomption que la bicyclette a été remise avec une plaque, puisqu'elle doit en être munie légalement.

Manutention. Chargement. Déchargement.

La Compagnie est seule chargée de la manutention des bagages et de l'enregistrement ; toutefois, dans quelques petites stations et haltes, le voyageur est tenu de prêter la main pour le pesage et le chargement de ses bagages.

Si, pendant le chargement, le transbordement ou le déchargement de ses colis, le voyageur constate une chute de ses colis, il le fera immédiatement remarquer à l'employé responsable et au chef de service, et il consignera le fait sur le livre des plaintes. Il est probable que le chef de service lui demandera d'ouvrir les colis pour voir s'il y a une avarie. Le voyageur a le droit de ne pas opérer et de ne pas laisser opérer une telle vérification en cours de route; il aura le temps de le faire à la gare d'arrivée, voire même chez lui, soit en présence d'un employé de la Compagnie, si la gare a jugé utile d'en envoyer un, soit d'un ou deux témoins. Il aura eu le soin de ne remettre son bulletin qu'après avoir inscrit au dos la mention « Pris livraison sous réserves ». S'il y a avarie, il informera la Compagnie par lettre recommandée ou acte d'huissier dans les trois jours de la prise de livraison.

Passage sur la voie. — Salles d'attente.

Aux termes du paragraphe 1er de l'article 58 du décret du 1er mai 1901, il est défendu d'entrer dans les voitures sans avoir pris un billet.

Cette interdiction s'applique aussi aux salles d'attente.

Les salles d'attente, qui doivent être chauffées et éclairées comme les wagons, sont divisées soit en trois classes, soit en deux (les premières et deuxièmes étant réunies), et depuis quelque temps les Compagnies paraissent vouloir tenir la main à ce que les voyageurs porteurs d'un billet de 3e ne séjournent pas dans les salles de 2e et de 1re classe.

Elles ne font en cela que se conformer aux instructions qu'elles ont elles-mêmes données à leurs employés. Nous trouvons, en effet, dans ces instructions, les recommandations suivantes :

« Nul ne sera admis dans les salles d'attente que sur la présentation d'une carte de place ou d'un permis régulier. Toutefois, on doit user de tolérance en faveur des personnes accompagnant les voyageurs dont l'état réclamerait des soins particuliers. Sous aucun prétexte, aucun voyageur ne sera admis dans une salle réservée aux personnes qui ont pris des places d'une classe supérieure à celle indiquée par la teneur de sa carte ou de son permis de circulation. »

L'entrée des salles d'attente est, comme l'entrée des wagons, interdite aux voyageurs en état d'ivresse ou qui seraient porteurs d'armes à feu chargées et d'objets gênants ou dangereux, notamment d'outils aratoires.

Le mobilier des salles d'attente de 3e et de 2e classe aurait besoin de subir les transformations qu'a subies le matériel, et l'on pourrait, sans trop de frais, donner aux voyageurs de ces deux classes un peu plus de confortable.

Dans les petites stations, où quelquefois l'attente peut se prolonger une ou deux heures, la salle commune de

1re et de 2e classe sert à la fois de salle de consigne pour les colis, de serre pour les fleurs du jardin et de chambre à coucher pour l'intérimaire qui remplace le chef de gare; elle n'est ni chauffée ni éclairée. Les voyageurs ne doivent pas hésiter à réclamer pour faire cesser pareil état de choses, dont certaines Compagnies se seraient émues, paraît-il, et auquel elles auraient l'intention de mettre fin.

Les salles d'attente doivent être ouvertes une demi-heure avant le départ du train ou aussitôt que le guichet de distribution des billets est ouvert.

Elles doivent rester ouvertes toute la nuit dans les gares d'attente ou de correspondance.

Comme les voitures des chemins de fer et les vestibules de distribution de billets et d'enregistrement de bagages, les salles d'attente sont des lieux publics, avec toutes les conséquences de droit qui en découlent, notamment au point de vue des délits de diffamation, attentat aux mœurs, outrage public à la pudeur, etc.

Pendant longtemps, les salles d'attente étaient fermées et ne s'ouvraient qu'au moment où les voyageurs pouvaient monter dans le train.

Puis, une circulaire ministérielle du 10 janvier 1885 a prescrit aux Compagnies d'admettre les voyageurs sur les quais et de leur laisser prendre place dans les trains dès qu'ils sont munis de billets.

Une autre circulaire du 30 mars 1886 a prévu et autorisé des dérogations à cette règle générale.

Tickets d'accès.

On peut pénétrer dans les salles d'attente et passer sur les trottoirs d'embarquement en usant de tickets d'accès, que dans certaines gares les Compagnies mettent à la disposition des voyageurs pour le prix de 10 centimes.

Ces tickets ne donnent pas le droit de monter dans les wagons.

Ils sont valables pendant l'heure au cours de laquelle ils ont été délivrés et l'heure suivante.

Les Compagnies ont le droit d'en suspendre la distribution.

Bien entendu, on peut passer sur les quais et pénétrer dans les salles avec une autorisation du chef de service.

Affiches. Indicateurs des trains.

Jusqu'à ces temps derniers, on plaçait dans les salles d'attente les affiches indiquant les horaires des trains. Elles ont été remplacées par de petits livrets plus complets et plus faciles à consulter, car les affiches étaient le plus souvent placées dans des conditions telles qu'il était à peu près impossible de les lire.

Par contre, il est très facile de déchirer les feuillets de ces livrets, ce dont ne se privent pas certains voyageurs peu scrupuleux, de telle sorte que le remède est devenu pire que le mal.

On peut se demander si les Compagnies qui ont remplacé les affiches par les livrets n'excèdent pas leurs droits. Un arrêt de cassation du 20 mars 1868 (D. P., 69. 5. 56) a décidé que le dépôt dans une gare d'un livret contenant les taxes à percevoir « ne saurait tenir lieu de l'affiche réglementaire qui, par ses dimensions, sa couleur et la place qu'elle occupe, doit fixer l'attention du voyageur ».

Lorsque les feuillets sont déchirés et que la Compagnie ne les a pas remplacés, le voyageur doit se plaindre et exiger du chef de gare les renseignements dont il a besoin et qui se trouvaient contenus sur les feuillets enlevés.

Indicateurs officiels.

Les horaires sont aussi donnés par les indicateurs officiels vendus dans les bibliothèques des gares. Les Compagnies sont responsables des mentions et des renseignements qui y sont contenus.

L'indicateur français est mal établi et se consulte difficilement. Il ne se lit pas facilement, les renvois ne sont pas toujours sur la même page, de même que les distances kilométriques. Il devrait y avoir tous les renseignements indispensables au voyageur, notamment les délais d'attente des correspondances et les itinéraires détournés que les voyageurs ont le droit de suivre sans augmentation de prix. On pourrait donner ces indications et supprimer les annonces qui font de l'indicateur un volume lourd et encombrant.

CORRESPONDANCES.

Délais d'attente (¹).

Ces délais varient suivant la nature des trains. En général, les rapides n'attendent pas, les express attendent cinq minutes et les omnibus quinze minutes.

A l'heure actuelle, les salles d'attente sont ouvertes; le voyageur peut passer sur les quais pour attendre le train et monter immédiatement en wagon si le train est formé en gare.

Indication des trains.

La plupart du temps, les trains en partance sont indiqués par des écriteaux, mais les indications ne sont pas toujours claires. Le voyageur est souvent obligé de s'adresser à un employé et on verra plus loin que les renseignements erronés donnés par lui peuvent engager la responsabilité de la Compagnie.

Il serait désirable que chaque wagon fût muni d'un écriteau indiquant avec son point de départ et son point d'arrivée les principaux arrêts intermédiaires, comme cela a lieu pour les trains de luxe. On éviterait ainsi des erreurs de direction et les employés ne seraient plus distraits de leur service par les demandes de renseignements.

---

1. Voir : « Pendant la guerre » (page 235).

LES WAGONS

Places gardées.

Le voyageur a le droit de marquer la place qu'il désire occuper en y mettant un objet quelconque. Le système des garde-places, imaginé sur certains réseaux, n'a pas donné de brillants résultats en dehors des trains de luxe, sans doute à cause du taux élevé du supplément réclamé au voyageur.

Le Tribunal de commerce de Grenoble a décidé, par un jugement du 4 mars 1910 (*Bull. des transports*, 1911, p. 140), que le voyageur qui n'avait pu occuper des places qu'il avait retenues, n'avait droit qu'au remboursement de la taxe qu'il avait déboursée pour la location, la gêne ou l'ennui qu'il avait ressentis ne pouvant constituer aucun préjudice particulier.

Ce jugement est des plus critiquables.

Le fait, en effet, de retenir des places à l'avance fait supposer que le voyageur a un intérêt réel à s'assurer une place désignée à l'avance.

D'un autre côté, une gêne et un ennui constituent tout au moins un préjudice moral pour la réparation duquel il est dû des dommages-intérêts.

C'est là un point qui est aujourd'hui admis par la jurisprudence.

Aux termes de l'article 58, § 1er, du décret du 1er mai 1901, il est défendu de prendre une place déjà régulièrement retenue par un autre voyageur.

Quel est le sens du mot « régulièrement »? Pour nous, il ne faut pas entendre seulement que le voyageur a retenu sa place en payant à l'administration une rétribution quelconque et que sa place est retenue au moyen d'un appareil quelconque, mais bien que le voyageur dont la place a été prise par un autre, l'avait déjà occupée ou avait manifesté son intention de l'occuper, de la retenir, par un signe extérieur, un objet matériel. Et du moment où ce voyageur aura pu établir que sa place a été prise par un autre voyageur qui a dû déplacer un objet, ce dernier sera passible d'une contravention. (Trib. correct. de Dunkerque, 6 déc. 1902.)

Ici, nous devons signaler une lacune dans les règlements de police; certains voyageurs égoïstes ne se font pas faute de se réserver plusieurs places dans un compartiment, soit en les désignant avec des objets ou des journaux, soit en faisant monter avec eux les personnes qui les accompagnent, ce qui est interdit, même quand ces personnes sont munies de tickets d'accès. Au moment où le signal du départ va être donné, ces personnes descendent et le tour est joué; le voyageur est seul jusqu'au prochain arrêt. Il est bien difficile, en l'absence d'un règlement précis, de mettre fin à de pareils abus. Il faudrait tenir la main à ce que les personnes munies de tickets d'accès ne montassent pas dans le train et considérer comme une contravention le fait d'avoir retenu plus de places qu'il n'y a de voyageurs.

Si la place que l'on a retenue a été prise par un autre voyageur, on n'a qu'à appeler le chef de service, qui commencera peut-être par faire la sourde oreille, mais qui, sur l'annonce d'une plainte, s'entremettra sans retard pour faire respecter le droit du voyageur évincé.

En effet, une circulaire ministérielle du 17 mai 1889 indique que les agents doivent intervenir pour faire respecter les droits du voyageur sur la place qu'il occupait.

Cette circulaire ne fait que reproduire une dépêche ministérielle du 30 septembre 1869 indiquant que les voyageurs, lorsqu'ils s'absentent temporairement, ont le droit de marquer leurs places et que les représentants de l'autorité et les agents des Compagnies sont tenus de faire respecter ce droit.

État des voitures.

Quelle que soit la classe qu'il occupe, le voyageur a le droit d'exiger une voiture en bon état, propre, munie de ses glaces de fermeture fonctionnant bien, de rideaux, stores, etc.

Aux termes du dernier alinéa de l'article 32 du cahier des charges et de l'article 15 du décret du 1er mai 1901, les machines, locomotives, tenders, *voitures et wagons de toute espèce*, plates-formes composant le matériel roulant seront constamment entretenus en bon état.

Le fait par un voyageur de détériorer volontairement les garnitures d'un wagon tombe sous l'application de l'article 479, § 1ᵉʳ, du Code pénal (Trib. de pol. de Paris, 27 oct. 1893).

Lorsqu'un voyageur casse une glace, il est tenu d'en payer le prix, qui varie selon les Compagnies, la classe et les dimensions du verre.

Le juge de paix du canton ouest de Pau a condamné la Compagnie du Midi à payer des dommages-intérêts à un voyageur de 1ʳᵉ classe qui, par le froid, avait voyagé dans un compartiment dont la portière était dépourvue de glace (juin 1909).

Les voitures doivent être visitées et nettoyées après chaque voyage. Il arrive fort souvent que les agents de l'entretien ne remplissent pas leur tâche.

Le *Petit Journal* du 6 octobre 1908 signalait la découverte dans un compartiment de 2ᵉ classe, en gare de Paris-Austerlitz, du cadavre d'un enfant nouveau-né qui avait échappé aux recherches des agents visiteurs de la gare d'Orléans.

Les chefs de train, au moment où ils prennent leur service, doivent visiter toutes les voitures et faire constater, par écrit, par le chef de gare toute avarie qu'ils remarqueraient.

Les instructions spéciales des Compagnies semblent ne plus être suivies, et sur certaines lignes on constate que le matériel, même relativement neuf, est dans un état d'entretien déplorable.

Aussi ne faut-il pas hésiter à se plaindre si le compartiment est sale, mal entretenu, s'il y pleut (comme cela arrive quelquefois), s'il n'est ni éclairé ni chauffé. Si le train est en gare avec un arrêt, on peut rédiger une plainte, se déclasser et offrir de payer le supplément. Si c'est en cours de route, on préviendra le chef de train, on montera dans une classe supérieure et on rédigera sa plainte à l'arrivée en offrant de payer le supplément, qui ne sera jamais réclamé. Si l'on était cependant obligé de le payer, exiger un reçu.

Dames seules.

Il est interdit à un homme de pénétrer dans un compartiment réservé aux dames seules. (Trib. corr. de Nancy, 4 août 1887, et de la Seine du 29 juin 1875.)

Cela ne saurait s'appliquer à un jeune enfant du sexe masculin voyageant avec sa mère.

Une circulaire ministérielle du 13 août 1866 indique que certaines Compagnies, notamment le P.-L.-M., ont été autorisées à laisser monter les enfants de moins de sept ans dans les compartiments de dames seules.

Le fait par un chef de gare d'enlever l'étiquette apposée sur le compartiment réservé aux dames seules et à faire monter des hommes dans ce compartiment constitue une contravention. (Cass. crim., 2 mai 1873; Lamé-Fleury, p. 323.)

Voitures réservées.

Il est également interdit de prendre place dans un compartiment portant une plaque avec la mention « loué » ou « réservé ». (Ch. crim. de la Cour de cass., 25 nov. 1887.)

D'un autre côté, les agents ne peuvent arbitrairement apposer la plaque « loué » sur des compartiments qui ne le sont réellement pas. Et l'usage abusif d'une plaque ne pouvant avoir pour effet d'imprimer au wagon sur lequel elle est apposée le caractère légal de compartiment réservé, le voyageur qui prend place dans un tel compartiment ne commet pas de contravention. (Paris, 29 avril 1896; D. P., 1897. 2. 127.)

Aujourd'hui, certaines Compagnies remplacent la plaque « loué » par un écriteau portant le mot « service ». L'arrêt de Paris précité nous paraît devoir s'appliquer en cette occurrence.

Le paragraphe 3 de l'article 58 du décret du 1er mai 1901 interdit de se placer indûment dans les compartiments ayant une destination spéciale (postes, dames seules, loué, réservé, service).

Il est défendu d'enlever les plaques portant les indications ci-dessus, alors même qu'il y aurait dans le même train un autre compartiment de ce genre. Cette défense s'applique aussi bien aux agents de la Compagnie qu'aux voyageurs.

Cependant deux jugements correctionnels de Nice (12 décembre 1885) et de Tonnerre (27 décembre 1889) décident que l'obligation imposée par l'article 1er de l'arrêté ministériel du 1er mars 1861 de désigner ostensiblement les compartiments réservés au moyen de plaques apposées à l'un des panneaux avec défense de les enlever pendant toute la durée du trajet, ne vise que les employés de chemin de fer et nullement les voyageurs ou toute autre personne étrangère à la Compagnie.

Les Compagnies font très souvent un usage abusif de la plaque « loué » ou « réservé », voire même de l'écriteau portant l'indication « service ».

A la suite de nombreuses réclamations adressées à ce sujet par le public, une circulaire ministérielle du 13 avril 1896 rappelle aux Compagnies « que la plaque « loué » ne peut être employée pour les besoins du service en remplacement de l'une de celles désignées à l'article 1er de l'arrêté du 1er mars 1861 ». Cet article est ainsi conçu : « Les compartiments spéciaux de toutes classes que les Compagnies réservent dans les trains de voyageurs, soit pour l'exécution des obligations qui leur sont imposées par le cahier des charges, soit par les instructions de l'administration, seront ostensiblement désignés au moyen de plaques appendues, pendant toute la durée du trajet des trains, à l'un des panneaux des dits compartiments. Ces plaques contiendront les indications suivantes :

Postes. — *Dames seules*. — *Fumeurs*, ou simplement *Réservé*.

En outre, ces étiquettes, lorsqu'elles s'appliquent à des compartiments régulièrement retenus, sont fixées sur les deux côtés du compartiment.

L'usage de la plaque n'est admis que pour marquer un compartiment retenu à l'avance par les voyageurs dans les conditions fixées par les tarifs de grande vitesse. Il est essentiel de limiter ainsi l'usage de cette plaque, afin d'éviter les plaintes justifiées de la part de personnes qui ne trouvent pas de place à leur convenance dans le train et sont souvent portées à demander la preuve que les compartiments dont l'accès leur est interdit sont véritablement destinés à des voyageurs qui les ont retenus à l'avance.

Cette circulaire reconnaît aux voyageurs le droit d'exiger que la plaque « loué » ou « réservé » soit bien destinée à des voyageurs qui ont retenu à l'avance les compartiments et ont payé les prix portés au tarif.

Elle prescrit en outre que l'étiquette « loué » ou « réservé » doit indiquer la date et le numéro du train et l'affectation du compartiment.

L'indication des compartiments loués ou réservés est inscrite sur la feuille de marche du train ou sur un bulletin spécial.

Voyageurs d'une même famille.

Disons ici un mot d'une question assez délicate : l'embarquement dans un même compartiment de membres d'une même famille. Lorsque l'on prend le train dans une gare tête de ligne, la solution de ce problème est assez facile. Il suffit soit d'arriver à temps pour trouver un compartiment inoccupé, soit de prévenir le chef de gare, qui devra, à notre avis, retenir les places.

La question est plus délicate si l'on doit prendre le train en cours de route.

Si les membres de la même famille sont assez nombreux pour occuper un compartiment entier, il n'y aura qu'à prévenir la veille ou l'avant-veille, soit le chef de la gare où l'on doit s'embarquer, soit le directeur de la Compagnie, qui pourra ainsi faire réserver un compartiment.

Mais s'il n'y a que trois ou quatre personnes, la Compagnie n'est pas légalement tenue de les faire monter ensemble et de leur réserver un compartiment spécial. Il y a là une question d'appréciation et de doigté, et le chef de service, s'il se trouve en présence d'un père ou d'une mère voyageant avec des jeunes filles, ne devrait pas hésiter à les déclasser pour ne pas les séparer.

Il devrait en être de même, *a fortiori*, lorsqu'il y a de jeunes enfants, qu'ils soient âgés de plus ou de moins de sept ans. Un arrêt de la Cour de Rouen du 25 mars 1875 a décidé que l'on pouvait poursuivre une mère qui avait fait voyager un enfant sans billet, car c'était elle qui conduisait l'enfant et était chargée de le surveiller. Cet arrêt devrait avoir pour conséquence d'obliger la Compagnie à faire voyager ensemble les parents et les enfants en bas âge.

Nombre de places.

Chaque compartiment d'un wagon porte l'indication du nombre de places qu'il contient.

L'article 59 du décret du 1er mai 1901 interdit d'admettre dans les voitures plus de voyageurs que ne comporte le nombre de places indiqué.

Il y aurait donc contravention de la part d'un voyageur qui persiste à monter dans un compartiment déjà complet. Cependant, la Cour de cassation (Ch. crim. 25 oct. 1913; *Bull. des transports*, 1913, p. 185) a cassé un jugement d'Alger du 24 mai 1913 et décidé qu'un voyageur monté en surnombre ne commettait aucun délit en refusant de descendre sur une injonction d'un contrôleur.

Un juge anglais, M. Taylor, de Marylebone, à Londres, a rendu un jugement assez curieux à ce sujet. Au mois de septembre 1908, un individu avait porté plainte contre un voyageur qui, à la station de Bishopsroad, l'avait jeté à bas du train. Le défendeur a allégué que, s'il avait agi ainsi, c'est parce que le plaignant s'était obstiné à monter dans un compartiment déjà plein. Le juge a donné raison au défendeur. Dans son arrêt, il a dit que chaque fois que les conducteurs du train ne faisaient pas leur devoir en empêchant les voyageurs de pénétrer dans un compartiment complet, les personnes qui occupaient ce dernier avaient le droit d'expulser les intrus par la force.

Mais s'il y a contravention de la part du voyageur, il y a aussi contravention de la part de la Compagnie et de ses agents dans l'inobservation de cet article qui est violé chaque jour, notamment dans les wagons à couloir.

Des dommages-intérêts peuvent être accordés aux voyageurs dans le compartiment desquels on fait monter des voyageurs en surnombre. (Trib. de comm. de Villefranche-sur-Saône, 25 nov. 1902; *Bull. des transports*, févr. 1903. Trib. de comm. de la Seine, 10 oct. 1903; *Bull. des transports*, janv. 1904, p. 11. Trib. de comm. de Castres, 22 janv. 1909; *Bull. des transports*, 1909, p. 104.)

Le Tribunal correctionnel de Besançon, 8 décembre 1865, a condamné à 40 francs d'amende un garde-frein qui avait fait monter, par manque de place, un voyageur de 3e dans un compartiment de 2e où il y avait déjà dix voyageurs. Le Tribunal a vu dans ce fait une double infraction aux articles 63 et 64 de l'ordonnance de 1846. (Palaa, 1. 569.)

A l'heure actuelle, aux termes de l'article 59 du décret du 1er mars 1901, il est interdit d'admettre dans les voitures plus de voyageurs que ne le comporte le nombre de places indiqué conformément à l'article 12.

Wagons-Couloirs.

Dans le compartiment d'un wagon, chaque voyageur a droit à une place assise. La Compagnie de chemins de fer qui n'assure pas cette place en introduisant ou en laissant s'introduire dans le wagon (en l'espèce un wagon-couloir) un nombre de personnes supérieur au nombre réglementaire, est passible de dommages-intérêts. (Justice de paix du 7e arr. de Paris, 26 déc. 1907; *Rev. lég. proj.*, 1909, p. 122. Compiègne, 16 fév. 1912.)

Les couloirs des wagons ne comportent pas de places debout et sont uniquement destinés à permettre la circulation des voyageurs. Il est défendu d'y séjourner et d'y stationner et plusieurs Compagnies ont fait afficher dans les couloirs un avis invitant les voyageurs à ne pas y stationner. (Circ. minist. du 16 juin 1913.)

Les Compagnies ne se font pas faute, avec la complicité passive des voyageurs, d'empiler leurs clients dans les couloirs des wagons, et de nombreux voyageurs acceptent de faire, debout, des trajets d'une durée de plusieurs heures.

Compartiment complet.

Le voyageur qui est obligé de monter dans un compartiment complet subit, comme ses compagnons de route, un préjudice dont la Compagnie doit réparation. (Trib. de comm. de Villefranche-sur-Saône, 25 nov. 1902.) La même solution devrait être admise si le voyageur était obligé de rester debout dans un couloir.

C'est aux employés à trouver une place et à la désigner au voyageur. Ce dernier, s'il ne trouve pas de place dans le compartiment de la classe indiquée sur son billet, n'aura qu'à monter dans une voiture de la classe supérieure après avoir prévenu les employés du train. Le Tribunal civil de Bourg, siégeant en matière commerciale a, le 12 janv. 1882, accordé des dommages-intérêts à un voyageur qui, n'ayant pu trouver de place en 2e, s'était adressé vainement à l'employé de service et au chef de gare pour se placer dans le train et y occuper la place à laquelle il avait droit. « Il en est résulté pour le voyageur, dit le jugement, l'obligation de retarder son départ et un préjudice dont le tribunal peut aisément apprécier l'étendue. » (Palaa, I. 80.)

Mais il aura soin de donner cet avis en présence de témoins, de même qu'il aura soin de faire constater par témoins que, vu le manque de places, un employé de la Compagnie l'a fait monter dans une voiture de classe supérieure, car un jugement correctionnel de Perpignan, du 10 août 1888, décide qu'un voyageur doit être condamné, malgré son allégation qu'il ne s'est déclassé que par suite du défaut de place, s'il ne prouve pas cette allégation.

Dans les cas d'affluence, les employés font monter en 2e et en 1re classe les voyageurs de 3e. C'est ce que, dans l'argot des chemins de fer, on appelle « bourrer ». Il est recommandé, paraît-il, aux employés, lorsqu'ils ont à faire monter en 2e des voyageurs de 3e, de placer préalablement les voyageurs de 2e en 1re. Cette recommandation n'est jamais ou presque jamais observée.

Une dépêche ministérielle du 21 octobre 1856 recommande aux Compagnies, lorsque, par suite des nécessités du service, il faut réserver certaines voitures d'un train à une certaine catégorie de voyageurs, de faire procéder à cette répartition par les employés avec politesse et convenance

Hors le cas fortuit ou de force majeure, la Compagnie ne peut procéder à cette opération de bourrage et les voyageurs de 2e et de 1re, qui ont payé pour avoir un supplément de confortable à tous les points de vue, subissent un préjudice dont réparation leur est due. Il y a de nombreux jugements et arrêts dans ce sens.

Un voyageur de 1re peut se refuser à monter en 2e et a le droit de se faire transporter à destination aux frais de la Compagnie. (Trib. de comm. de la Seine, 12 oct. 1853.)

Le Tribunal correctionnel de Rennes (11 juil. 1908; *Bull. des transports*, sept. 1908) a estimé qu'un abonné porteur d'une carte de 2e et qui était monté en 1re par suite de l'envahissement de son compartiment par des voyageurs de 3e, avait eu raison de ne pas payer de supplément.

Si l'on fait monter des voyageurs dans des wagons à marchandises, on leur doit des dommages-intérêts. (Trib. de comm. de Toulouse, 1er juill. 1889.)

Même en cas de force majeure, la Compagnie est tenue de prendre certaines précautions, notamment de placer en 1re les voyageurs de 2e avant de faire monter dans les voitures de 2e les voyageurs de 3e.

C'est ce qui résulte implicitement d'une circulaire ministérielle du 6 novembre 1858 ordonnant de faire partir dans des trains ne comportant que des voitures de 1re classe les voyageurs de 2e et de 3e oubliés dans les salles d'attente, mais prescrivant de placer, autant que possible ces voyageurs dans un compartiment spécial.

Bien entendu, le voyageur de 1re ou de 2e obligé de monter dans une voiture d'une classe inférieure a droit au remboursement de la différence de classe, en dehors des dommages-intérêts pour l'incommodité du voyage. (Trib. de comm. de Nantes, 1er mai 1909; *Rec. Nantes*, 1909, 1, 360. Trib. de comm. de Castres, 22 janv. 1909; *Mon. Lyon*, 11 mars 1910. Paix de Paris, 8e arr., 22 févr. 1888. Trib. de comm. de Toulouse, 11 juill. 1889. Trib. de comm. de la Seine, 21 juil. 1891 et 17 avril 1895; Lamé Fleury, p. 75, 80, 82 et 83.)

Le voyageur ne peut pas refuser de monter dans des voitures dont la mise en service a été autorisée, ces voitures fussent-elles d'un modèle ancien.

Il ne peut refuser de monter à l'impériale de certaines voitures, et le fait par lui de se déclasser sans offrir de payer le supplément alors qu'on lui désigne une place à l'impériale, constitue une contravention. (Trib. corr. de la Seine, 19 févr. 1908.)

Le voyageur a le droit de monter dans une voiture d'une classe inférieure à celle à laquelle son billet lui donne droit. (Pau, 14 janv. 1869.)

Ivresse.

L'article 60 du décret du 1er mars 1901 interdit l'entrée des voitures aux personnes en état d'ivresse.

Un jugement de paix de Morlaas, du 18 juin 1907, décide qu'on ne peut faire descendre du wagon un voyageur ivre et surtout l'abandonner en pleine voie si on lui a donné un billet, s'il ne cause pas de scandale et s'il n'est pas un danger pour les autres voyageurs.

Le Tribunal de Besançon, par un jugement du 12 novembre 1857 (Palaa, 1, 7), avait statué dans le même sens à propos d'un affaire identique.

Mais les voyageurs ont le droit de s'opposer à ce que l'on fasse voyager avec eux une personne qui est en état d'ivresse. Tant pis pour la Compagnie si elle lui a délivré un billet et si le chef de la gare de départ tient à se débarrasser d'un client gênant en l'embarquant dans le train.

Aliénés. — Détenus.

Aux termes d'une circulaire ministérielle du 15 juin 1858 (Palaa, I. 103), les aliénés doivent être transportés avec leurs gardiens dans des compartiments ou wagons spéciaux.

Une autre circulaire du 15 juin 1866 (Lamé-Fleury, 794) indiquait aux Compagnies que le transfèrement des aliénés civils et militaires devait être opéré comme celui des détenus et qu'il fallait les faire voyager dans des compartiments spéciaux.

Le transfèrement des détenus est réglé par plusieurs circulaires ministérielles :

La première, en date du 6 août 1857 (Lamé-Fleury, 793), interdit aux Compagnies de placer les détenus et leurs gardiens dans les mêmes compartiments que les voyageurs.

La seconde, du 15 juin 1866 (Lamé-Fleury, 793), indique que la mesure précédente s'applique aux détenus militaires et marins.

La troisième, du 16 décembre 1880 (Lamé-Fleury, 794), recommande aux Compagnies de faire réserver un local spécial, distinct des salles d'attente, et où les détenus et leur escorte puissent attendre le passage des trains.

Enfin, la quatrième, du 2 février 1893 (Lamé-Fleury, 794), prescrit les mesures à prendre pour faire voyager, dans des compartiments fermés de 3e classe, les détenus de la Guerre et de la Marine.

Cette mesure a été prise à la suite de la construction de wagons de 3e ayant des compartiments complètement fermés. Auparavant, les détenus voyageaient en 2e classe.

Armes à feu.

L'entrée des voitures est interdite à tout individu porteur d'armes à feu chargées. Avant son admission sur le quai, il doit faire constater que son arme n'est pas chargée. (Art. 59, §§ 2 et 3.)

En fait, cette constatation n'est presque jamais exigée par les agents de la Compagnie. Le voyageur est néanmoins passible d'une contravention et, en cas d'accident, sa responsabilité serait aggravée.

COLIS A MAIN

On peut considérer comme colis à main, quel qu'en soit le poids, s'il ne s'agit pas de matières précieuses, des paquets qui ne sont, ni par leur volume ni par leur odeur, de nature à gêner les autres voyageurs.

On a vu plus haut, à propos des salles d'attente, que certains outils ou instruments aratoires peuvent être considérés comme colis gênants et même dangereux.

L'entrée des voitures est interdite à tout individu porteurs d'objets qui, par leur nature, leur volume ou leur odeur pourraient gêner ou incommoder les voyageurs. (Art. 59, § 2.)

Un jugement du Tribunal correctionnel de Lyon, du 15 février 1906, décide qu'une contravention est commise par le voyageur dont les colis sont en nombre et de dimensions tels qu'ils n'auraient pu être tous contenus dans le filet de la banquette correspondant à une place occupée.

Il résulte donc de ce jugement que le voyageur ne peut porter avec lui que des colis qui puissent être contenus dans la partie du filet correspondant à une place occupée.

On peut ajouter : « et sous la partie de la banquette correspondant à la place occupée par le voyageur ».

Mais rien dans les ordonnances et le décret de 1901 n'indique les dimensions permises ou prohibées des colis.

D'un autre côté, étant données les dispositions actuelles des wagons, la place dans le filet concédée à chaque voyageur varie suivant la place elle-même et dans certains wagons, par suite de la saillie des postes-vigies ou des réservoirs dans l'intérieur, la place du filet peut faire défaut.

Dans l'indicateur Chaix, la Compagnie de l'Est informe les voyageurs qu'ils peuvent conserver avec eux dans les voitures les objets de nature à ne causer aucune gêne aux autres voyageurs, tels que : sacs de nuit, couverture; petits paquets ou autres menus objets à main dont les dimensions ne dépassent pas le maximum ainsi fixé :

1re classe : longueur, 0^m50; largeur, 0^m50; hauteur, 0^m20.

2e *et 3e classes* : longueur, 0m45 ; largeur, 0m45 ; hauteur, 0m20.

Ces indications, particulières à cette Compagnie et non homologuées, ne sont que des indications dépourvues de sanctions et ne peuvent donc pas être obligatoires.

Dans le Chemin de fer Métropolitain et par ordonnance du préfet de police, on exclut des voitures : 1º les colis ne pouvant être placés dans les filets, c'est-à-dire dont les plus grandes dimensions dépassent 75 centimètres sur 35 ; 2º les scies ou tous autres objets piquants ou tranchants non enveloppés ; 3º les paniers de poisson ou de fromages ou tout paquet dont le contenu exhalerait une mauvaise odeur ; 4º les pots de peinture ou tous autres objets ou récipients non enveloppés ou fermés dont le contenant ou le contenu pourrait salir les voyageurs ; 5º les armes à feu chargées ou les ballons gonflés au gaz d'éclairage.

Une circulaire du ministre des Travaux publics, en date du 26 avril 1913, prohibe dans l'intérieur des voitures de chemin de fer l'usage des épingles à chapeau susceptibles de provoquer des blessures.

« Cet usage, dit la circulaire, tombe évidemment sous le coup de l'article 60 du décret du 1er mars 1901, en vertu duquel l'entrée des voitures est interdite à tous individus porteurs d'objets qui par leur nature, leur volume ou leur odeur pourraient gêner ou incommoder les voyageurs. »

Tombe sous l'application de l'article 65, § 2, de l'ordonnance de 1846, le fait, par un voyageur, de conserver dans le compartiment des bagages susceptibles par leur nature et leur odeur de gêner ses compagnons de route. (Trib. corr. de Soissons, 25 nov. 1890 ; Palaa, Supp., 25.)

Le Tribunal correctionnel de Lyon a décidé, le 23 juin 1904, que la contravention était commise par le voyageur porteur de colis gênants ou répandant une mauvaise odeur, alors même qu'il serait seul dans son compartiment au moment où la contravention était relevée.

Cette infraction ayant le caractère de contravention existe en dehors de toute intention délictueuse et le fait peut être poursuivi lorsque les colis peuvent gêner les voyageurs qui ont pris ou même peuvent prendre place ultérieurement dans les compartiments. (Riom, 23 mars 1911).

Un voyageur qui place dans le filet d'une voiture de

chemin de fer et en face de la place qu'il occupe un objet lourd et d'un assujettissement difficile en raison de ses dimensions, commet une faute qui engendre sa responsabilité si l'objet en question vient à tomber et blesse un voyageur. (Grenoble, 15 juil. 1908; *Rec. Grenoble*, 1908, 213.)

D'un autre côté, la Compagnie a l'obligation d'assurer au voyageur, pendant la durée du trajet, la jouissance de sa place et des accessoires de celle-ci, c'est-à-dire du filet et si, pendant une absence du voyageur, la Compagnie change le wagon et place, dans une autre voiture, les colis à main du voyageur, elle sera responsable en cas de perte. (Trib. de comm. de la Seine, 13 janv. 1904. Trib. de comm. de Lyon, 15 mars 1904.)

C'est aux agents des Compagnies à faire respecter les droits du voyageur gêné par des colis encombrants apportés par d'autres voyageurs.

Un arrêt de la Chambre des requêtes du 29 avril 1896 décide que la Compagnie commet une faute lorsqu'un voyageur gêné par la valise d'un autre voyageur se plaint au chef de train qui se borne à l'inviter à monter dans un autre compartiment.

Cet arrêt confirme un jugement du Tribunal civil du Blanc statuant en matière commerciale et duquel découlent les principes suivants :

En donnant un billet à un voyageur, la Compagnie contracte envers ce dernier l'obligation de lui assurer pendant la durée du trajet la jouissance paisible de sa place.

Cette règle est l'application de l'article 1719 du Code civil.

Les agents d'une Compagnie qui sont chargés de toutes les mesures relatives à la sécurité des voyageurs, au bon ordre, à l'observation des lois et à l'application des règlements, sont impérieusement tenus de veiller à ce que chaque voyageur remplisse ses devoirs envers la Compagnie et jouisse de tous les droits résultant des obligations que celle-ci a contractées envers lui.

Le jugement décidait également qu'un chef de gare à qui s'était adressé un voyageur avait commis une faute en n'intervenant pas et avait causé au voyageur un retard, des démarches et des ennuis dont réparation était due.

Chiens, Chats.

Doit-on considérer comme colis gênants ou incommodes les chiens, chats ou autres animaux?

En ce qui concerne les chiens de grande taille ou de taille moyenne, on ne peut les faire monter dans un compartiment qu'avec l'assentiment de tous les voyageurs.

Pour les chiens de petite taille et de luxe et pour les chats, il y a une certaine tolérance et l'on admet dans les compartiments de voyageurs ces animaux lorsqu'ils sont enfermés dans des paniers.

On laisse également monter sur les petites lignes les voyageurs porteurs de paniers contenant des volailles.

Aux termes de l'article 62, aucun animal ne sera admis dans les voitures de voyageurs, mais des exceptions pourront être autorisées pour les animaux de petite taille convenablement enfermés.

Les voyageurs peuvent donc exiger que les animaux soient convenablement enfermés.

Les chiens peuvent voyager soit comme articles de messageries, soit dans les compartiments de voyageurs, mais nous le répétons, il faut l'assentiment unanime de tous les voyageurs; un seul peut s'opposer à l'introduction d'un chien dans le compartiment. (Circ. minist. du 4 nov. 1886.)

Le chien renfermé dans une caisse et voyageant comme messagerie paie une surtaxe double des autres bagages.

Avec un billet de chien, il paie 0 fr. 0168 par kilomètre, avec, sauf sur le réseau de l'État, un minimum de trente centimes. Il doit voyager par le même train que la personne qui l'accompagne.

Les animaux de petite taille, chats, oiseaux enfermés dans des paniers et conservés par les voyageurs sont considérés comme bagages à main et ne sont pas soumis à l'article 37 du tarif général de la grande vitesse. (Dépêche ministérielle du 10 nov. 1881; Lamé-Fleury, p. 201.)

Le voyageur qui fait transporter un chien sans avoir payé, pour le transport de cet animal, le prix fixé par le tarif encourt la sanction pénale indiquée par l'article 21 de la loi du 15 juillet 1845. (Cass. crim., 26 mai 1906; D. P., 1908, 1. 19.)

D'un autre côté, le fait d'introduire un chien, quelle

que soit sa taille, dans un compartiment sans payer le prix du transport, constitue une contravention. (Trib. corr. de la Seine, 3 mars 1868; Lamé-Fleury, p. 207. Trib. corr. de Toulouse, 4 mars 1887. Cour de Toulouse, 10 juin 1887. Cour de Caen, 7 août 1889. Cass. crim., 6 août 1898.)

Aux termes de l'article 19 du tarif, les Compagnies *peuvent* placer dans des caisses de voitures spéciales les voyageurs qui ne voudraient pas se séparer de leur chien, mais c'est là une simple faculté et rien n'oblige les Compagnies à mettre dans des trains des compartiments spécialement réservés aux voyageurs avec chiens; par suite, la contravention existe par le seul fait d'introduire un chien dans une voiture de voyageurs. (Cour de Paris, 10 mai 1893.) Le propriétaire du chien invoquerait en vain comme excuse que le box était sale (ce qui était inexact) et que la niche n'avait pas été désinfectée, les Compagnies n'étant tenues à désinfecter que les wagons ayant servi au transport des bestiaux. (Cour de Paris, 3 déc. 1898.)

L'interdiction d'admettre des animaux dans une voiture servant au transport des voyageurs, édictée par l'article 62 du décret du 1er mars 1901, implique nécessairement l'interdiction de les introduire. En conséquence, l'infraction à cette interdiction peut être relevée aussi bien contre les voyageurs que contre les agents des Compagnies de chemins de fer. (Cass. crim., 19 mai 1911; D. P., 1912. 21. 55.)

FUMEURS.

Il est défendu de fumer dans les salles d'attente et dans les voitures, à l'exception de celles qui portent l'indication « fumeurs ».

Dans une circulaire en date du 20 juin 1891, le ministre des Travaux publics recommandait aux Compagnies de prendre des dispositions pour réserver aux fumeurs un plus grand nombre de compartiments toutes les fois que la composition des trains le permet.

En fait, on peut fumer si on a obtenu l'autorisation de *tous* les voyageurs du compartiment dans lequel on se trouve.

Depuis quelque temps, les Compagnies ont réservé

des compartiments aux non-fumeurs et ont fait apposer des affiches indiquant qu'il est expressément défendu de fumer dans ces voitures. Le voyageur qui fumerait dans ces compartiments spéciaux tomberait sous le coup de l'article 58.

Cette mesure a été prise à la suite d'une circulaire du ministre des Travaux publics en date du 27 avril 1911 et dont nous extrayons les passages suivants :

« Le seul moyen d'éviter les plaintes justifiées que suscite l'état de choses actuel est bien de mettre à la disposition des personnes qui ne peuvent supporter la fumée des compartiments qui ne seront pas imprégnés de l'odeur du tabac et où elles seront certaines de ne pas se trouver en compagnie de fumeurs.

» Ces compartiments désignés par la mention « non-fumeurs » inscrite de manière à ne pouvoir être enlevée (peinte sur la portière ou les panneaux de la voiture, par exemple) feraient l'objet d'une surveillance spéciale, surveillance, d'autant plus facile à exercer que le nombre en serait relativement restreint et les agents qui viendraient à y constater la présence d'un fumeur devraient intervenir sans attendre la moindre réclamation en dressant, au besoin, procès-verbal.

» Un quart environ des compartiments de chaque classe pourrait être réservé aux « non-fumeurs »; un autre quart serait réservé aux fumeurs et la moitié ne serait munie d'aucune indication spéciale; dans cette dernière catégorie de compartiments, l'usage du tabac serait subordonné, comme aujourd'hui, au consentement exprès de tous les occupants.

» Je vous prie de reprendre, sur les bases sus-indiquées, l'essai (essai prescrit par une circulaire ministérielle du 2 août 1910) de compartiments de « non-fumeurs » non seulement dans les trains de long parcours en assez grand nombre, mais encore dans les trains de banlieue où l'absence de voitures à couloir rend encore plus sensibles les inconvénients de la situation actuelle. »

Comme le dit la circulaire, il s'est élevé de nombreuses plaintes contre le sans-gêne des fumeurs, sans-gêne encouragé par la timidité des personnes qui n'osent se plaindre et par l'inertie et le mauvais vouloir des employés qui refusent presque toujours d'intervenir pour empêcher un voyageur de fumer.

En Hollande, en Italie, en Allemagne, des mesures de rigueur ont été prises et contravention est immédiatement relevée contre tout voyageur fumant dans un compartiment où il est interdit de fumer, alors même que ce voyageur serait seul.

En Belgique, à la suite d'abus, une circulaire du ministère des Chemins de fer de 1910 rappelle que l'article 2, § C, de l'arrêté royal du 4 avril 1895 interdit formellement de fumer dans les voitures ou compartiments réservés aux « non-fumeurs », alors même que le voyageur se trouverait seul ou aurait reçu des autres voyageurs l'autorisation de fumer et rappelle au personnel des chemins de fer qu'il est tenu de faire respecter cette interdiction, sous peine d'encourir une répression sévère en cas de négligence.

Ajoutons qu'il n'est pas permis de fumer dans les couloirs des voitures puisque l'article 58 du décret du 1er mars défend de fumer ailleurs que dans les compartiments munis de la plaque « fumeurs ».

Crachoirs.

Aux termes du § 4 de l'article 58, il est défendu de cracher ailleurs que dans les crachoirs disposés à cet effet.

Il y a dans cette mesure un bel exemple de l'impuissance et même de l'absence de la répression en ce qui concerne les contraventions commises par les Compagnies. Depuis le 1er mars 1901, le voyageur qui crache à terre ou sur le plancher des voitures est passible d'un procès-verbal. Mais nous ne sachons pas qu'on ait jamais dressé de procès-verbaux contre les Compagnies qui n'ont pas encore fait placer les crachoirs prévus par le décret.

Bien plus, à la date du 6 janvier 1913, le ministre des Travaux Publics a adressé aux Compagnies la circulaire suivante :

« J'ai été saisi d'une réclamation signalant qu'il n'était pas possible, d'une manière générale, d'obtenir des agents des chemins de fer qu'il soit dressé des procès-verbaux de contravention pour les infractions commises aux prescriptions ministérielles concernant l'interdiction de cracher dans les voitures de chemin de fer et dans les salles d'attente.

» En appelant de nouveau l'attention de votre administration sur l'intérêt qui s'attache à ce que l'hygiène et la propreté des voitures à voyageurs ainsi que des installations de gare soient assurées de la façon la plus rigoureuse, je vous prie de donner à vos agents les instructions les plus formelles pour l'observation stricte des dispositions édictées relativement à cette matière. »

La circulaire affirme, à la fin du premier alinéa, qu'il est défendu de cracher dans les wagons et dans les salles d'attente.

Le paragraphe 4 de l'article 58 ne parle ni de voitures, ni de salles d'attente, ni de trottoirs, ni de vestibules, mais « défend de cracher ailleurs que dans les crachoirs disposés à cet effet ».

Incontestablement, cet article impose d'abord aux Compagnies l'obligation de faire placer des crachoirs partout ou les voyageurs éprouvent le besoin de cracher, puis aux voyageurs l'interdiction de cracher autre part que dans les crachoirs disposés à cet effet.

Nous croyons que, à l'heure actuelle, c'est-à-dire plus de douze ans après le décret de 1901, le nombre des crachoirs est des plus restreints, si tant est qu'il y en ait eu d'installés.

A-t-on poursuivi les Compagnies? Nous ne le pensons pas, et l'on remarquera au surplus avec quel soin la circulaire ministérielle du 6 janvier 1913 évite de parler des crachoirs.

Dans les conditions de fait actuellement existantes, il nous paraît bien difficile, pour ne pas dire impossible, de poursuivre judiciairement un voyageur qui aurait été l'objet d'un procès-verbal de contravention pour infraction au paragraphe 4 de l'article 58.

La défense serait bien simple; pour qu'il y ait contravention, il faut que le contrevenant ait craché ailleurs que dans le crachoir; or, il n'y a pas de crachoir, et l'un des éléments de la contravention fait défaut, aussi bien dans la poursuite que dans les gares et wagons.

ÉCLAIRAGE ET CHAUFFAGE.

Les gares-stations et leurs abords doivent être éclairés la nuit. C'est une mesure d'ordre public qui protège les employés, les voyageurs et les personnes admises à un titre quelconque à circuler dans les gares.

L'éclairage est obligatoire pendant le passage des

trains et pendant la formation d'un train en partance. (Bordeaux, 7 juin 1900; D. P. 1901, 2. 479.)

Pendant la nuit et au passage de certains souterrains désignés par le ministre, les voitures destinées aux voyageurs doivent être éclairées intérieurement. (Article 24.)

C'est là une bonne plaisanterie, car en fait, la désignation des souterrains a été faite, mais rapportée depuis, et dans le dernier état des circulaires ministérielles, les Compagnies sont simplement invitées à allumer les lampes des trains au passage des souterrains un peu longs.

Des instructions spéciales données en mai 1884 prescrivaient d'éclairer les voitures au passage des souterrains ayant plus de mille mètres de longueur. (Palaa, I, 673 et II, 623.)

Déjà un jugement d'Alger, du 20 décembre 1877, considérait comme une contravention punie par l'article 21 de la loi du 15 juillet 1845 le défaut d'éclairage des wagons dans la traversée des tunnels ayant mille mètres de longueur.

Le 6 septembre 1898, un arrêté ministériel invitait les Compagnies à éclairer les wagons lorsque le train mettait plus de trente secondes pour franchir un tunnel.

Les Compagnies protestèrent et, cédant à leurs réclamations, le ministre envoyait, le 23 juin 1900, une circulaire annulant l'ordre de septembre 1898 et invitant les Compagnies à étudier avec le service du contrôle les moyens d'éclairer les wagons au passage des tunnels.

Les études doivent durer encore et, à l'heure actuelle, les Compagnies ne sont tenues d'éclairer que les souterrains ayant plus d'un kilomètre de long.

Les instructions des Compagnies recommandent d'entretenir les appareils d'éclairage dans un état de propreté parfaite et de les essuyer chaque jour. (Palaa, 2, 155.)

Une circulaire ministérielle du 26 mars 1900, après avoir rappelé aux Compagnies que l'éclairage des voitures était à ce moment-là défectueux et insuffisant, leur prescrivait de faire installer une lampe au moins dans chaque compartiment de deuxième et de troisième classe et d'assurer, dans les nouvelles voitures à construire, un éclairage qui permette de lire aisément à toutes les places.

Sur les petites lignes, où les Compagnies utilisent le

vieux matériel, on trouve encore des wagons dont deux compartiments ne sont éclairés que par une seule lampe.

Dans le matériel récemment construit, l'éclairage est produit par le gaz ou l'électricité. En cas de déraillement, les réservoirs à gaz éclatent, prennent feu et l'on a vu les conséquences funestes qui en résultaient, lors de la collision de Melun, en 1913.

Il est à désirer que les Compagnies, conformément à de récentes instructions ministérielles, suppriment l'éclairage au gaz et ne se servent plus que de lampes électriques.

Si le wagon n'est pas éclairé, si la lampe fume où sent mauvais, changer de classe et réclamer. Réclamer aussi en faisant constater le fait par des compagnons de voyage si la lampe à huile ou à autre système laisse échapper des gouttes de liquide et tache les effets.

Dans ce dernier cas, la responsabilité du transporteur n'est pas douteuse et il doit la réparation intégrale du préjudice causé par le mauvais état ou le défaut d'entretien de son matériel d'éclairage. La septième Chambre du Tribunal de la Seine en a décidé ainsi, le 13 novembre 1913.

Le Tribunal de commerce de Bergerac a, par jugement du 31 décembre 1901, condamné la Compagnie d'Orléans à payer des dommages-intérêts à une voyageuse qui s'était trouvée, le soir, dans un compartiment dont la lampe s'était éteinte. Même jurisprudence du juge de paix de Bergerac, le 12 décembre 1908. (*Bull. des transports*, 1909, p. 87.)

Par contre, le même Tribunal de commerce de Bergerac a décidé, par un autre jugement, en date du 16 janvier 1907, qu'un voyageur n'éprouvait pas de préjudice lorsque, dans le jour, la lampe du compartiment dans lequel il se trouvait n'était pas allumée au passage de petits tunnels et alors que la Compagnie faisait habituellement procéder à l'allumage.

Le 12 février 1912, un voyageur monte, à Toulouse, dans le rapide du soir qui doit le ramener à Paris. A Brive, on vient le chasser de son wagon de 1re; un ressort est brisé. Le voyageur, jusqu'à Limoges, doit rester debout dans le couloir d'un wagon plein. A Limoges, on attelle un vieux wagon où il s'installe. Mais la lampe à huile fume, éclate; l'huile s'épand en flammes sur le tapis et la banquette qui commencent à brûler. Le voyageur tire le signal d'alarme, brise une vitre pour avertir le compartiment le plus proche, puis, le train ne s'arrêtant pas, ouvre la portière et descend sur le marchepied du rapide qui file dans la nuit. Enfin, le convoi stoppe après que le chef de train est venu rejoindre le voyageur, lequel en est quitte pour une peur qui l'oblige à quinze jours de repos absolu.

Le juge de paix du XIIIe arrondissement avait, à la suite de cette aventure, condamné la Compagnie d'Orléans à payer 600 francs de dommages-intérêts.

— Mais, plaidait en appel la Compagnie, si la Cour de cassation a proclamé, le 27 janvier 1913, qu'en délivrant un billet la Compagnie de chemins de fer assume l'obligation contractuelle de remettre sain et sauf le voyageur à destination, elle ne peut, au cas d'inexécution du contrat, être obligée à réparer que le dommage qu'elle pouvait prévoir lors de la délivrance du billet. Or, comment pourrait-on prévoir l'émotivité toute spéciale d'un voyageur cardiaque?

La septième Chambre de la Seine a répondu que le transporteur pouvait prévoir qu'un homme de soixante ans était moins résistant à la fatigue ou à l'émotion qu'un jeune homme et, d'autre part, que la Compagnie n'avait pas seulement manqué à son contrat, mais encore commis la faute d'avoir une lampe dangereuse.

« Attendu, dit sur ce dernier point le jugement, qu'on ne saurait faire un sérieux grief à un voyageur surpris, la nuit, dans un compartiment, par l'éclatement d'une lampe, l'inflammation du liquide éclairant, de manifester une certaine et légitime émotion et de sortir précipitamment d'un compartiment où il risque d'être enfumé ou même brûlé. »

D'où allocation au voyageur d'une indemnité de 400 francs.

Chauffage.

Le chauffage des voitures de toutes classes est obligatoire dans tous les trains, quelle que soit la longueur ou la durée du parcours.

Sur les grandes lignes, les voitures sont chauffées par la vapeur. Sur les lignes secondaires, où l'on se sert encore de bouillottes, le voyageur peut se refuser à monter dans les wagons dépourvus de cet incommode moyen de chauffage, et exiger que les bouillottes soient changées au point d'intersection.

Parmi les circulaires ministérielles réglementant la question du chauffage, on peut citer celle des 21 mai 1869, 24 mai 1884, 16 décembre 1890 et 24 juillet 1891.

Il n'y a pas d'époque fixe pour le chauffage. Aux termes de l'article 24, les voitures devront.être chauffées pendant la saison froide.

Il y a contravention de la part de la Compagnie quand le système de chauffage manque ou ne fonctionne pas.

Un jugement correctionnel du Havre, du 31 mars 1908, a acquitté un chef de gare poursuivi pour défaut de chauffage des voitures en se basant sur des circonstances de fait et sur la force majeure. Ce jugement réservait néanmoins l'action civile du voyageur.

Un jugement du Tribunal civil de Bourges, en date du 20 mars 1909 (*Bull. des transports*, 1909, p. 105), a repoussé la demande d'un voyageur qui se prétendait atteint de bronchite par suite d'un manque d'appareils de chauffage, en décidant que la preuve n'était pas établie que la maladie fût due au défaut de chauffage.

Nous avons, à propos du manque de glace d'une portière, signalé un jugement du juge de paix du canton ouest de Pau. Le même jugement a accordé des dommages-intérêts au même voyageur qui, monté dans un compartiment dépourvu de bouillotte, subit un froid vif. A noter que ce voyageur menaça de tirer le signal d'alarme et que le chef de train lança un télégramme spécial à la gare de Montréjeau qui fournit une bouillotte. On voit qu'il suffit souvent de parler fermement pour obtenir satisfaction.

Le Tribunal de commerce de Lyon, par un jugement en date du 8 juin 1909 (*Gaz. comm. de Lyon* du 8 déc. 1909), a admis la responsabilité de la Compagnie envers un inspecteur d'assurances qui, à la suite d'un retard et de l'insuffisance de chauffage du wagon, avait contracté une bronchite et dû interrompre son travail.

Par jugement du 5 février 1908 (*Bull. des transports*, 1911, p. 75), le Tribunal de commerce de Roanne a reconnu la responsabilité du transporteur lorsque les wagons ne sont pas chauffés.

Même décision du Tribunal de paix de Bergerac, en

date du 5 mars 1909, accordant des dommages-intérêts à une voyageuse montée dans un wagon de 2ᵉ classe dont les bouillottes étaient froides et dont une portière était démunie de glace. Le jugement porte que les dommages-intérêts devaient être diminués, la voyageuse n'ayant pas réclamé en cours de route.

Le même tribunal a statué dans une affaire intéressante, où un voyageur accompagné de son fils était monté dans un compartiment de 3ᵉ où se trouvaient huit autres voyageurs et où il n'y avait qu'une seule bouillotte.

Le voyageur, qui avait eu à souffrir du froid, ainsi que son enfant, actionnait le transporteur qui, tout en reconnaissant les faits, soutenait qu'il n'y avait pas eu de préjudice.

Par jugement du 7 janvier 1910, le juge de paix a décidé qu'une seule bouillotte était insuffisante; que, par suite du manque d'appareil de chauffage, le voyageur avait subi un préjudice et lui a accordé des dommages-intérêts.

Water-Closets.

Dans les nouveaux wagons à couloirs, les Compagnies ont installé des water-closets. Quelques wagons anciens modèles, en très petit nombre il est vrai, contiennent des water-closets accessibles aux voyageurs d'un train, mais ces voyageurs doivent quitter leur compartiment à l'arrêt pour monter dans des compartiments spéciaux qui ne communiquent pas avec les autres.

Une circulaire ministérielle du 11 août 1890 rappelant une circulaire précédente du 29 novembre 1887 invite les Compagnies à mettre des wagons contenant des water-closets dans les trains marchant plus de deux heures sans stationnement d'au moins dix minutes.

Entrée et sortie des Voitures.

Il est défendu d'entrer dans les wagons ou d'en sortir autrement que par les portières qui se trouvent du côté où se fait le service du train (article 58).

Cette prescription, toute en faveur des Compagnies, et qui a été introduite, pour elles, dans le décret de mai 1901, ne devrait être appliquée que si les Compagnies s'obligeaient à faire le service des trains toujours du même côté. Il est bien difficile pour le voyageur de savoir qu'il devra descendre à gauche ou à droite, surtout pendant la nuit et dans les petites stations.

Le même article défend de passer d'une voiture dans une autre autrement que par les passages disposés à cet effet et de se pencher au dehors. La raison de cette prescription est d'empêcher les voyageurs de circuler sur les marchepieds le long des voitures, lorsque le convoi est en marche.

Un jugement du Tribunal correctionnel de la Seine, du 30 juin 1897, refuse de voir une contravention dans le fait par un voyageur de se tenir sur le marchepied d'une voiture. Le ministère public assimilait ce fait à celui de se pencher au dehors.

Les voyageurs ne peuvent monter dans les voitures ou en descendre qu'aux gares et lorsque le train est complètement arrêté.

Un jugement correctionnel de Toulon du 8 décembre 1911 (*Gaz. Pal.*, 1912, I, 504) relaxe un voyageur monté dans le train après le signal du départ parce qu'il avait eu son billet tardivement.

DÉPART DES TRAINS.

Horaires.

Aucun train ne peut quitter la gare avant l'heure déterminée par le règlement de service. (Art. 27 du décret du 1er mars 1901.)

Une Compagnie ne peut pas changer son horaire sans l'autorisation ministérielle. Elle est responsable du préjudice causé au voyageur par ce changement non autorisé, même quand elle l'aurait fait connaître au public par voie d'affiche. (Trib. de comm. de Montpellier, 26 mai 1908.)

Appel dans les Salles d'attente et les Buffets.

Les Compagnies sont tenues de faire appeler les voyageurs dans les salles d'attente et de les prévenir que tel train va partir dans telle direction.

Les voyageurs sont, dans les salles d'attente, sous la

garde des Compagnies, qui doivent les protéger contre les intrus. (Art. 63 du décret du 1er mars 1901.)

Ce n'est qu'exceptionnellement que les voyageurs peuvent passer sur les quais d'embarquement; les Compagnies ont le droit, en cas de besoin, de n'ouvrir les salles d'attente qu'au moment du départ du train. (Circ. minist. du 10 mars 1886.)

Les Compagnies de chemins de fer secondaires n'échappent pas à cette obligation. (Trib. de paix de Charleville, 15 févr. 1910; *Bull. des transports*, avril 1910.)

Les employés des Compagnies ne doivent pas inviter les voyageurs à sortir des salles d'attente avant les quelques minutes nécessaires pour prendre le train. La Compagnie est tenue de prendre toutes les mesures utiles pour garantir le voyageur contre les intempéries et notamment à ne pas l'obliger à rester sur le quai. (Trib. de comm. de Roanne, 5 fév. 1908; *Bull. des transports*, mai 1911.)

Une circulaire ministérielle du 6 novembre 1858 prescrit aux Compagnies d'expédier par le plus prochain train les voyageurs « oubliés dans les salles d'attente », quelles que soient la nature du train et la classe du voyageur.

Cette circulaire est sans nul doute applicable aux voyageurs montés dans des voitures qui se trouvent en queue des trains et que l'on laisse à certains points du parcours. Un jugement du Tribunal de commerce de la Seine du 8 septembre 1883 a admis la responsabilité du transporteur dans ce cas assez fréquent. (Palaa, Supp., 87.)

Les Compagnies sont également tenues de faire l'appel des voyageurs dans les buffets. Que sont, en effet, les buffets, sinon des salles d'attente où l'on se restaure, salles d'attente spécialement aménagées pour cela, et alors que les horaires prévoient des arrêts pour permettre aux voyageurs de déjeuner et de dîner en cours de route et que les Compagnies sont responsables des gérants des buffets qui sont leurs représentants ?

Cette opinion, quoique contraire à deux jugements, l'un du Tribunal de Céret et l'autre du Tribunal de commerce de Lyon (6 oct. 1908), ne semble pas devoir soulever à l'heure actuelle de difficultés pratiques.

Deux jugements du Tribunal de commerce de Beaune, du 21 avril 1903 (*Bull. des transports*, juill. 1903), et du Tribunal de commerce de Dijon, du 5 mai 1909, ont condamné le transporteur pour non-appel au buffet.

Voici les motifs les plus intéressants du jugement de Dijon :

« Attendu que s'il est exact qu'aucune loi, aucun décret n'impose aux Compagnies l'obligation de donner avis aux voyageurs du moment de la mise en marche des trains, en fait, elles ne sauraient s'en dispenser sans rompre avec un usage général et amener dans leur service et dans le transport des voyageurs une perturbation considérable et d'ailleurs inadmissible ; que les Compagnies se sont elles-mêmes rendu compte de l'absolue nécessité de cette mesure puisque, de tout temps, elles ont fait procéder de leur propre initiative à l'appel des voyageurs dans les gares et leurs annexes... ; que les Compagnies ont donc créé elles-mêmes un usage dont elles ne sauraient se départir sans amener une multitude de confusions préjudiciables aux voyageurs et sans encourir elles-mêmes de graves et fréquentes responsabilités.

» Attendu qu'on ne saurait laisser accréditer la prétention de la Compagnie consistant à dire qu'elle n'est pas tenue de faire l'appel des voyageurs au moment de la mise en marche des trains ; qu'il y a lieu de dire, au contraire, que du fait de l'habitude il s'est créé entre elles et les voyageurs un véritable contrat, qu'elles doivent être tenues de respecter en procédant à l'appel des voyageurs dans la gare et ses annexes et notamment dans les buffets.

» Attendu, en effet, qu'en raison de l'importance de ces établissements et du bénéfice considérable qu'elles en tirent, les Compagnies incitent elles-mêmes les voyageurs à y pénétrer aussi bien en y ouvrant sur les quais intérieurs de leurs gares de larges accès surmontés d'enseignes voyantes, qu'en en indiquant l'existence aux voyageurs à chaque arrêt du train ; que les buffets sont tenus par des industriels qu'on peut considérer comme des agents des Compagnies tant ils sont sous leur dépendance, qu'ils sont d'ailleurs soumis à tous les décrets et lois qui règlent l'existence de la gare elle-même ; que ce sont les Compagnies qui élaborent les règlements intérieurs de ces établissements et fixent le prix des consommations ; qu'enfin, elles reconnaissent si bien l'obligation qui leur incombe de protéger et satisfaire les voyageurs qui vont y consommer, qu'elles y ont fait apposer un écriteau ainsi libellé : « MM. les Voyageurs sont informés » que l'appel les invitant à monter en voiture est fait à la » dernière minute. Ils doivent s'y conformer sans aucun » retard. »

» Attendu que cet avis apposé dans les buffets afin d'assurer la tranquillité aux voyageurs qui y consomment, est la condamnation formelle de la prétention de la Compagnie et qu'il résulte d'une façon indiscutable de cette manière d'opérer que la Compagnie s'est mise elle-même, aussi bien dans son intérêt que dans celui des voyageurs clients de ces buffets, dans l'obligation de faire l'appel dans les buffets à chaque départ des trains. »

On peut faire remarquer que ce n'est pas en vertu d'un usage ou d'un contrat que les Compagnies sont tenues de faire l'appel dans les salles d'attente, mais bien en vertu de leur monopole et des circulaires ministérielles citées plus haut. Les voyageurs restent ou ne restent pas dans les salles; c'est leur affaire. Mais la Compagnie ne peut pas les « oublier » dans les salles d'attente.

Dans son *Code des transports*, tome III, n° 22, M. Féraud-Giraud indique que « avis des mouvements des trains, au moment du départ, doit être porté à la connaissance des voyageurs dans les diverses parties des gares où ils se trouvent régulièrement assemblés, telles que salles d'attente et buffets, surtout dans les gares de passage où, par suite de retards, les indications des horaires et des tableaux officiels de la marche des trains peuvent ne pas être régulièrement suivies. »

Démarrage des trains.

Aux termes de l'article 26 du décret du 1er mars 1901, le train ne pourra se mettre en marche qu'après que le signal du départ aura été donné, et le signal du départ ne peut être donné que lorsque les portières sont fermées. Le signal du départ doit être donné par le chef de gare ou l'agent réglementairement désigné pour le remplacer en cas d'absence. (Circ. minist. du 4 janv. 1866.)

Fermeture des portières.

En fait, ces prescriptions sont observées par les agents des Compagnies dans les grandes gares, mais aux petites stations, étant donnés le peu de durée du stationnement et l'insuffisance du nombre des employés, les conducteurs ferment les portières alors que le train est en marche, et c'est là une contravention formelle.

Les agents d'une Compagnie manquent à leur devoir de surveillance en omettant de vérifier avant le départ d'un train la fermeture des portières du côté opposé à celui par lequel les voyageurs sont montés dans le dit train, alors surtout que les systèmes de fermeture, manette et loqueteau, sont à l'extérieur. (Trib. de comm. de Tarare, 26 déc. 1905; D. P., 1906, 5. 23.)

La question de fermeture des portières est également traitée plus loin au chapitre *Accidents*.

Signal d'alarme.

Il est placé dans chaque compartiment un signal d'alarme dont il est défendu de se servir sans motif plausible. Le paragraphe 4 de l'article 58 dit en effet :

« Il est défendu..... de se servir sans motif plausible du signal d'alarme mis à la disposition des voyageurs pour faire appel aux agents de la Compagnie. »

Depuis la mise en service des wagons à couloir, les Compagnies tendent à supprimer le signal d'alarme, qui dans les anciens wagons était obligatoire dans chaque compartiment, et à le remplacer par un unique bouton d'appel qui se trouve, la plupart du temps, placé hors la vue du voyageur, dans un recoin du couloir ou près de la porte des W.-C.

En cas d'agression, la nuit, il serait difficile, pour ne pas dire impossible, à un voyageur surpris dans son sommeil, de faire face à son ou à ses agresseurs, de sortir du compartiment et de se mettre à la recherche du signal d'alarme.

Il faudrait obliger les Compagnies à mettre les appareils en nombre suffisant, dans chaque compartiment, et au-dessous des filets, c'est-à-dire à portée de la main de tous les voyageurs.

Quel sens et quelle portée faut-il donner aux mots « sans motif plausible » ?

La jurisprudence les interprète toujours dans un sens restrictif. On a décidé qu'il y avait contravention dans le fait de faire usage du signal d'alarme et d'arrêter le train pour ramasser un chapeau tombé sur la voie (Toulouse, 1er févr. 1889), pour faire charger des bagages oubliés sur le quai (Trib. corr. de la Seine, 28 nov. 1898), pour s'arrêter lorsqu'on a dépassé une station (Trib. corr. de la Seine, 1er déc. 1898), lorsque le train dans lequel se trouve le voyageur est en retard, qu'il est probable qu'il manquera la correspondance, qui ramènerait le voyageur à une station où le train ne s'arrête pas et que par suite le voyageur devra coucher en route ou revenir à pied la nuit (Cour de Caen, Ch. corr., 27 oct.

1906; D. P., 1909, 5. 20), lorsque le train ne s'arrête pas à la station pour laquelle le voyageur a un billet (Trib. corr. de Marseille, 12 mai 1897), lorsque le voyageur veut satisfaire un besoin naturel, qu'il y ait ou non des water-closets dans le train (Cour de Paris, Ch. corr., 2 janv. 1905.)

On peut dire que le signal d'alarme ne peut être actionné que lorsque le voyageur est ou peut se croire en danger ou qu'il est malade et peut avoir besoin de secours immédiats.

On a décidé qu'il y avait motif plausible d'actionner le signal, lorsque des jeunes gens ivres escaladaient les banquettes et sautaient dans un compartiment où se trouvaient des dames. (Cour de Riom, 28 mai 1902; D. P. 1904. 2. 405), lorsque la femme d'un voyageur voulant pénétrer dans le compartiment a été renversée sur la voie au moment où le train était en marche et que cette chute pouvait occasionner de graves blessures (Trib. corr. d'Orthez, 30 oct. 1894; D. P., 1897. 2. 422), lorsqu'un voyageur était incommodé par la trépidation et les cahotements du wagon et émotionné au point d'éprouver un malaise et d'avoir des craintes pour sa sécurité (Trib. corr. de Bayonne, 25 avril 1902; D. P.,1904.2.405), lorsqu'un voyageur a été injurié et frappé par d'autres voyageurs (10e Ch. corr. de la Seine, 21 nov. 1910. 11e Ch. corr. de la Seine, 4 nov. 1910; *Bull. des transports*, 1910, p. 181), lorsqu'une dame a été effrayée par un voyageur surexcité (Cour de Montpellier, 30 nov. 1911; *Bull. des transports* 1912, p, 164), lorsqu'un voyageur et sa femme ont été injuriés et menacés par des individus manifestement ivres (Cour de Caen, 16 avril 1913; *Gaz. Pal.* 7 août 1913; *Bull. des transports*, 1914, p. 9), lorsqu'un voyageur s'aperçoit que ses deux enfants sont restés sur le quai. (Trib. corr. de la Seine, 26 déc. 1910; *Mon. Com.* 1911, p. 55.) Dans cette dernière affaire, le ministère public avait abandonné la prévention.

Comme on le voit, les agents des trains n'avaient pas hésité à dresser procès-verbal alors que les voyageurs avaient fait usage du signal d'alarme dans des cas non douteux. Devant la dixième Chambre correctionnelle, le voyageur poursuivi le 21 novembre 1910 avait d'abord protesté contre l'envahissement du compartiment, déjà plus que complet. Ses protestations l'avaient fait injurier et frapper par les voyageurs en surnombre.

Dans cette affaire, la Compagnie eût dû être poursuivie pour contravention à l'article 59. Il est plus que probable qu'il n'en a rien été.

L'arrêt de Riom, rapporté plus haut, pose en principe qu'il appartient au voyageur qui s'est servi du signal d'alarme de combattre par tous les moyens l'appréciation de l'agent de la Compagnie rédacteur du procès-verbal, d'après lequel il n'y avait pas motif plausible de se servir du signal.

Nous trouvons dans le jugement de Bayonne du 25 avril 1902 les intéressants attendus suivants :

« Attendu que dans ces circonstances (malaise du voyageur survenu par la trépidation du wagon), le Tribunal ne saurait, sans pousser à l'extrême la rigueur du décret, ne pas voir le motif plausible qui légitime l'usage du signal ; qu'interpréter autrement le mot « plausible » serait créer pour le voyageur, dans des circonstances comme celles où s'est trouvé le sieur X... et lorsque, comme le dit par lettre son compagnon de voyage, la secousse, la trépidation ressenties étaient tout à fait anormales et des plus inquiétantes, une situation parfois intolérable, convertir un voyage en souffrance physique, ce que le décret du 1er mars 1901 n'a pu vouloir, de nature même, faute d'avoir osé les signaler, prévoir et prévenir à temps, à préparer, rendre possibles des accidents de personnes et des catastrophes irréparables ;

» Attendu qu'il n'y a rien d'exorbitant, d'excessif, à ne pas interpréter l'expression « plausible » d'une manière aussi exorbitamment rigoureuse, judaïque et parfois périlleuse même pour l'intérêt des Compagnies de chemins de fer, auxquelles les voyageurs n'oseraient pas signaler à temps, pour les prévenir, y remédier, les défectuosités et vices du mouvement et de l'attelage des trains et voitures. »

Très souvent, pour ne pas dire le plus souvent, le signal d'alarme ne fonctionne pas. Dans ce cas, la Compagnie devrait être poursuivie pour infraction au dernier alinéa de l'article 32 du cahier des charges et de l'article 15 du décret de 1901, mais elle ne l'est que très rarement.

Signalons un jugement du Tribunal correctionnel du Havre en date du 13 mai 1908 condamnant un mécanicien de l'Ouest et le directeur de la Compagnie, comme civilement responsable, pour ne pas avoir arrêté le train après avoir entendu le signal d'alarme.

Ce jugement, qui a été confirmé par la Cour de Rouen, le 17 juillet 1908, base la condamnation sur une infraction à un ordre de la Compagnie, approuvé par le ministre.

Cahotement.

Nous venons de citer un jugement de Bayonne au sujet de la trépidation et du cahotement des wagons qui se produisent par suite d'un attelage défectueux et fait sans soins ou du mauvais état des voitures.

Aux termes de l'article 22 de l'ordonnance de 1846, les voitures entrant dans la composition des trains de voyageurs sont liées entre elles par des moyens d'attache tels que les tampons à ressort des voitures soient toujours en contact.

La Compagnie est responsable des conditions mauvaises dans lesquelles un voyageur est transporté. Cela ressort implicitement d'un jugement de paix de Crépy-en-Valois du 13 février 1908 et d'un jugement de paix de Bergerac du 12 décembre 1908. (*Bull. des transports*, 1909, p. 87.)

Wagons-restaurants.

A certains trains de grand parcours, la Compagnie attelle des wagons-restaurants dans lesquels on peut séjourner à des heures et à des conditions déterminées par les règlements homologués.

L'horaire d'une Compagnie de chemins de fer approuvé par décision ministérielle déterminant les conditions auxquelles les wagons-restaurants sont admis à circuler dans certains trains et celles auxquelles les voyageurs peuvent en user, a force légale et les infractions aux prescriptions qui y sont contenues sont sanctionnées par l'article 21 de la loi du 15 juillet 1845 (Paris, cinquième Chambre, 18 juillet 1907. Paris, 15 mai 1900.; *Gaz. des trib.*, 20 mai 1900.)

CONTROLE DES BILLETS

Le voyageur est tenu de représenter son billet à toute réquisition des agents des Compagnies (art. 64 de l'ordonnance du 15 nov. 1846 et tarif général homologué, art. 6). Les Compagnies ont donc le droit de faire faire des contrôles en cours de route comme elles ont le droit d'exiger que le voyageur exhibe son billet au départ et le remette à l'arrivée.

« Le contrôle des agents, dit M. Palaa, se borne toutefois

au strict nécessaire pour empêcher la fraude. C'est ainsi que les instructions spéciales des Compagnies renferment ordinairement les dispositions suivantes : « Les agents des trains pourront facilement distinguer les voyageurs déjà contrôlés et venant des points plus éloignés de ceux qui sont à contrôler. *Ils doivent s'efforcer de ne jamais fatiguer les voyageurs par des demandes réitérées.* »

Alors même que les demandes seraient réitérées, le voyageur doit se soumettre, sauf à se plaindre ensuite. La onzième Chambre de la Seine a condamné, le 9 juin 1909, un voyageur qui avait refusé d'exhiber son billet à un contrôleur, alors qu'un contrôle venait d'être fait quelques instants auparavant, ce que le contrôleur savait du reste.

Un arrêt de la Cour de Douai du 24 janvier 1906 (D. P., 1910. 2. 120) décide qu'il appartient aux juges de déclarer l'existence des circonstances de fait susceptibles de caractériser la violation des conditions d'application des tarifs de transport.

On ne saurait admettre qu'un moyen de contrôle légitime puisse dégénérer en procédé abusif.

Il en serait ainsi si, par une interprétation erronée des expressions « à toute demande », un agent du même contrôle sur le même parcours réclamait plus d'une fois à un même voyageur la présentation de son billet.

Un jugement de la onzième Chambre correctionnelle de la Seine (*Gaz. Pal.*, 30 nov. 1911) a condamné un voyageur qui avait refusé de montrer son billet au portillon d'accès du Métro. Ce jugement peut s'appliquer à l'entrée des salles d'attente des chemins de fer.

Le fait de présenter à un contrôleur (ou à l'arrivée) un billet faux constitue une contravention à la police des chemins de fer et non une escroquerie. (Seine, huitième Ch., 19 oct. 1905.) Le même tribunal a décidé, le 11 mai 1909, que le fait par un individu de présenter au contrôle des billets d'une station du Métropolitain un billet déjà perforé et rebouché en vue de prendre place dans un train ne constitue pas une tentative d'escroquerie, l'objet de la manœuvre frauduleuse ainsi employée ne tendant pas à une remise ou délivrance de fonds meubles ou valeurs, telle qu'elle est spécifiée à l'article 405 du Code pénal.

Il en est de même du fait de modifier le lieu de destination du billet. (Trib. corr. de Toulouse, 25 oct. 1905; *La Loi*, 15 janv. 1906.)

Aux approches de certaines gares, on prend les billets

des voyageurs à destination de ces gares, au contrôle fait à une station précédente ou en cours de route. Le voyageur a le droit, après avoir montré son billet, de le garder jusqu'à son arrivée à la gare où il s'arrête.

Il a été jugé que les contrôleurs, qui doivent avoir un signe distinctif (une casquette ordinairement), ne sont pas tenus d'avoir de gants. (Trib. corr. de Guéret, 6 sept. 1902.) Il y a de nombreuses décisions en ce sens.

Le voyageur n'est pas obligé de quitter sa place pour exhiber son billet au contrôleur qui est resté sur le marchepied du wagon. (Trib. corr. de Tarbes, 5 juil. 1907.)

Un abonné est tenu non seulement de présenter sa carte, mais de la remettre au contrôleur. (Douai, 3 mai 1899; D. P., 1900, 2. 460.) Il en est de même du billet ordinaire que le contrôleur a le droit de prendre en main pour le vérifier et le poinçonner.

On s'est demandé si les Compagnies avaient le droit, en poinçonnant les billets, d'enlever les indications essentielles de prix et de durée.

La négative avait été admise par un jugement de paix de Paris du 31 janvier 1900, mais le Tribunal civil de la Seine a, le 26 juillet 1900 (D., 1901. 2. 332), cassé ce jugement et admis la thèse contraire. Cette décision est isolée.

Les Compagnies ne font pas faire d'ordinaire le contrôle la nuit, en cours de route.

Nous examinerons plus loin, au mot Arrivée, les différents cas de perte ou de non-représentation de billets.

Le voyageur qui est trouvé dans une voiture d'une classe supérieure à celle de son billet est par ce seul fait en contravention.

Le Tribunal correctionnel de Toulouse a jugé, le 27 octobre 1900 (jugement déjà cité au chapitre « Déclassement »), que lorsque le contrôleur avait d'abord accepté le prix du déclassement et dressé ensuite procès-verbal, il n'y avait pas de contravention.

Le jugement, rendu dans une espèce où les circonstances étaient toutes en faveur du voyageur, nous paraît isolé. Il y a un arrêt contraire de la Chambre correctionnelle de la Cour de Bordeaux en date du 28 octobre 1897.

Admission dans certains trains.

Est considéré comme voyageur sans billet celui qui monte dans un train avec un billet de 3ᵉ classe pour un parcours de moins de 100 kilomètres, alors que ce train n'admet les voyageurs de cette classe que pour un parcours de 100 kilomètres et au-dessus. (Pau, 28 mars 1903. Le Havre, 25 nov. 1901.)

Pour les conditions d'admission des voyageurs dans certains trains de grands parcours, le voyageur aura intérêt à consulter l'indicateur et pourra, dans certains cas, soit prendre un billet pour une station un peu plus éloignée, soit pour la première station d'une ligne transversale, cela dépend des cas.

Si le train est express pour une partie du parcours, le voyageur pourra se faire déclasser pour cette partie.

Il n'y a pas de contravention dans le fait par un voyageur de 3e classe, muni d'un billet circulaire d'excursion, de monter dans un train qui exige un minimum de parcours de 150 kilomètres des voyageurs de cette classe et de n'effectuer dans ce train qu'un parcours de 113 kilomètres, alors du moins que le voyageur a abandonné sur son itinéraire le droit à un parcours de beaucoup supérieur aux 150 kilomètres réglementaires. (Cour de cass., 20 mai 1892; D. P., 1893. 1. 47.)

Lorsqu'un voyageur monte dans un train qui ne prend pas pour le parcours à effectuer des voyageurs de sa classe et qu'il se refuse à payer le supplément exigé, il contrevient à la décision ministérielle qui a homologué l'horaire et les conditions de marche des trains mis en circulation par la Compagnie. Il en est ainsi alors même que le voyageur est porteur d'une carte à demi-tarif. (Douai, 31 mars 1909; *Rec. Som.*, 1909, 4610; *Bull. des transports*, 1909, p. 105. Trib. de comm. de Saint-Quentin, 28 avril 1903; Palaa, 1022.)

Un voyageur à demi-tarif, porteur d'une carte de 2e classe, commet une contravention à l'article 76 du décret du 1er mars 1901 et à l'arrêté ministériel homologuant les horaires, en montant dans un train ne prenant de voyageurs de 2e classe que pour un parcours déterminé. (Cour de Douai, 31 mars 1909.)

La péremption du billet est assimilée à l'absence de billet. (Cour de Grenoble, 15 déc. 1898; Palaa, 1023.)

Le fait de modifier en cours de route la destination du billet constitue non l'escroquerie, mais la contravention prévue par l'article 38 du décret du 1er mars 1901 réprimée par l'article 21 de la loi du 15 juillet 1845.

ACCIDENTS

Les accidents de chemins de fer peuvent être classés en accidents collectifs et accidents individuels. Nous rangerons dans la catégorie des accidents collectifs les déraillements, collisions, tamponnements, etc., qui, par le nombre des voyageurs tués ou blessés, sont de véritables catastrophes. Les accidents individuels, les plus nombreux, sont ceux qui arrivent à un voyageur ou à un employé et dont les causes, on le verra plus loin, sont multiples, alors que les accidents collectifs sont causés par le mauvais état de la voie ou du matériel, attelage défectueux, entrée en vitesse aux bifurcations, freins défectueux, l'inobservation des signaux ou des règlements, ou par des tentatives criminelles.

Lors de la collision de Melun, ce fut le mécanicien du train tamponneur qui n'observa pas les signaux et qui vint prendre en écharpe un autre train, lequel avait du retard et devait couper normalement la voie sur laquelle marchait le train tamponneur.

La catastrophe de Bernay, survenue en 1910, était due à la présence dans le train de vieux wagons trop légers et incapables de suivre une vitesse de plus de 80 kilomètres à l'heure, et au mauvais état de la locomotive, etc.

A Villepreux, le mécanicien avait franchi le disque avancé à l'arrêt et ne l'avait pas vu. A Saujon, le disque avancé était ouvert.

On a préconisé divers systèmes pour éviter les dépassements de signaux et inventé divers appareils qui, automatiquement, préviennent le mécanicien dès qu'il a franchi un signal à l'arrêt; des essais récents ont été faits en ce sens.

Il y a quelques années, la Compagnie du Nord a fait établir une statistique des accidents qui se sont produits sur l'ensemble des chemins de fer français. Voici les résultats de ce travail pour 1908 et 1909.

En 1908, on a compté 1,734 accidents dont 427 d'ordre technique ou résultant du mouvement des trains et 1,397 accidents de personnes attribuables à des causes indépendantes du service des trains.

Les déraillements représentent 8 o/o des accidents de la première catégorie, les prises en écharpe 6 o/o, les ruptures d'attelages 7 o/o, les collisions 3 o/o.

Il y a eu 118 tués et 1,332 blessés, soit un total de 1,450 victimes dont 259 voyageurs, 1,077 agents et 114 autres individus. Ce nombre global comprend 127 personnes victimes d'accidents de train contre 1,323 victimes de leur propre imprudence.

Les Compagnies sont, en principe, responsables des accidents survenus aux voyageurs, à moins qu'on ne se trouve en présence d'un cas de force majeure ou d'un acte criminel qu'il n'était pas au pouvoir de la Compagnie d'éviter. (Cour de Grenoble, 1re Ch., 24 juin 1913; *Bull. des transports*, 1913, p. 137. Cour de Paris, 11 janv. 1908; D. P., 1910. 2. 244.) Leur responsabilité est engagée en cas d'accident, non seulement quand elles ont omis d'observer les mesures prescrites par les règlements administratifs, mais encore généralement toutes les fois qu'elles ont négligé de prendre, pour assurer la sécurité des voyageurs, les précautions qui étaient recommandées par les circonstances particulières de fait et étaient en rapport avec le danger à éviter. (Grenoble, 14 déc. 1880; Sir., 1882. 2. 34.)

Le voyageur accidenté doit-il simplement faire la preuve de l'accident et est-ce à la Compagnie à faire la preuve qu'elle n'a commis aucune faute et que l'accident est dû à une faute ou à une imprudence du voyageur, ou bien est-ce à ce dernier, après avoir établi la matérialité de l'accident, à prouver la faute de la Compagnie? En un mot, est-ce l'article 1382 ou est-ce l'article 1147 du Code civil qui, en ce cas, doit recevoir application?

Un arrêt de la Chambre civile de la Cour de cassation du 10 novembre 1884 (D. P., 1885. 1. 433) avait décidé que le voyageur ou ses héritiers devaient faire la preuve de la faute délictuelle ou quasi-délictuelle du voiturier.

C'était l'application de l'article 1382.

Cette jurisprudence, très critiquable et très critiquée,

en contradiction avec presque tous les auteurs, n'avait pas été suivie par un certain nombre de cours et de tribunaux.

C'est ainsi que dans ces dernières années, le Tribunal civil de la Seine, le 14 mai 1902 (*Gaz. Trib.*, 6 août 1902), la Cour de Toulouse, le 11 janvier 1906 (D. P., 1913. I. 249), le Tribunal de commerce de la Seine, le 25 novembre 1911 (*Gaz. Pal.*, 1912, I, 307), la Cour d'Agen, le 19 février 1912 (*Gaz. Pal.*, 1912, I., 759), le Tribunal civil de Villefranche-de-Rouergue, le 13 janvier 1913. (*Gaz. Trib.*, 13 sept. 1913) avaient admis l'application de l'article 1147.

La Cour de cassation fut saisie d'un pourvoi formé par la Compagnie du Midi contre un arrêt de la Cour de Pau du 2 février 1910. Cet arrêt confirmait un jugement du Tribunal de commerce de Bayonne du 30 avril 1901 (D. P., 1913. I. 253, en note), lequel avait été saisi d'une demande en dommages-intérêts formée par un voyageur qui avait pris un billet de Bayonne à Mende et qui avait été blessé au cours d'un tamponnement à Saint-Pons.

La Compagnie du Midi avait soulevé une exception d'incompétence et soutenait que la demande devait être portée devant le tribunal de l'arrondissement dans lequel s'était produit l'accident

Le Tribunal repoussa cette exception en décidant que le contrat de transport s'était formé à Bayonne et que l'action judiciaire intentée à l'occasion de cet accident, dont elle dérivait, se rattachait à la convention intervenue entre le voyageur et la Compagnie.

La Cour de Pau statua en ces termes :

« Attendu qu'on ne saurait invoquer, à l'appui de la demande formée par Mestelau, les articles 1784 du Code civil et 103 du Code de commerce, qui déclarent le transporteur responsable des avaries subies par les marchandises; que ces articles, par leur texte même, ne s'appliquent qu'aux marchandises et ne visent pas les personnes;

» Attendu que la Compagnie du Midi soutient, dès lors, qu'elle ne saurait être reconnue responsable à raison de l'inexécution de la convention, les articles 1784 et 103 étant inapplicables, et le contrat de transport ne lui imposant aucune garantie vis-à-vis du voyageur; qu'il lui suffit en conséquence, au point de vue de l'exécution du contrat de transport, de conduire à destination le voyageur mort ou vivant, blessé ou non blessé; que le voyageur ou ses héritiers ont seulement, en cas d'accident, le droit de recourir aux articles 1382 et suivants du Code civil;

» Attendu, tout d'abord, qu'il serait surprenant que le législateur se fût montré moins soucieux des personnes que des marchandises et que, après avoir prohibé, relativement à celles-ci, la clause de non-garantie, dont le seul effet était de déplacer la charge de la preuve, il eût fait de la non-garantie l'état légal du transport des personnes;

» Mais attendu que les articles 1784 et 103 ne sont pas des dispositions exceptionnelles, dérogatoires au droit commun, mais l'application des principes généraux;

» Attendu que, au moment où le contrat s'est formé par la remise d'un billet à un voyageur, il a été entendu, sans que cela eût besoin d'être formellement stipulé, que la Compagnie ferait son possible pour transporter sain et sauf le voyageur à destination; que, si cet engagement n'avait pas été pris, le contrat n'aurait pas été formé, et qu'aucun voyageur ne consentirait à contracter avec un transporteur qui s'engagerait seulement à veiller sur ses biens, mais lui refuserait toute garantie de sécurité vis-à-vis de sa personne;

» Attendu, d'ailleurs, qu'on ne saurait soutenir qu'une Compagnie de chemins de fer, en conduisant à destination le voyageur blessé, ou son corps privé de vie, a rempli son obligation; que l'intention certaine des parties (tellement certaine qu'elle n'avait pas besoin d'être exprimée) a été que le voyageur arriverait dans l'état de santé où il se trouvait au moment du départ; que, s'il en est autrement, ce fait constitue un manquement de la Compagnie à ses obligations et l'inexécution de la convention;

» Attendu que, dans la cause, on ne saurait donc recourir au titre 4 du livre 3 du Code civil, relatif aux engagements qui se forment sans convention, et aux articles 1382 et suiv. du Code civil, concernant les délits et les quasi-délits, mais bien à l'article 1147 du même code, placé à la section 4, des dommages-intérêts résultant de l'inexécution des conventions, titre 3, livre 3;

» Attendu que la Compagnie du Midi n'a pas transporté Mestelau à Mende; que celui-ci, en effet, blessé dans l'accident du 29 septembre 1908, a dû renoncer à son voyage et revenir à Bayonne; que la Compagnie n'a donc pas rempli à son égard les obligations qu'elle avait contractées; que Mestelau père, à raison de l'inexécution de ses engagements vis-à-vis de son fils, a pu valablement l'assigner devant le tribunal du lieu où le prix du billet a été payé et où la Compagnie a pris l'engagement de transporter Mestelau fils à Mende; qu'il n'est pas d'ailleurs contesté que la Compagnie ait un domicile élu à Bayonne;

» Par ces motifs, confirme, etc... ».

La Compagnie des chemins de fer du Midi se pourvut contre cet arrêt; son pourvoi était basé sur la violation des articles 1147, 1370, 1382, 1383, 1784 du Code civil, 59 et 420 du Code de procédure civile, et 103 du Code de commerce en ce que l'arrêt attaqué, statuant sur l'exception d'incompétence opposée par une Compagnie de chemins de fer à un voyageur victime d'un accident, avait déclaré le tribunal de commerce du lieu du contrat compétent, sous prétexte que la demande était fondée sur l'exécution du contrat de transport, alors que la responsabilité de l'accident survenu à un voyageur est une responsabilité quasi-délictuelle et qu'en conséquence l'action est soumise, quant à la réparation du préjudice et quant à la juridiction qui doit en connaître, aux règles de l'article 59 du Code de procédure civile.

M. le procureur général Sarrut donna dans cette affaire des conclusions au cours desquelles, après avoir rappelé la jurisprudence de la Cour de cassation résultant de l'arrêt du 10 novembre 1884 et indiqué qu'antérieurement à cet arrêt, la doctrine était muette sur cette question, il posa en principe que « le contrat de transport implique nécessairement pour le voiturier l'obligation de livrer à destination le voyageur dans l'état dans lequel il l'a reçu, c'est-à-dire sain et sauf. Par cela seul que cette obligation n'est pas exécutée, le voiturier est responsable. A lui de faire la preuve de sa libération. C'est l'application pure et simple du droit commun en matière d'obligation contractuelle (art. 1147 et 1315 du Code civil). »

Après avoir fait un ingénieux rapprochement entre les prétendues différences du contrat de transport des marchandises et en particulier des animaux vivants d'une part, et des voyageurs de l'autre, M. le procureur général Sarrut concluait nettement en faveur du rejet du pourvoi de la Compagnie et contre la jurisprudence de la Cour de cassation.

Les conclusions se terminaient ainsi :

« Ce système de la jurisprudence supprime arbitrairement un élément de fait et de droit essentiel : le contrat de transport.

» L'article 1382 du Code civil suppose l'absence de tout lien contractuel. C'est le délit ou le quasi-délit qui est la source de l'obligation, la cause juridique de la responsabilité. Or, les rapports entre les voyageurs et le voiturier résultent d'un contrat ; l'accident s'est produit au cours de l'exécution de ce contrat. Telle est du moins l'hypothèse ; car, à défaut de contrat de transport, l'article 1382 du Code civil peut seul être invoqué.

» Que comprend le contrat de transport en général ? Qu'y fait-on rentrer ? Quelles sont, de l'aveu de tous, auteurs et arrêts, les obligations qu'il impose au voiturier, qu'il s'agisse de marchandises ou de personnes ? Ce contrat comprend l'obligation de transporter dans les délais ; il suffit à l'expéditeur, au voyageur de prouver que les délais d'usage ou réglementaires ont été dépassés et que ce retard a causé un dommage. Il comprend l'obligation de livrer les bagages, comme les marchandises, sans perte, sans avaries, en bon état. Il comprend l'obligation de donner au voyageur la place qu'il a choisie, de lui assurer un confort suffisant. Il comprend, enfin, l'obligation de transporter marchandises, bagages et personnes à la destination convenue.

» Ainsi, pour les délais, la conservation des marchandises, des bagages, pour le choix de la place, le confort nécessaire, le contrat de transport est la loi des parties ; le voiturier doit réparer le dommage à moins qu'il ne justifie d'une cause légitime de libération.

» Et ce même contrat ne sera pas la loi des parties en cas d'accident aux personnes. Sans le contrat de transport, qui a mis en rapport voiturier et voyageur, qui a livré le voyageur au voiturier, le voyageur n'aurait subi aucun dommage. Et cependant on détache, on exclut du contrat de transport l'obligation de réparer le dommage causé aux voyageurs ; on applique des règles différentes de celles qui régissent tous les autres litiges auxquels peut donner lieu le contrat de transport. Le voyageur lésé qui invoque un contrat est placé dans une situation de droit identique à celle d'un tiers avec lequel le voiturier n'aurait eu aucun rapport juridique avant l'accident ; cette confusion entre l'obligation *ex contractu* et l'obligation *ex facto* a pour effet d'assurer aux personnes physiques moins de protection qu'aux marchandises.

» Il n'y a pas lieu, dès lors, de s'étonner que la pratique se soit ingéniée à atténuer la rigueur du principe de droit posé par la jurisprudence de la Cour de cassation, à en restreindre en fait la portée. Des arrêts imposent au voiturier, surtout aux Compagnies de chemins de fer, des obligations qui excèdent la responsabilité de droit commun. D'autres décident que le déraillement implique *a priori* la faute de la Compagnie. D'autres enfin, appliquant la disposition de l'article 1384 du Code civil, aux termes de laquelle on est responsable du dommage causé par le fait des choses que l'on a sous sa garde, déclarent les Compagnies des chemins de fer responsables de plein droit comme ayant la garde de leurs wagons, de leur matériel, etc. Des auteurs proposent la théorie du risque professionnel, donnant ainsi une extension excessive à une théorie jusqu'à présent réservée à la réglementation des rapports entre patrons et ouvriers. Il est temps de mettre un terme aux justes critiques de la doctrine, de faire cesser les divergences, les discussions, les subtilités. Dans une matière aussi importante que celle des transports, le droit ne peut demeurer incertain, la pratique hésitante et embarrassée. Le droit, science d'application, exige des règles sûres et générales, des théories concordantes. En décidant qu'au point de vue de la preuve de la responsabilité du voiturier, les règles sont les mêmes, qu'il s'agisse du transport des personnes ou du transport des choses, la Cour de cassation formulera un système simple, harmonieux, auquel, sans doute, jurisconsultes et praticiens donneront sans réserve leur adhésion. »

La Chambre civile suivit l'opinion de son procureur général et, après délibéré en Chambre du conseil, rendit, le 27 janvier 1913, l'arrêt suivant :

« Sur l'unique moyen du pourvoi :

» Attendu que des qualités de l'arrêt attaqué et de l'arrêt lui-même, il ressort que Mestelau fils a pris, à la gare de Bayonne, un billet à destination de Mende; que, blessé dans un tamponnement survenu le 29 septembre 1908 dans l'arrondissement de Saint-Pons (Hérault), il a dû renoncer à son voyage et revenir à Bayonne; que Mestelau père, se prévalant de l'inexécution du contrat de transport vis-à-vis de son fils mineur, a, par application de l'article 1147 du Code civil et de l'article 420 du Code de procédure civile, assigné en dommages-intérêts la Compagnie des chemins de fer du Midi devant le Tribunal de commerce de Bayonne, comme étant celui du lieu où le contrat a été formé et le prix du billet payé; que la Compagnie a décliné la compétence de ce tribunal; qu'elle a soutenu que sa responsabilité étant purement délictuelle ou quasi-délictuelle et dérivant des articles 1382 et suiv. du Code civil, le litige devait être porté, en vertu de l'article 59 du Code de procédure civile, devant le tribunal de son siège social ou devant celui de la gare succursale dans le rayon de laquelle l'accident s'était produit;

» Attendu qu'à bon droit l'arrêt attaqué a repoussé cette exception; qu'en effet, la délivrance d'un billet à un voyageur comporte par elle-même et sans qu'il soit besoin d'une stipulation expresse à cet égard, l'obligation, pour la Compagnie de chemins de fer, de conduire ce voyageur sain et sauf à destination; que, dans le cas contraire, il y a manquement de la Compagnie à ses engagements et inexécution de la convention; qu'en reconnaissant, dès lors, à Mestelau père le droit d'agir en dommages-intérêts contre la Compagnie en vertu de l'article 1147 du Code civil et en se déclarant compétente pour connaître de cette action, la Cour d'appel de Pau a fait une exacte application des principes de droit en matière de responsabilité et de compétence, et n'a violé aucun des textes des lois invoquées par le pourvoi;

» Par ces motifs, rejette... »

Du principe nettement posé par l'arrêt résultent de très nombreuses et de très importantes conséquences.

Tout d'abord, le voyageur n'aura plus à faire aucune preuve de la faute du voiturier. Il n'aura qu'à prouver que, parti en bon état de la gare de départ, il est arrivé blessé à la gare terminus ou à une gare intermédiaire.

Pour arriver à faire repousser la demande du voyageur, le voiturier aura à démontrer, non pas qu'il n'a commis aucune faute, mais qu'il n'a pu exécuter son obligation par suite d'un cas de force majeure, du cas fortuit, du vice propre de la chose, de la faute du voyageur.

Un arrêt de la Cour d'appel de Lyon, du 15 octobre 1913 (*Moniteur judiciaire de Lyon*) décide que si une Compagnie est tenue de livrer à destination le voyageur dans l'état dans lequel elle l'a reçu, c'est-à-dire sain et sauf, elle est déchargée de sa responsabilité s'il est établi que l'accident (glissade sur un rail) a son origine dans une faute du voyageur lui-même.

Ensuite, le voyageur blessé pourra porter sa demande devant un des tribunaux énumérés à l'article 420 du Code de procédure civile. C'est ainsi qu'il pourra actionner le transporteur devant le tribunal de son domicile, devant le tribunal du lieu où la promesse a été faite et où la marchandise devait être livrée, et enfin le tribunal du lieu du paiement.

En matière de transport de voyageurs, le tribunal du lieu de la promesse et du paiement est le même, puisque le prix du billet est acquitté au moment de la délivrance.

Nous traiterons plus amplement cette question au chapitre de la « Compétence territoriale ».

Le voiturier ne pourra pas invoquer les prescriptions de l'article 108 du Code de commerce qui ne sont établies que pour le transport des marchandises.

Enfin, lorsque l'action du voyageur blessé dérive du contrat de transport, la Compagnie pourra-t-elle invoquer, comme elle le fait souvent en matière de retard, l'article 1150 du Code civil, et à ce point de vue-là, la nouvelle jurisprudence est-elle favorable aux voituriers, comme on l'a indiqué ?

Nous ne le pensons pas, pour les motifs que nous indiquerons en traitant de la responsabilité de la Compagnie en cas de retard et en vertu du principe posé par l'arrêt de la Chambre des requêtes du 26 octobre 1896.

Les formalités abrégées de la délivrance des billets, formalités imposées par les Compagnies, dans leur propre intérêt, ne permettent pas au voyageur de faire connaître, au moment de la formation du contrat leur nom, profession, situation sociale, leurs charges de famille, et en un mot, pour nous servir de la fameuse expression américaine, leur « valeur ».

Ce sera surtout en matière d'accidents que le voyageur pourra, après coup, fournir toutes les justifications nécessaires du préjudice qu'il a subi et, en cas de mort, ses représentants pourront produire toutes ces justifications.

D'un autre côté, il est hors de conteste que toutes les fois que le voyageur pourra faire la preuve d'une faute à la charge de la Compagnie, il pourra baser sa demande sur l'article 1382 du Code civil et, dans ce cas, la question du préjudice imprévu ne pourra pas se poser. (Voir *infrà* un jugement de la septième Chambre de la Seine, du 12 nov. 1913.)

En matière d'accident, même grave, et alors qu'il semblerait qu'aucune contestation ne puisse s'élever sérieusement sur la présence du voyageur dans un train tamponné et sur la blessure qu'il a reçue, le blessé agira sagement en faisant constater le fait et en prenant des témoins. On pourra faire remarquer que si le voyageur est dangereusement blessé, cela lui sera difficile immédiatement. C'est pourtant une bonne précaution à prendre : nous connaissons, en effet, le cas d'un voyageur qui, blessé dans le tamponnement de Coutras, le 24 août 1907, fut soigné par les agents de la Compagnie, transporté dans un hôtel, puis ramené à son domicile et qui, plus tard, se vit contester sa présence dans le train tamponné. Il ne put retrouver de témoins que longtemps après, mais réussit néanmoins à obtenir une indemnité de 4,000 francs que le Tribunal civil de Libourne lui alloua par jugement du 10 octobre 1911.

Le *Journal* du 14 mars 1912 publiait la note suivante dans sa Chronique des tribunaux :

« — Étiez-vous dans le train ?

» C'est la question posée par l'Ouest-État à Mme Perkins, une riche Américaine en résidence à Paris, qui plaide en dommages-intérêts à raison de l'accident dont elle prétend avoir été victime l'été dernier.

» Mme Perkins prenait le 7 juillet, à Vernon, le rapide du Havre, qui devait la déposer à la gare Saint-Lazare vers les quatre heures.

» Mais à 2 kilomètres de Mantes, le rapide dérailla et se jeta dans un train de marchandises. Il y eut des blessés et parmi eux se trouvait Mme Perkins.

» Transportée sur un des bas côtés de la voie, puis dans le train de secours, l'Américaine arriva à Paris et, à sa descente de wagon fut conduite par les soins de la Compagnie, du moins elle l'affirme, à son domicile.

» Quelques jours après, elle lançait contre l'Ouest-État une assignation en 30,000 francs de dommages-intérêts.

» A la barre de la première Chambre, où le procès s'était engagé, l'Ouest-État, par l'organe de Me Gouzy, se bornait à poser ce point d'interrogation :

» — Vous prétendez, Madame Perkins, que vous avez été victime d'un accident, mais d'abord, prouvez-moi que vous voyagiez dans le train tamponneur ?...

» — Qu'à cela ne tienne, réplique M^e Ch. Mathiot, chargé de soutenir la demande de Mme Perkins, voici toute une articulation de faits que je m'engage à prouver.

» Et, tout en autorisant la riche Américaine à établir par voie d'enquête qu'elle était bel et bien dans le train, le Tribunal, que présidait M. Monier, a commis les Drs Delens, Thoinot et Gouget pour examiner son état et évaluer les conséquences de l'accident. »

Les instructions spéciales des Compagnies recommandent à leurs agents, en cas d'accidents de personnes, d'assurer tous les secours possibles aux blessés et de ne pas hésiter à faire pour cet objet toutes les dépenses nécessaires

En dehors des tamponnements et déraillements, les accidents proviennent le plus souvent de l'ouverture d'une portière en cours de route, de la fermeture brusque d'une portière, de chocs sur les butoirs dans les gares d'arrivée, de freinage brusque, de remise en marche après l'arrêt, de chutes faites en descendant de voiture en dehors des trottoirs ou quais, de traversée des voies, etc.

En ce qui concerne la fermeture des portières au départ, on sait qu'aux termes de l'article 26 du décret du 1er mars 1901, le signal de départ d'un train ne peut être donné que lorsque les portières sont fermées.

Les portières doivent être fermées et surveillées des deux côtés du train et les agents des Compagnies manquent à leur devoir de surveillance en omettant de vérifier avant le départ d'un train la fermeture des portières du côté opposé où les voyageurs sont montés. (Comm. de Tarare, 26 déc. 1905; D. P., 1906. 5. 23.)

« Attendu, dit un arrêt de la Chambre civile de la Cour de cassation du 31 mai 1911 (D. P., 1912. 1. 417) que des constatations de l'arrêt attaqué il résulte : 1º que le 29 juillet 1906 au moment où le train 716 quittait la gare de Frontenay-Rohan, la portière et le loqueteau du compartiment dans lequel se trouvait Couraud n'ont pas été fermés du côté de l'entre-voie; 2º que, peu après le départ, cette portière s'est brusquement ouverte et que Couraud a été précipité sur la voie et a été grièvement blessé.

» Attendu que l'arrêt déclare que l'omission ainsi commise par les agents de l'administration des chemins de fer de l'État constitue une infraction à l'article 26 de l'ordonnance du 15 novembre 1846, modifié par le décret du 1er mars 1901 et que, pour ce motif, il condamne la dite administration à payer à Couraud des dommages-intérêts.

» Attendu que le pourvoi conteste cette interprétation de l'article 26 précité et surtout que si à la gare de formation du train les portières doivent être vérifiées des deux côtés du wagon, il en est différemment en cours de route, dans les gares intermédiaires où la vérification n'est obligatoire que du côté où se fait le service du train.

» Mais attendu que le dit article 26 dispose que le signal du départ ne sera donné que lorsque « les portières seront fermées », que cette prescription est générale, qu'elle n'établit aucune distinction entre les différentes gares desservies par un même train, et qu'elle impose l'obligation de vérifier des deux côtés, à chaque gare, la fermeture des portières, d'où il suit qu'en statuant comme il l'a fait l'arrêt attaqué n'a violé aucun des textes de lois visés au moyen. »

Avant cet arrêt et en sens contraire : Cour de Paris, cinquième Ch., 10 janv. 1911; *Bull. des transports*, 1911, p. 75. La Cour de Bordeaux avait admis aussi une thèse contraire dans un arrêt du 8 mai 1911 (*Rec. arrêts Bordeaux*, 1911. 1. 260) décidant que la Compagnie ne pouvait être rendue responsable de l'accident survenu à un enfant tombé par une portière laissée ouverte par un voyageur descendu à contre-voie. Dans cet arrêt, la Cour de Bordeaux était revenue sur sa propre jurisprudence. Elle avait en effet confirmé, le 12 janvier 1903, un jugement du Tribunal civil de Bergerac, du 9 juillet 1902, repoussant la défense de la Compagnie basée sur le même motif : traversée du compartiment par un voyageur inconnu qui, étant descendu à contre-voie, avait laissé la portière ouverte. Le Tribunal et la Cour avaient répondu que c'était là un fait que la Compagnie aurait dû prévoir et empêcher puisque c'était une contravention prévue par le paragraphe 2 de l'article 58 du décret du 1er mars 1901. Dans le même sens, jugement de la Seine du 26 janvier 1895.

Très souvent, des voyageurs sont blessés, surtout aux mains, par la brusque fermeture de la portière. Les employés doivent-ils prévenir les voyageurs avant cette opération ?

Non, ont dit les Tribunaux correctionnels de Boulogne, le 14 décembre 1910 (*Rec. Som.*, 1911, n° 132), la Cour de Grenoble, 16 mars 1897, confirmée par arrêt de cassation du 1er mai 1899 (D. P., 1899. I. 558). et le Tribunal de commerce de la Seine, le 28 mars 1914 (*Bull. des transports*, 1914, p. 110). Aucun règlement, d'après ce jugement, n'oblige les employés de chemin de fer à avertir les voyageurs de la fermeture des portières. Les voyageurs doivent veiller à leur propre sécurité et à celle de leurs enfants. Ne peut être condamné pour blessure par imprudence l'employé qui a refermé une portière en descendant d'un compartiment sans avertissement préalable, s'il n'a pas pu voir qu'un enfant jouant sur la banquette avait l'extrémité d'une main placée entre la porte et le chambranle.

Comme on le voit, il s'agit d'un cas particulier. (Même jurisprudence de la 4e Ch. de la Seine, 16 déc. 1912 ; *Gaz. trib.*, 12 mars 1913.) Au point de vue des obligations des employés, nous nous rallions à la jurisprudence contraire et notamment à un jugement du Tribunal civil de Bergerac du 18 décembre 1907, condamnant la Compagnie à des dommages-intérêts envers une voyageuse blessée à la main, parce qu'un employé avait fermé *brusquement et sans avertissement* la portière du compartiment.

Dans le même sens, jugement du Tribunal civil de Péronne, 29 avril 1913 (*Bull. des transports* 1914, p. 14).

décidant qu'un employé de chemins de fer ne doit pas se borner à avertir les voyageurs, mais qu'il doit s'assurer qu'il ne risque pas de causer un accident.

L'ouverture d'une portière en cours de route constitue une présomption de faute à la charge de la Compagnie. (Paris, 19 fév. 1902; S. 1902. 2. 77.)

La Compagnie est responsable lorsqu'il est établi que par suite du mauvais état ou du mauvais fonctionnement de la serrure une portière s'est ouverte par suite du mouvement du wagon en marche. (Comm. Boulogne-sur-Mer, 25 fév. 1908. Cour Paris, 9 nov. 1909; *Bull. des transports*, 1910, p. 73.)

Le mauvais état de la serrure résulte de ce fait que la portière a été fermée et que personne n'est monté après la fermeture. (Cour de Paris, 9 nov. 1909, déjà cité.)

Il importe peu que l'appareil de fermeture employé par la Compagnie ait été admis par l'administration supérieure, si cet appareil présente un danger. (1re Ch. de la Seine, 23 nov. 1910 ; *Bull. des transports*, 1911, p. 25.)

Il faut que la défectuosité de la serrure soit constatée. (4e Ch. de la Seine, 26 mai 1909; *Bull. des transports*, 1909, p. 151.) En sens contraire, décision de la même Chambre de la Seine, du 9 juin 1913 (*Bull. des transports*, 1913, p. 111), décidant que lorsqu'une portière s'ouvre brusquement en cours de route, il n'y a qu'une seule hypothèse admissible, c'est qu'elle a été insuffisamment fermée au départ. Il y a dans le même sens un arrêt de la 1re Chambre de la Cour de Douai, du 1er mars 1910.

La preuve d'un accident survenu à un voyageur tombé par la portière et relevé évanoui sur la voie peut résulter de présomptions graves, précises et concordantes. (Comm. de Nice, 21 juill. 1913; *Bull. des transports*, 1913, p. 137.)

Lorsque la portière est fermée par une serrure autoclave et qu'il n'y a pas de loqueteau à l'extérieur, la Compagnie n'est pas responsable de l'accident survenu à un enfant tombé sur la voie, s'il est constant que la portière était fermée au départ et s'est ouverte sous la pression de l'enfant, qui n'était pas surveillé. (Douai, 3 nov. 1902; S. 1904. 1. 261.)

De nombreux accidents se produisent à l'arrivée, lorsque le voyageur descend en dehors des quais.

Depuis quelque temps, en effet, les Compagnies, pour dégager le centre des gares et des stations ainsi que les passages en bois, font avancer leurs trains en dehors des gares et les voyageurs sont obligés de descendre soit à des endroits où il n'y a pas de trottoir, soit sur des plaques tournantes.

Si le voyageur est tenu de ne pas descendre avant l'arrêt complet du train, les Compagnies sont tenues de leur côté de prendre des précautions pour assurer sa sécurité. (Toulouse, 25 nov. 1907.) Les trains doivent avoir une composition normale et un maximum de véhicules (art. 17 du décret du 1er mars 1901) et doivent s'arrêter en gare, puisque le mécanicien doit prendre les dispositions convenables pour que le train ne dépasse pas le point où le voyageur doit descendre. (Art. 37 du décret du 1er mars 1901.) Lorsque le train a sa composition normale et que le quai est assez long, la Compagnie est responsable d'un accident survenu à un voyageur obligé de descendre à un endroit où il n'y a pas de quai. (Cour de Paris, 3e Ch., 4 janv. 1907, confirmant un jugement du Tribunal de commerce de Paris du 24 mars 1906.)

Les Compagnies allèguent pour leur défense qu'elles ont des autorisations administratives, mais ces autorisations ne leur sont données qu'à leurs risques et périls.

La longueur des trottoirs varie selon l'importance des gares. Pour certains réseaux, dit Palaa, des décisions ministérielles ont prescrit de mettre l'étendue de trottoir de toutes les stations en rapport avec le développement des trains de la plus grande dimension (100 mètres pour douze voitures, 120 pour quinze, 150 pour dix-neuf, 180 pour vingt-trois, 200 et plus pour un plus grand nombre).

La largeur des trottoirs est de 4 à 8 mètres.

Une circulaire ministérielle du 6 juillet 1857 décide que les trottoirs seront arasés de 0^{m}30 et 0^{m}35 en contre-haut du rail le plus voisin; l'arête supérieure de la tablette de couronnement sera alignée parallèlement au rail et arasée à une distance de 0^{m}75 à 0^{m}80 de l'arête extérieure du rail. Dans les gares de tête ou les stations de banlieue, des trottoirs élevés pourraient être autorisés à la demande des Compagnies. (Palaa, 2. 510.)

Un arrêt de Douai du 23 janvier 1883 admet l'irresponsabilité des Compagnies si les voyageurs sont obligés de descendre des trains en dehors des quais, car les trottoirs approuvés par l'administration ont une longueur inférieure aux trains sans qu'aucune loi ou aucun règlement s'y oppose et les trains ne peuvent être arrêtés à un point fixe avec une précision absolue. (Palaa, 2. 755.)

Et cependant, il est facile d'arrêter les trains à un point fixe avec une précision absolue, surtout avec l'emploi du frein à air comprimé. Les mécaniciens arrivent bien à arrêter juste en face de l'appareil de distribution lorsqu'ils ont besoin de prendre de l'eau. Au surplus, l'article 37 du décret du 1er mars 1901 décide que à l'approche des gares où le train doit s'arrêter le mécanicien devra prendre les dispositions convenables pour qu'il ne dépasse pas le point où les voyageurs doivent descendre.

Un arrêt de Grenoble du 10 mai 1883, bien plus juridiquement conçu, remet les choses au point. Il décide que le trottoir dont est pourvue une gare indique que les Compagnies ne doivent pas faire circuler ni descendre les voyageurs en dehors de ce trottoir, que la disposition réglementaire prescrivant au mécanicien de faire en sorte que l'arrêt du train ait lieu au point où les voyageurs doivent descendre implique que ce point est ledit trottoir. (Palaa, 2, 755.)

Signalons, à titre documentaire, deux décisions en faveur des Compagnies sur ce point. (Cour de Douai, du 23 janv. 1883, et Trib. d'Annecy, du 3 mai 1893, et en sens contraire : Trib. de Valence, 21 août 1882. Cour de Grenoble du 10 maï 1883. Cour d'Aix, 12 déc. 1887; Lamé-Fleury, p. 104, 105 et 106.)

Le voyageur qui monte dans le fourgon des bagages, spontanément et alors que le train est déjà en marche, commet une double contravention aux lois et règlements qui interdisent aux voyageurs de monter dans un train en marche et de se placer dans une voiture autre que celle de la classe pour laquelle ils ont pris un billet et se met volontairement en dehors des conditions de sécurité que les Compagnies sont tenues d'assurer à leurs voyageurs.

Une Compagnie ne saurait donc être rendue responsable d'un accident survenu à un voyageur dans ces conditions. On ne saurait non plus lui imputer à faute l'omission de fermer la porte du dit fourgon ou le défaut d'éclairage. (Paris, 29 déc. 1905; *La Loi*, 12 avril 1906.)

Lorsqu'un voyageur montant sur le marchepied d'un wagon pour prendre place dans un train perd l'équilibre et tombe par suite de la mise en marche de ce train éprouvant ainsi un accident mortel, c'est au demandeur à prouver la faute de la Compagnie. Commet une imprudence le voyageur qui monte dans un train après que le signal du départ a été donné. (1re Ch. de la Seine, 27 janv. 1914; *Bull. des transports*, 1914, p. 110.)

Il a été jugé, par contre, que la Compagnie est responsable de l'accident survenu à un voyageur qui, ne trouvant pas de place dans le train, est monté dans la vigie du serre-frein et ce sans opposition des agents. (Cour de Bordeaux, 17 mai 1909; *Bull. des transports*, 1910, p. 185.)

Le même jour, la Cour de Paris rendait un arrêt à peu près identique.

Les Compagnies de chemins de fer doivent donner aux trains de voyageurs une composition en harmonie avec les nécessités du public. En conséquence, si, à défaut de places en nombre suffisant dans les wagons, les agents de la Compagnie engagent les voyageurs, contrairement aux règlements, à monter dans un fourgon de bagages, ou même ne s'opposent pas à ce que les voyageurs envahissent les postes destinés aux gardes-frein, ils commettent une faute, et la Compagnie est responsable de l'accident survenu à un de ces voyageurs. (Cour de Pau, 17 mai 1909; D. P., 1911. 5. 57.)

Le Tribunal civil d'Avesnes (31 juil. 1908; *Bull. des transports*, 1909, p. 55) a admis l'irresponsabilité de la Compagnie en cas de chute d'un voyageur sur un quai entretenu en mauvais état, si le voyageur a commis une imprudence.

La Chambre civile de la Cour de cassation a, le 10 novembre 1884 (Palaa, I. 33), admis la faute commune de la Compagnie et de la victime dans un accident survenu à un voyageur qui traversait la voie, alors que par suite d'un retard, il y avait un croisement extra-réglementaire.

Par application du principe de cet arrêt, le Tribunal civil de Nantua a, le 4 mars 1909, admis la faute commune de la Compagnie et de la victime lorsque le voyageur, traversant dans une gare le passage d'une ligne à un moment où il sait qu'un train va arriver, ne s'assure pas avant de traverser la voie que ce train n'est pas en vue, les voyageurs devant veiller à leur propre sécurité, mais la Compagnie est également en faute de ne pas avoir fait garder le passage sur le trottoir central.

Le Tribunal civil de Montauban a admis l'irresponsabilité de la Compagnie dans le cas où un voyageur a été blessé en traversant la voie sans autorisation. (18 juil. 1912; *Le Droit*, 21 janv. 1913.)

Même jurisprudence du Tribunal de la Seine, qui, se fondant sur la circulaire ministérielle du 10 janvier 1885, invitant les Compagnies à laisser les portes des salles d'attente ouvertes, décide que les Compagnies ne sont pas tenues de faire surveiller les portes et alors surtout que le voyageur qui s'engageait sur la voie avait été prévenu de l'arrivée du train. (Trib. civ. de la Seine, 20 janv. 1913 et 6 mai 1913; *Le Droit*, 1er avril 1913.)

Le Tribunal civil d'Amiens a admis l'irresponsabilité de la Compagnie en ce qui concerne un accident survenu à un employé des postes qui traversait les voies. Mais, par des motifs contraires à ceux du Tribunal de la Seine, il a basé sa décision sur ce fait que les agents des postes admis à circuler dans les gares ne sauraient être assimilés à des voyageurs; ils doivent veiller à leur sécurité. (8 janv. 1913; D. P., 1913. 2. 183.)

Depuis l'arrêt de cassation du 27 janvier 1913, le Tribunal civil de Villefranche-de-Rouergue a décidé, le 31 janvier 1913 (*Bull. des transports*, 1913, p. 175) que la Compagnie était tenue de veiller à la sécurité des voyageurs dans ses gares.

La 1re Chambre de la Cour de Lyon a rendu une décision semblable, le 5 avril 1914. (*Bull. des transports*, 1914, p. 94.) Le voyageur, dit cet arrêt, n'a pas à établir une faute de la Compagnie. C'est à celle-ci à prouver que l'inexécution de l'engagement dérivant pour elle du contrat de transport provient d'une cause étrangère, qui ne peut lui être imputée.

C'est l'application de la nouvelle jurisprudence de la Cour suprême.

Au sujet de la traversée des voies par les voyageurs, signalons une circulaire ministérielle du 13 décembre 1856, prise au sujet d'accidents survenus à des voyageurs qui étaient tombés dans des fosses à piquer. Le ministre indiquait aux Compagnies qu'il conviendrait qu'un ordre de service prescrivît à tous les agents de s'opposer à ce que le public traversât les voies ailleurs que sur les ponts disposés à cet effet dans les stations où les installations nécessitent le passage d'un trottoir à l'autre. La traversée aurait lieu, d'ailleurs, sous la surveillance d'un employé. (Palaa, 1, 790.)

L'éclairage des fosses à piquer le feu est exigé par la circulaire ministérielle du 13 décembre 1855, laquelle dispose que pour prévenir les dangers que présentent ces fosses, il y a lieu de généraliser l'emploi d'une lanterne fixe, placée sur le bord interne du petit côté des fosses et l'infraction à cette disposition réglementaire présente les caractères du délit prévu par l'article 19 de la loi du 5 juillet 1845.

Dès lors, en cas d'action en dommages-intérêts intentée à raison d'un accident arrivé par suite du défaut d'éclairage de la dite fosse, cette action, comme l'action publique, est prescrite si plus de trois ans se sont écoulés du jour de l'introduction de la demande sans qu'aucune poursuite ait été dirigée. (Cass. civ., 23 juil. 1906; *Gaz. Pal.*, 1906, 1, 139.)

Lorsqu'un voyageur se trouvant sur le quai d'embarquement est blessé dans une bousculade, soit qu'il ait été précipité sur la voie, soit autrement, la Compagnie est responsable, mais la responsabilité doit être partagée entre la Compagnie et le voyageur, ce dernier ayant voulu monter dans un train en marche. (Cour de Paris, 12 mai 1902; Lamé-Fleury, p. 761.)

Les instructions ministérielles qui prescrivent aux Compagnies de chemins de fer de laisser libre l'accès de la gare aux voyageurs munis de billets ne sont point exclusives des mesures de surveillance indispensables pour la sécurité des voyageurs; elles autorisent les Compagnies à suspendre momentanément le libre accès des voyageurs en cas de circonstances exceptionnelles telles qu'affluence inusitée de voyageurs ou incidents imprévus. (Décret du 1er mars 1901, art. 51, 52, 53.)

Dès lors une Compagnie est à bon droit déclarée responsable d'un accident survenu à un voyageur sur le quai de la gare, par un arrêt qui constate que cet accident a eu pour cause l'envahissement des quais de la gare par une foule trop nombreuse et l'absence d'employés disponibles pour contenir cette foule et mettre un peu d'ordre parmi les voyageurs pressés de prendre le train. (Cass., Req. 23 mars 1909, confirmant arrêt de Paris, 1er août 1907; D. P., 1909, 1. 422.)

L'interdiction aux non-voyageurs de pénétrer sur le quai des gares de chemins de fer n'est pas absolue; elle ne s'applique pas aux personnes qui ont un intérêt légitime à s'y présenter, par exemple, pour demander des renseignements à un chef de gare dont le bureau a son entrée sur le quai intérieur. D'autre part, cette interdiction est sans rapport avec la sécurité du public et a pour unique but de faciliter le service.

Si donc un non-voyageur a pénétré sur les quais intérieurs d'une gare et y a été victime d'un accident, on ne peut le considérer comme en faute et comme s'étant imprudemment exposé à un danger certain pour atténuer ou faire disparaître la responsabilité de la Compagnie. (Cour de Paris, 6 juil. 1912; *Gaz. Pal.*, 25 oct. 1912.)

Le transporteur est responsable de la mort d'un voyageur qui, descendu à contre-voie au cours d'un arrêt non prévu en pleine voie, a été tué par un express, alors que le voyageur n'a pu remonter dans son compartiment à cause du mauvais fonctionnement de la portière. (Cass., Req., 3 janv. 1911; *Bull. des transports*, 1912, p. 137.) Mais il n'est pas responsable si un train a tamponné un voyageur descendu à contre-voie, à la suite d'un arrêt du train en pleine voie, la victime ayant commis une imprudence. (Cass. civ., 6 janv. 1914; *Bull. des transports*, 1914, p. 42.)

Le transporteur est responsable d'un accident survenu à une voyageuse au cours d'un transbordement nécessité par un déraillement. (Comm. de la Seine, 5 juil. 1913; *Bull. des transports*, 1913, p. 175.)

Une Compagnie est responsable de la mort d'un voyageur lorsque, après arrêt du train et pendant que le voyageur descendait, des secousses violentes dues soit à la manœuvre trop brutale du frein par le mécanicien, soit à un mauvais attelage, se sont produites et ont précipité le voyageur. Mais le voyageur est également en faute si, avant que la machine eût stoppé, il a quitté sa place imprudemment. (Paris, 26 déc. 1903; D. P., 1906, 2. 54.)

Cet arrêt, qui a réduit les dommages-intérêts auxquels la Compagnie devait être condamnée, étant donnée la faute du voyageur, doit être un avertissement salutaire pour les voyageurs pressés qui, pour être plus tôt arrivés à la sortie, n'hésitent pas, lorsque le train est encore en marche, à ouvrir les portières de leur compartiment, au risque de blesser les personnes qui sont sur le quai, à sauter sur le trottoir, et à se faire ainsi souvent de graves blessures.

La responsabilité de la Compagnie pour des accidents survenus à des voyageurs par le brusque arrêt des trains ou le renversement des heurtoirs des gares a été admise sans conteste par de nombreuses décisions. (Trib. de la Seine du 9 mars 1870 et Cour de Paris, 3 fév. 1872 ; Lamé-Fleury, p. 104. Trib. civ. de la Seine, 30 mars 1896 ; Lamé-Fleury, p. 107. Trib. civ. de la Seine, 29 déc. 1909 ; *Bull. des transports*, 1910, p. 72.)

Le transporteur est responsable d'un accident survenu à un voyageur à la suite d'un choc au moment de la formation du train. (Cass. civ., 26 oct. 1910 ; *Bull. des transports*, 1910, p. 185.)

La défense faite aux voyageurs de descendre avant l'arrêt complet du train a pour corrélatif l'obligation pour la Compagnie de supprimer toute cause d'erreur et de prendre toutes les précautions destinées à sauvegarder la sécurité des voyageurs, notamment celles que comportent les intempéries faciles à prévoir. (Toulouse, 1re Ch., 25 nov. 1907 ; *Gaz. des trib. du Midi*, 12 janv. 1908.)

Les trains s'arrêtent quelquefois près d'une gare et repartent presque aussitôt. Un arrêt de la Chambre criminelle de la Cour de cassation, du 26 février 1904 (D. P. 1904. 1. 155), décide que le conducteur arrière d'un train est à bon droit considéré comme l'auteur involontaire de la mort d'un voyageur lorsque le train s'étant arrêté en avant d'une gare où il devait stationner et le voyageur, trompé par l'heure normale d'arrivée et l'arrêt du train, étant descendu, il remet le train en marche avant que le voyageur ait pu remonter dans le wagon et au lieu d'arrêter aussitôt le train, ferme la portière laissée ouverte et invite le voyageur à attendre, à la place où il est descendu, au milieu des voies, qu'on soit venu à son secours.

La Compagnie est responsable de l'accident survenu à un voyageur lorsque le train est refoulé brusquement (Trib. civ. de Compiègne, 20 déc. 1882) et lorsqu'un voyageur tombe et se blesse dans l'obscurité, alors que l'on refoule un train ayant dépassé le trottoir. (Valence 21 août 1882.)

Le voyageur blessé par une pierre provenant du ballast de la voie et projetée dans le wagon par la vitesse du train a à prouver que l'accident est arrivé par une faute de la Compagnie. (Grenoble, 30 janv. 1904 ; D. P., 1906, 2. 6.)

Une Compagnie ne peut être déclarée responsable de l'accident causé à un voyageur par le jet d'une pierre lancée de la voie publique, en dehors du terrain clos de la voie ferrée ; la fréquence de faits similaires se produisant au même endroit ne peut entraîner cette responsabilité, si la Compagnie a dénoncé à l'autorité judiciaire ces actes délictueux.

Il en serait de même si l'auteur du délit avait franchi les barrières protégeant la voie ferrée, à la condition que ces barrières fussent en bon état d'entretien. (Comm. de Marseille, 4 fév. 1910; *Rec. de Marseille*, 1910, I. 152. Cour d'Aix, 14 déc. 1911; *Rec. de Marseille*, 1912, I. 126.)

Une Compagnie est responsable de l'accident survenu à un voyageur par la différence considérable de niveau existant entre le marchepied du wagon et la plaque tournante sur laquelle le wagon était arrêté, lors même qu'un employé aurait prévenu le voyageur de faire attention et sans que la Compagnie puisse être autorisée à prouver par témoins le point où le train doit s'arrêter normalement. (Cour de Bordeaux, 1re Ch., 20 janv. 1908; *Rec. Bordeaux*, 1908, I. 216, confirmant une décision du Trib. de Com. de Bergerac du 12 janv. 1907.)

Indiquons ici que les agents doivent ouvrir les portières au départ comme à l'arrivée sur la demande des voyageurs et aider à monter ou descendre ceux qui sont âgés, malades ou infirmes. (Circ. minist., 31 juil. 1879.)

La Cour d'Aix a décidé, le 9 mars 1907, qu'il y avait faute commune lorsqu'un voyageur stationnait sur le marchepied pendant la marche et que les agents l'avaient toléré.

La Compagnie est responsable de l'accident survenu à un voyageur resté sur l'escalier conduisant à l'impériale d'un wagon au moment du départ, alors que le voyageur a été empêché par la foule de quitter l'escalier. (Paris, 5e Ch., 26 nov. 1913; *Gaz. des trib.*, 6 fév. 1914.)

Le transporteur est responsable d'un accident causé par la mauvaise disposition dans un wagon du tapis qui formait bourrelet. (Cour de Besançon, 1re Ch., 15 déc 1909).

Lorsque les voyageurs ont été mis à même d'apercevoir une boîte à pansement placée sur le quai comme les autres colis, celui qui a été victime d'un accident ne peut faire grief à la Compagnie d'avoir déposé cette boîte en cet endroit si, d'ailleurs, le quai était éclairé normalement (Cour de cass., Req., 24 déc. 1909; *Gaz. du Palais*, 9 fév. 1910.)

L'accident arrivé à un voyageur tué en se penchant à la fenêtre d'un wagon par le choc du crâne contre une console engage la responsabilité de la Compagnie qui a commis une faute grave en laissant subsister des consoles aussi mal établies et aussi dangereuses et surtout à une distance aussi rapprochée des wagons que celles qui ont causé l'accident. (Lyon, 3ᵉ Ch., 21 nov. 1907; *Mon. Lyon*, 11 juil. 1908.)

La Compagnie est responsable d'un accident survenu à un voyageur accoudé à un vasistas et blessé au bras par une portière, laissée ouverte, d'un train venant en sens inverse. La Compagnie, pour se soustraire à sa responsabilité, doit prouver le cas fortuit, la force majeure l'imprudence de la victime ou la faute d'une tierce personne.

Ne présente point ce caractère la circonstance que l'accident aurait été causé par une portière ouverte en cours de route par des voyageurs du train croiseur et laissée battante par eux, la Compagnie ne démontrant pas l'impossibilité absolue pour ceux de ses agents qui étaient préposés à la surveillance et au contrôle du train de prévoir, prévenir ou empêcher l'acte qui rendait dangereuse la portière placée sous leur garde. (Cour de Paris, 18 janv. 1913; *Mon. com.*, 1913, p. 294.)

Le transporteur est responsable lorsqu'un tramway, après avoir ralenti, accélère brusquement sa marche et provoque la chute d'un voyageur. (Cass., crim., 23 mai 1913; *Bull. des transports*, 1913, p. 120.)

Le transporteur est responsable lorsqu'un voyageur d'un tramway, effrayé par un court-circuit, saute hors de la voiture et se blesse. (Cour de Paris, 3ᵉ Ch., 21 fév. 1913; *Bull. des transports*, 1913, p. 107.)

L'éclatement d'une lampe éclairant un wagon de chemin de fer ne constitue pas un cas de force majeure et, par suite, la Compagnie est responsable du dommage causé à un voyageur par cet éclatement et l'incendie qui a suivi. Le fait que l'accident a aggravé les troubles cardiaques auxquels le voyageur était prédisposé ne saurait pas être considéré comme un dommage imprévu dont l'article 1150 exonérerait la Compagnie, alors surtout que le demandeur fonde sa demande non pas sur la responsabilité contractuelle, mais sur la responsabilité délictuelle, en invoquant l'article 1382 du Code civil. (Trib. civ. de la Seine, 7ᵉ Ch., 12 nov. 1913, *Bull. des transports*, 1914, p. 31.)

Une Compagnie qui, par sa faute résultant de la mise en marche d'un wagon hors d'état de continuer sa route, du mauvais éclairage d'une lampe et du non-fonctionnement du signal d'alarme lors d'un commencement d'incendie, a causé à un voyageur des émotions et une fatigue telles, que le voyageur a dû interrompre son voyage et vu s'aggraver son état de santé, doit réparation du préjudice occasionné. (Paix, Paris, 1er arr., 24 mai 1912; *Mon. de la Justice de paix*, 1912, p. 451.

En cas de décès d'un voyageur, il doit être tenu compte, dans le calcul de l'indemnité, du préjudice moral causé à sa famille. (Trib. civ. de la Seine, 31 janv. 1913; *Bull. des transports*, 1913, p. 59.)

En cas d'accident arrivé à un voyageur de commerce, le patron de ce voyageur est fondé à demander au transporteur des dommages-intérêts distincts de ceux du blessé. (Comm. de la Seine, 9 avril 1913.)

Lorsqu'une personne blessée dans un accident de chemin de fer a fait un premier procès et qu'ensuite son état s'est aggravé, cela constitue une cause nouvelle de dommage et il peut en résulter une nouvelle cause de demande. (Cour de Besançon, 8 avril 1865 et Trib. de la Seine, 23 mars 1866.)

Lorsqu'une condamnation correctionnelle a été prononcée contre un employé à la suite d'un accident survenu à un voyageur, la responsabilité de la Compagnie est incontestable. (Trib. civ. de Toulouse, 14 nov. 1907; *Mon. com.* 1909, p. 199.)

La responsabilité de la Compagnie peut être invoquée au civil alors qu'un de ses agents aurait été acquitté en police correctionnelle. (Cour de Montpellier, 23 juil. 1873 et Cass., 13 juil. 1874; Lamé-Fleury, p. 18.)

Pour que la responsabilité de la Compagnie puisse être engagée en cas d'accident survenu en cours de route, il faut qu'il soit établi que l'accident s'est produit pendant la durée du contrat de transport qui liait la Compagnie envers le voyageur.

Par suite, lorsqu'un voyageur ayant dépassé la station pour laquelle il avait pris un billet a été victime d'un accident qui s'est produit au delà de cette station, il ne saurait invoquer la responsabilité contractuelle fondée sur l'article 1147 du Code civil, dès lors que l'obligation contractée par la Compagnie envers le voyageur en vertu du contrat de transport se trouvait remplie par ce fait que la Compagnie avait conduit ce voyageur sain et sauf à la destination indiquée sur le billet; la Compagnie ne saurait en conséquence, en ce qui concerne le parcours prolongé, être tenue que dans les termes des articles 1382 et suivants du Code civil au cas de faute nettement établie contre elle.

Et lorsque le voyageur, qui prétend que l'accident à lui survenu devrait être attribué à ce que la portière du compartiment dans lequel il se trouvait se serait ouverte et n'aurait pas été fermée en cours de route par les employés, ne rapporte pas la preuve de ce fait, il ne peut obtenir contre la Compagnie une condamnation par application de l'article 1384 du Code civil. (Cour de Pau, 6 mars 1914; *Gaz. du Palais.*)

A L'ARRIVÉE

Retards, Correspondances.

Les trains doivent arriver à l'heure fixée par les horaires. Néanmoins, et au point de vue administratif, il y a des retards en quelque sorte autorisés et prévus, puisque dans certaines gares on doit tenir des registres pour mentionner les retards de trains excédant les limites déterminées par le ministre (article 42).

Il y a longtemps que l'administration supérieure a reconnu que les retards étaient abusifs. Déjà, dans une circulaire du 27 août 1878, le ministre des Travaux publics recommandait de faire des trains supplémentaires, en cas d'affluence, sur les grandes lignes. Il constatait que sur les lignes secondaires et transversales, le service était très défectueux, que les battements étaient trop longs. Il recommandait de supprimer autant que possible les trains mixtes et en cas de manquement de correspondance de mettre en marche des trains de remplacement.

Il faut croire que les désirs du ministre n'étaient pas exaucés, car nous voyons apparaître, toujours pour les retards, de nouvelles circulaires le 24 octobre 1891, le 26 août 1892, le 10 septembre 1892.

Enfin, le ministre se fâche et, le 12 août 1893, il ordonne aux fonctionnaires du contrôle de constater et de verbaliser dans certaines gares les plus importantes des réseaux, lorsque le retard excédera dix minutes pour un parcours moindre de 50 kilomètres et quinze minutes pour un parcours de 50 kilomètres et au delà. Les procès-verbaux devront être transmis aux parquets comme relevant, à la charge des Compagnies, des contraventions aux décisions ministérielles rendues en exécution de l'article 43 de l'ordonnance de 1846.

Après avoir rappelé aux administrations des Compagnies que les retards constituaient une cause grave de danger pour la sécurité publique, le ministre ajoutait :

« ... J'ai le devoir d'y mettre un terme par tous les moyens en mon pouvoir.

» J'ai l'honneur de vous informer que je donne au service du contrôle l'ordre de faire constater, par procès-verbaux, les retards de trains de voyageurs, à leur arrivée dans certaines gares les plus importantes de votre réseau, lorsque ces retards excéderont dix minutes, pour les parcours dont la longueur est inférieure à 50 kilomètres et quinze minutes pour les parcours de 50 kilomètres et au delà.

» Ces procès-verbaux seront déférés aux parquets, comme relevant, à la charge de votre Compagnie, des contraventions aux décisions ministérielles rendues, en exécution de l'article 43 de l'ordonnance de 1846, pour approuver l'horaire des trains. »

Le ministre des Travaux publics avait donc décidé que pour tous les retards dépassant dix à quinze minutes, suivant les cas, les Compagnies seraient poursuivies en police correctionnelle pour infractions à l'ordonnance de 1846.

Le ministre avait compris que tous les retards provenaient du fait des Compagnies et que pour les éviter désormais il n'y avait qu'un moyen : la poursuite correctionnelle qu'autorise le décret-loi de 1846.

Cette circulaire, *qui n'a jamais été abrogée, n'a été suivie d'aucun effet*, le contrôle n'ayant pas obéi aux prescriptions ministérielles.

Nous avons eu la curiosité de rechercher si, tout au moins dans les grandes gares, où les retards sont nombreux et où le service du contrôle devrait dresser des contraventions presque tous les jours, on avait dressé quelques procès-verbaux.

Or, à la fin de l'année 1909, c'est-à-dire seize ans après la circulaire de 1893, les parquets de Paris, Lyon, Marseille, Bordeaux, Lille, Rouen, Toulouse et Nantes n'avaient jamais reçu de procès-verbaux du service de contrôle constatant des retards de cette nature, alors que pour cette période de temps et pour les huit principales villes de France les retards prévus par la circulaire ont dû se compter par milliers.

Il ne nous paraît pas possible de soutenir que cette circulaire, qui a été prise pour l'application de l'article 43 de l'ordonnance du 15 novembre 1846, a été abrogée par le seul fait que l'ordonnance précitée a été remplacée par le décret du 1er mars 1901.

L'article 43 du décret du 1er mars 1901 ne fait, en effet, que reproduire à peu près textuellement l'article 43 de l'ordonnance de 1846.

Ce dernier était ainsi conçu :

« Des affiches placées dans les stations feront connaître au public les heures de départ des convois ordinaires de toutes sortes, les stations qu'ils doivent desservir, les heures auxquelles ils doivent arriver à chacune des stations et en partir.

» Quinze jours au moins avant d'être mis à exécution, ces ordres de service seront communiqués en même temps aux commissaires royaux, au préfet du département et au ministre des Travaux publics qui pourra prescrire les modifications nécessaires pour la sûreté de la circulation ou pour les besoins du public. »

L'article 43 du décret du 1er mars 1901 porte :

« Les horaires fixant la marche des trains ordinaires de toute nature seront soumis par la Compagnie à l'approbation du ministre des Travaux publics; à cet effet, avant leur mise en vigueur et dans les délais prescrits par le ministre, la Compagnie les lui communiquera, ainsi qu'aux fonctionnaires désignés par lui et au service du contrôle.

» Si, à la date annoncée pour la mise en vigueur des nouveaux horaires, le ministre n'a pas notifié à la Compagnie son opposition, ces horaires pourront être appliqués à titre provisoire.

» A toute époque, le ministre des Travaux publics pourra prescrire d'apporter aux horaires des trains les modifications ou additions qu'il jugera nécessaires pour la sûreté de la circulation ou les besoins du public.

» Les horaires des trains transportant des voyageurs seront portés à la connaissance du public avant leur mise en vigueur par des affiches placées dans les gares, dans les conditions fixées par le ministre des Travaux publics. Ces affiches devront mentionner ceux des trains contenant des voitures de toutes classes, pour lesquels la Compagnie sera dispensée de faire le service des messageries. »

Comme on le voit, le nouvel article 43 ne diminue en rien les droits du ministre des Travaux publics et la circulaire de 1893 n'a pu être abrogée, même implicitement, par le décret de 1901.

On pourrait croire que, bien qu'il s'agisse de délits

contraventionnels exclusifs de toute intention, il soit très difficile de retrouver l'auteur ou les auteurs responsables des retards.

Or, en comparant le registre tenu dans chaque gare importante et indiquant l'heure réelle d'arrivée du train avec l'horaire établi sur le graphique de marche tel qu'il est déterminé pour chaque train et la feuille de marche du train, l'on pourra connaître les endroits où s'est produit un retard anormal.

Dans la plupart des cas, ce sera soit le chef de gare, soit le chef de train, soit le mécanicien. Mais alors même que le retard serait dû, selon l'expression consacrée du contrôle « à des nécessités de service n'appelant aucune sanction administrative », il y aura toujours quelqu'un qui sera responsable de ce retard : le représentant de la Compagnie, c'est-à-dire le directeur qui, au point de vue de la responsabilité pénale, peut être assimilé au gérant d'un journal.

La Chambre criminelle de la Cour de cassation a, le 20 octobre 1904 (D. P., 1907. I. 494), rendu un arrêt confirmant un arrêt de la Cour de Caen rendant responsable pénalement d'un accident survenu par suite du mauvais état de la voie le directeur de l'exploitation de chemins de fer départementaux. Le pourvoi, qui fut rejeté, était basé sur ce moyen que l'arrêt ne faisait pas connaître si le défaut d'entretien était dû à la Compagnie ou à son directeur. La Cour a consacré un principe de droit qui pourrait et devrait être appliqué, en cas de retard, notamment, aux directeurs des Compagnies.

Du reste, il est probable que si l'on avait poursuivi les employés secondaires, les prévenus auraient pu exciper de l'impossibilité où ils s'étaient trouvés d'assurer au train une marche normale et régulière. Le chef de gare aurait démontré que son personnel était insuffisant et qu'il avait vainement demandé qu'on l'augmentât pour assurer normalement le service des trains. Le mécanicien aurait prouvé que sa locomotive était en mauvais état et n'avait pas été réparée malgré les réclamations adressées à ses chefs. L'incurie des Compagnies aurait été dévoilée et des sanctions auraient pu être prises.

L'inexécution des ordres du ministre ne l'a pas permis.

Sauf le cas de force majeure, que nous définirons plus loin, la Compagnie est responsable du retard. Mais pour obtenir des dommages-intérêts, le voyageur qui souffre d'un retard doit faire la preuve d'un préjudice.

Depuis quelque temps, la jurisprudence tend à trouver dans le fait même du retard les éléments d'un préjudice matériel et moral résultant d'un excès de fatigue pour le voyageur ou d'un trouble apporté dans ses affaires ou à ses plaisirs.

C'est ainsi qu'il a été décidé :

Qu'il y a lieu d'assimiler à un véritable dommage matériel la privation partielle de satisfaction ou la contrariété que le retard du train a pu causer au voyageur. (Just. de paix de Beaumont-de-Lomagne, 12 avril 1911; *Bull. des transports*, 1911, p. 90.)

Que le retard d'un train qui empêche un voyageur d'assister à un dîner est générateur d'un préjudice moral que le transporteur doit réparer. (Trib. de comm. de la Seine, 25 nov. 1910; *Bull. des transports*, 1911, p. 42. Just. de paix de Saint-Martin-de-Valamas, 3 oct. 1911; *Bull. des transports*, 1912, p. 84. Just. de paix de Bergerac, 30 avril 1910.)

Qu'un voyageur, se rendant dans une ville uniquement pour assister aux obsèques d'un de ses parents, a droit à des dommages-intérêts qui peuvent comprendre, en plus du remboursement des frais de voyage une somme d'argent compensant la fatigue et le préjudice moral éprouvés. (Just. de paix de Toulouse, 12 avril 1911; *Gaz. des trib. du Midi*, 16 juil. 1911.)

Que les dépenses supplémentaires, les fatigues, la nuit passée à l'hôtel, les inquiétudes causées à la famille du voyageur constituent des *préjudices directs et prévus* qui doivent entrer en ligne de compte dans l'allocation des dommages-intérêts. (Trib. de comm. de Lyon, 14 mars 1911; *Gaz. comm. de Lyon*, 12 juil. 1911.)

Que, en cas de retard, le voyageur doit être dédommagé du surcroît de fatigue et de l'énervement consécutifs à tous les incidents de ce genre. (Just. de paix de Bergerac, 22 fév. 1913; *Bull. des transports*, 1913, p. 77.)

Le transporteur doit être déclaré responsable des frais et débours d'un voyageur manquant la correspondance et se faisant conduire en automobile. (Trib. civ. de Château-Chinon, 13 déc. 1907. Trib. de comm. de Bergerac, 1er juin 1908.) Il doit même une indemnité supplémentaire. (Trib. de comm. de la Seine, 7 avril 1911 et 9 mai 1911; *Bull. des transports*, 1911, p. 107. Trib.

de comm. de Saint-Lô, 18 janv. 1911; *Bull. des transports*, 1912, p. 168, Trib. de comm. d'Évreux, 26 déc. 1912; *Bull. des transports*, 1913, p. 45.)

Une Compagnie de chemins de fer, après avoir reconnu le principe de sa responsabilité au sujet d'une correspondance manquée par le fait du retard de son train, ne saurait se refuser à rembourser à des voyageurs la dépense d'une automobile qu'ils ont dû s'imposer pour achever leur trajet dans le délai réglementaire. Il en est ainsi, alors surtout que ces voyageurs, se rendant aux funérailles de leur grand'mère, avaient plusieurs motifs d'ordre matériel et d'ordre moral pour arriver dans leur famille un certain nombre d'heures avant la cérémonie; que dans ce but ils avaient payé à la gare de départ un supplément pour monter de 3e en 1re. Ils n'étaient pas tenus, comme le prétend la Compagnie, d'attendre le train suivant qui aurait pu les amener à destination quelques instants avant les funérailles. Le remboursement contesté doit leur être alloué avec de justes dommages-intérêts pour le préjudice justifié par les circonstances et les documents de la cause. (Trib. de comm. de Lyon, 4 nov. 1910; *Gaz. comm. de Lyon*, 7 juin 1911.)

Les Compagnies ont soutenu, lorsque l'on manquait certaines correspondances, qu'aux termes des tarifs et horaires homologués, certains trains n'étaient pas tenus d'attendre d'autres trains et que, par suite, la correspondance n'était pas garantie.

Un jugement du Tribunal civil d'Avesnes du 28 mars 1907 paraît sanctionner cette thèse, qui découle de plusieurs arrêts de cassation (Cass., Ch. civ., 6 mars 1899, 10 juin 1909, 8 déc. 1908 et 8 fév. 1909; D. P., 1899. 1. 318; D. P., 1901, 1. 421) décidant que les ordres de service du chemin de fer dûment publiés et homologués ont force de loi et, lors même qu'ils dérogent au droit commun, n'en doivent pas moins être appliqués pour et contre les Compagnies, et spécialement lorsqu'un ordre de service réglant la marche des trains porte que les correspondances des trains avec ceux d'un autre réseau ne sont pas garanties, le juge ne peut pas, au cas où un voyageur a manqué la correspondance, condamner la Compagnie à des dommages-intérêts sans relever aucun élément de préjudice distinct de celui de manquement de la correspondance et sans constater aucune faute à la charge de la Compagnie ou de ses agents, et sous le prétexte que la Compagnie n'aurait pas exécuté l'obligation contractée par elle de transporter le voyageur à destination à heure fixe.

On peut faire remarquer que dans le cas de correspondance manquée et lorsque les trains ne doivent pas attendre, il ne s'agit pas pour le second d'attendre le premier, mais pour le premier d'arriver à l'heure; la faute de la Compagnie, faute génératrice de sa responsabilité, consiste dans le fait de ne pas être arrivé à l'heure et non d'avoir expédié un train à l'heure indiquée.

C'est ce qui a été décidé par le Tribunal de commerce de Villefranche, le 27 février 1906, et le Tribunal de commerce de Blois, le 30 août 1907.

Le Tribunal de commerce de la Seine a décidé, le 20 mars 1909 (*Bull. des transports*, 1909, p. 87), qu'il ne fallait voir dans la clause de non-garantie de la correspondance qu'un simple avis, car cette clause était contraire à l'ordre public.

Le Tribunal civil de Carpentras a également admis, le 21 avril 1909 (*Bull. des transports*, 1909, p. 121), la responsabilité de la Compagnie, quoiqu'une clause du tarif indiquât que les trains mixtes et de marchandises n'étaient pas attendus. Mêmes décisions de la 7e Chambre du Tribunal de la Seine (22 déc. 1910; *Gaz. du Pal.*, 4 mars 1911) et du Tribunal de commerce de Tourcoing (26 décembre 1911; *Bull. des transports*, 1912, p. 30), du Tribunal de commerce de Dijon (2 déc. 1908).

La Cour de cassation a persisté dans sa jurisprudence et aux arrêts déjà cités on peut ajouter d'autres arrêts des 8 décembre 1908, 8 février 1909, 11 juin 1912.

Cette jurisprudence est très critiquable.

Tout retard est un délit contraventionnel tombant sous l'application de l'article 21 de la loi du 15 juillet 1845. « Toute contravention aux ordonnances royales portant règlement d'administration publique sur la police, la sûreté et *l'exploitation* du chemin de fer et aux arrêts pris par les préfets sous l'approbation du ministre des Travaux publics, pour l'exécution des dites ordonnances, sera punie d'une amende de 16 à 3,000 francs. »

On objecterait en vain que l'administration tolère certains retards de peu d'importance puisque, disent les Compagnies, aux termes de l'article 42 du décret du 1er mars 1901, il est décidé que « aux gares qui seraient désignées par le ministre des Travaux publics, il sera tenu des registres sur lesquels on mentionnera les retards de trains excédant les limites déterminées par le ministre. Ces registres indiqueront la nature et la composition des trains, les points extrêmes de leur parcours, le numéro des locomotives qui les ont remorqués, les heures de départ et d'arrivée, les causes et la durée du retard. »

Cette thèse a été réfutée par un jugement du Tribunal de Nevers en date du 22 mars 1869 rapporté dans Lamé-Fleury, p. 113 :

« Sur la question de savoir, dit ce jugement, si, comme le prétend une Compagnie, il ne résulterait pas des règlements une certaine tolérance relativement au délai de transport des voyageurs, ou si, au contraire, ces délais ne seraient pas réellement et strictement obligatoires, c'est à tort qu'une Compagnie prétend que du moment où l'ordonnance de 1846 prévoit le retard, elle le tolère, car prévoir une contravention n'est pas la tolérer. C'est également à tort qu'une Compagnie prétend que tout retard inférieur à dix minutes ne lui est pas reprochable, parce que l'article 42 de l'ordonnance de 1846, en n'exigeant pas la mention de ces petits retards sur des registres spéciaux, établit une présomption qu'ils sont le résultat de circonstances atmosphériques, de nécessités de service ou de mesures de précaution ordonnées par l'administration. En effet, cet article, étranger aux relations des Compagnies et du public, n'a point été écrit en vue d'excuser les petits retards, mais seulement d'appeler l'attention de l'administration sur les retards les plus accentués, comme pouvant le plus facilement la mettre sur la voie des vices de l'exploitation et des réformes à imposer, ainsi qu'il résulte, entre autres preuves, des termes du rapport au roi et de la circulaire du 19 février 1856. »

Un jugement de paix de Crépy-en-Valois du 15 février 1908 décide que le retard d'un train constitue un délit contraventionnel.

Dans ces conditions, on ne voit pas bien comment un ordre de service homologué peut affranchir une Compagnie des conséquences d'un délit, fût-ce un délit contraventionnel.

Dans tous les cas, la responsabilité de la Compagnie reste entière lorsque le voyageur peut prouver une faute à la charge du transporteur.

« Attendu, dit un arrêt de la Chambre civile du 2 août 1905, qu'à la demande en dommages-intérêts formée contre elle,

la Compagnie a opposé l'ordre de service du 15 octobre 1901 aux termes duquel « les trains de marchandises transportant
»des voyageurs, conservent leur caractère de trains de mar-
»chandises, notamment en ce qui concerne la vitesse, les
»stationnements et les manœuvres dans les gares, leurs
»horaires ne sont pas garantis aux voyageurs, non plus que
»leur correspondance avec les trains de voyageurs »;

»Mais attendu que si les tarifs et ordres de service des chemins de fer, dûment homologués et publiés, ont force de loi et si, à ce titre, leur autorité s'impose aux voyageurs, leurs dispositions n'ont pas pour effet d'affranchir les Compagnies des responsabilités des fautes qu'elles peuvent commettre dans l'exécution du contrat de transport et dont la preuve est rapportée contre elles par la partie adverse;...

»Attendu que le jugement déclare que le retard du train ne provenait ni d'un défaut de vitesse, ni de stationnement ou manœuvres, ni de toute autre cause plausible : qu'il a été occasionné par le manque d'eau pour alimenter la machine et que cette circonstance est imputable à une faute de la Compagnie; qu'en effet le réservoir était dépourvu d'eau depuis la veille et que la Compagnie, qui n'ignorait pas le fait, aurait dû prendre les mesures nécessaires pour parer à toute éventualité. »

La Compagnie peut voir sa responsabilité aggravée si elle n'a pas pris les mesures propres à réparer dans la mesure du possible le préjudice causé par le retard, ce dernier fût-il dû à un cas de force majeure. (Trib. de comm. de Moulins, 21 sept. 1907.)

En cas de correspondance manquée, la mesure la plus propre à réparer le préjudice consiste à former un train en remplacement de celui qui est parti.

Dans toutes les Compagnies, les gares extrêmes de parcours, de soudure, de bifurcation ont des trains spéciaux prévus pour assurer l'acheminement des voyageurs qui ont manqué la correspondance, à condition que ces voyageurs soient en nombre suffisant, vingt généralement.

Dans le cas de manque de correspondance et de formation d'un train spécial, le jugement du Tribunal de commerce de Nevers, du 22 mars 1869, cité plus haut, décide que, d'après l'article 30, § 2, de l'ordonnance de 1846, commenté par les circulaires du 15 mai 1854 et du 11 juin 1863, le chef de gare pouvait décider l'envoi d'un train extraordinaire, sous la seule obligation d'en faire immédiatement la déclaration à qui de droit. A plus forte raison, il pouvait permettre à un voyageur d'un train ayant un retard de 55 minutes et manquant la correspondance à une gare de bifurcation de monter dans le train suivant et pouvait ordonner qu'il serait descendu à une station où le dit train ne s'arrêtait pas réglementairement, réparation dont le voyageur déclarait se contenter.

Il a été jugé par le Tribunal de commerce de Lyon, le 2 février 1905, que les Compagnies n'avaient pas à prévenir les voyageurs, qui avaient à se renseigner sur l'heure de départ des trains spéciaux mis en marche lors d'un manque de correspondance.

Mais il a été jugé par le Tribunal de Saintes, le 28 novembre 1878, que si un train dont le parcours a été interrompu est remis en marche sans qu'on ait averti les voyageurs, la Compagnie est responsable.

Les Compagnies sont responsables lorsqu'à la suite d'un accident, il y a eu négligence pour l'organisation d'un train permettant aux voyageurs de continuer leur route. (Trib. de comm. du Havre, 8 mars 1893.)

Elles sont également responsables lorsque le retard est dû à ce fait qu'un train de voyageurs a été transformé en train mixte ou qu'un train omnibus a été joint à un express. (Trib. de comm. de la Seine, 15 mai 1867. Cass., 28 mai 1870; D. P., 1871, I. 59.)

La responsabilité de la Compagnie ne disparaît pas lorsque, en prenant son billet, le voyageur a été prévenu du retard. (En sens contraire, Melun, 1er octobre 1911.) Il en est ainsi alors même que le voyageur, prévenu, avait la certitude de manquer la correspondance. (Trib. civ. de Pontarlier, 29 oct. 1908; *Bull. des transports*, 1909, p. 40.)

Il importe peu que le retard ait été affiché sur le quai, car le voyageur a pris son billet avant de voir l'avis. (Trib. de comm. de Riom, 30 août 1907.)

Le retard subi par un train doit être signalé au voyageur qui se fait délivrer un billet même après l'heure réglementaire. (Trib. de comm. de Villefranche-sur-Saône, 24 janv. 1905.)

Avis des retards.

Aux termes d'une circulaire ministérielle du 20 mai 1865, lorsqu'un train de voyageurs éprouve un retard de plus d'une heure, une affiche faisant connaître les motifs du retard doit être placardée dans les salles des gares où le public vient attendre l'arrivée des voyageurs. Un avis analogue doit être affiché lorsqu'un train de voyageurs a manqué sa correspondance à une gare de soudure ou de bifurcation.

Préjudice prévu à l'article 1150 du Code civil.

Les Compagnies ont soutenu et soutiennent encore qu'aux termes de l'article 1150 du Code civil, elles ne sont tenues de réparer que le préjudice direct, immédiat et qu'elles ont pu prévoir au moment du contrat.

Cette thèse, qui a été admise par de nombreux arrêts de cassation, se trouve combattue par un arrêt très important rendu par la Chambre des requêtes, le 26 octobre 1896 (D. P., 1898, 1. 500), dans une affaire de bagages, mais les motifs peuvent s'appliquer en matière de retard de voyageurs.

Le Tribunal de commerce de la Seine a décidé, le 20 mars 1909 (*Bull. des transports*, 1909, p. 87), que la Compagnie devait prévoir le préjudice causé à un voyageur par le retard.

Le Tribunal de commerce de Rennes a fait application de ces principes en décidant, le 28 février 1906, que les Compagnies devaient être condamnées non seulement aux dommages prévus, mais à ceux qui ont pu l'être naturellement pour gêne, perte de temps, manque d'affaires et tous autres désagréments.

La Compagnie est responsable du retard qui a fait manquer à un voyageur une adjudication. (Trib. de comm. de Bordeaux, 14 mai 1907. Montpellier, 1re Ch., 1er mars 1910; *Mon. du Midi*, 15 mai 1910.)

Mais la thèse contraire a prévalu à la Cour de cassation. (Ch. civ., 29 janv. 1908, 9 juill. 1913; *Bull. des transports*, 1913, p. 170 et 23 déc. 1913; *Gaz. du Palais*, 4 fév. 1914.)

L'un de ces arrêts s'applique à un voyageur qui prétendait que le retard d'un train l'avait empêché de prendre part à une course, où il aurait pu gagner un prix.

Cette jurisprudence de la Cour de cassation est contraire à un arrêt de principe rendu en matière de bagages par la Chambre des requêtes, le 2 août 1905, et duquel nous extrayons l'intéressant attendu suivant :

« Sur le moyen unique pris de la violation de l'article 1165 du Code civil et de la fausse application de l'article 1198 du même Code :

» Attendu qu'à la différence du contrat de transport de marchandises isolées, lequel se constate par une lettre de voiture, acte écrit indiquant l'expéditeur, le destinataire et la nature des colis, les bagages accompagnant un voyageur et destinés à lui être remis, sans aucun délai, à l'arrivée du train sont enregistrés pour reconnaître leur identité, sans indication de leur propriétaire ni de la nature de leur contenu;

» Attendu que les formalités abrégées, déterminées par la Compagnie elle-même, s'imposent à tous les voyageurs et constituent les conditions de ce transport spécial auquel la Compagnie ne pourra pas ensuite se soustraire pour soutenir, par l'invocation de l'article 1150 du Code civil, qu'elle n'a pu prévoir le préjudice résultant de la perte ou du retard de restitution au voyageur du colis dont il ne voulait pas se séparer, qu'elle ne peut pas davantage exciper de l'article 1165 sous prétexte qu'elle aurait ignoré que le voyageur était un mandataire commercial. »

Il ressort de cet arrêt que les Compagnies, dans leur propre intérêt, imposent aux voyageurs des formalités abrégées pour le transport des bagages.

Il en est absolument de même pour le transport des voyageurs.

Le contrat de transport se forme, en effet, au moment où la gare délivre le billet de place.

Le billet n'est pas encore personnel, à ce moment-là tout au moins. Le voyageur n'a pas à faire connaître son nom, sa qualité, le but de son voyage, l'intérêt plus ou moins grand qu'il peut avoir ou qu'il a d'arriver à une heure déterminée au lieu de destination. La Compagnie ignore tout cela.

Le voyageur ne peut même pas, en l'état actuel des choses, faire connaître tous ces renseignements à la Compagnie, représentée par le receveur qui donne les billets ou le chef de gare.

Au moment de la prise du billet, les « formalités abrégées » dont parle l'arrêt de la Chambre des requêtes, formalités imposées par la Compagnie dans son unique intérêt, pour éviter l'encombrement des guichets, le trop long stationnement du voyageur et par suite, surtout l'ouverture de guichets supplémentaires, ne permettent pas au voyageur de faire et au distributeur de billets d'accepter des déclarations quelconques.

Une fois le billet pris, le voyageur pourra, nous dit-on, voir le chef de gare et lui faire connaître les circonstances propres à révéler à la Compagnie le préjudice qu'elle occasionnera en cas de retard.

Or, en droit, on pourra soutenir que le contrat est formé à ce moment-là et qu'il ne peut plus y être apporté de modifications sans le concours des deux intéressés, le transporteur et le voyageur.

En fait, le chef de gare refusera de recevoir les déclarations du voyageur et dira que rien dans les tarifs et règlements ne lui permet de les accepter et d'en donner acte.

Le voyageur aura la ressource de consigner ses dires sur le livre des plaintes et il mettra ainsi la Compagnie au courant des risques qu'elle court en cas de retard.

A notre avis, et dans l'état actuel de la jurisprudence, le transporteur est entièrement responsable de l'entier préjudice matériel et moral qu'il cause au voyageur arrivé en retard, lorsque le voyageur démontre que le retard l'a empêché de faire une opération dont l'issue n'était pas douteuse, ou de réaliser un gain certain, ou d'assister à une réunion qui devait avoir lieu.

Un voyageur de commerce, un homme d'affaires n'aura qu'à démontrer qu'il était attendu par un client pour traiter une affaire ou que le but de son voyage a été manqué ou qu'il lui a été causé un ennui ou un préjudice moral.

Le voyageur qui devait assister à une fête, à une cérémonie, à une réunion, n'aura à prouver que ce seul fait : l'empêchement que la Compagnie a apporté par suite du retard à assister à cette fête ou à cette réunion.

Le transporteur devra réparer en entier le préjudice causé, quelle que puisse être son étendue. On ne voyage que pour ses affaires ou ses plaisirs, et le voyageur troublé dans ses affaires ou ses plaisirs a droit à une indemnité.

L'article 1150 n'est applicable, et cela ressort des divers arrêts de cassation cités plus haut, que lorsque le gain dont a été privé le voyageur était incertain ou que la réussite de l'affaire était douteuse. Un entrepreneur se rend à une adjudication et arrive en retard. Tant qu'il n'aura pas démontré qu'il eût été certainement adjudicataire, il ne pourra avoir de dommages-intérêts pour le préjudice causé de ce chef. Un sportsman, jockey ou coureur cycliste, est empêché de prendre part à une course; il devra prouver qu'il eût certainement remporté un prix et la preuve sera peut-être très difficile à rapporter.

Mais le voyageur aura le droit de réclamer, en tous cas, le montant des déboursés qu'il a faits pour lui, le cheval et le jockey. (Just. de paix de Pont-l'Évêque, 17 oct. 1913; *Bull. des transports*, 1914, p. 111.)

En matière d'application de l'article 1150 du Code civil, le Tribunal de commerce de Rennes (16 juil. 1909; *Gaz. comm. de Lyon* du 7 août 1909) a rendu un jugement très intéressant dont voici le sommaire :

« Dans un contrat de transport passé entre une Compagnie et un mandataire voyageant pour le compte d'un mandant, ce dernier a qualité, soit pour intervenir dans l'action intentée par son représentant, soit pour se substituer à lui et pour reprendre l'instance ou l'engager en son nom personnel.

» Il en est ainsi d'un directeur de journal qui a chargé son employé de porter à Lille 386 pochettes non placées de la Loterie de la presse du Nord, afin de les restituer au Comité d'organisation avant le délai de clôture expirant le 20 décembre à midi.

» Par suite, ce directeur est recevable à agir en son nom contre la Compagnie qui, par le retard de son train, n'a permis à ce voyageur d'arriver à Lille que le même jour à 4 h. 55 du soir.

» Un préjudice de cette nature ne saurait être considéré comme un préjudice imprévu au moment du contrat. L'article 1150 du Code civil ne saurait être opposé à cette demande, les circonstances de la cause, la publicité donnée à la loterie et la date de la clôture pour la restitution des billets non placés pouvaient avertir la Compagnie des conséquences certaines et directes amenées par un retard. »

Le droit pour le mandant d'exercer l'action à la place du mandataire ou concurremment avec le mandataire, en cas de retard, établi par ce jugement résulte encore d'une décision du Tribunal civil de Fontenay-le-Comte du 1er juillet 1910. (*Bull. des transports*, 1910, p. 152.)

Dans cette affaire, les Chemins de fer de l'État soutenaient que les patrons de l'employé arrivé en retard à une foire ne figuraient pas au contrat et étaient, au sujet de son exécution, sans aucun lien de droit avec le transporteur.

« Attendu, a répondu le Tribunal, qu'il est de jurisprudence formelle que le patron est recevable à agir pour son voyageur ou employé, se substituant à lui, l'employé ne devant pas être réputé avoir contracté en son nom personnel en dehors de sa mission de mandataire. »

On verra plus loin que, en cas de retard de bagages d'un voyageur de commerce, le patron est recevable à former une action contre la Compagnie.

Un voyageur ne peut réclamer de dommages-intérêts en cas de retard d'un train dans lequel il n'avait pas le droit de monter. (Trib. de comm. de la Seine, 21 janv. 1869; Picard, t. 4, p. 205.)

Par contre, la Compagnie est responsable d'un retard à l'égard d'un voyageur qui suivait un itinéraire plus long que celui porté sur le billet si, en fait, la Compagnie autorise tacitement cet allongement de parcours et si le billet a été délivré et le bagage enregistré pour le train accomplissant cet allongement. (Just. de paix de Bergerac, 28 juin 1907.)

Le voyageur qui, s'arrêtant à une gare intermédiaire, tandis que, d'après son billet, il devait faire le trajet directement par le train correspondant immédiatement à celui pris à la gare de départ, arrive le lendemain en retard, ne peut se plaindre de ce retard, alors qu'il serait arrivé à destination dans les délais réglementaires s'il ne s'était arrêté en cours de route. (Cour de cass., Req., 5 mars 1903; D. P., 1905. 1. 125.)

Diminution d'un temps d'arrêt en cours de route.

En cours de route, on peut déjà savoir si le train aura du retard et si une correspondance sera ou non manquée. Si l'on arrive en retard à une bifurcation et si l'on manque une correspondance, consigner le fait sur le livre des plaintes et payer les télégrammes que l'on peut avoir à expédier, si le chef de service l'exige, ainsi que les dépenses du buffet ou d'hôtel. Il est bon de se faire donner un reçu des sommes ainsi dépensées; cela servira comme justification de l'indemnité à réclamer plus tard.

Il arrive fréquemment que l'on voit diminuer en cours de route, par suite du retard, un arrêt en gare, sur lequel on comptait pour prendre un repas. Si l'on a prévu le cas, on peut télégraphier au buffet de la gare d'arrêt pour commander un repas à emporter dans le train. Le télégramme est généralement expédié gratis; ce qui ne prive pas, du reste, le voyageur du droit de se plaindre et, le cas échéant, de réclamer des dommages-intérêts si l'existence d'un préjudice est démontrée.

Ceci nous amène à examiner la question de savoir si le voyageur arrivant à l'heure à la gare pour laquelle il a pris un billet a le droit de se plaindre d'un retard à une station intermédiaire et du préjudice que lui cause un arrêt en cours de route. Se basant sur les horaires et les ordres de service dûment homologués, qui ont force de loi, le voyageur pourra profiter de cet arrêt pour donner un rendez-vous à la gare ou bien prendra un train lui permettant de coucher en cours de route et de se reposer. S'il manque son rendez-vous ou si on lui impose un surcroît de fatigue par suite de la diminution de la durée de son repos, pourra-t-il actionner la Compagnie ?

Par jugement du 10 novembre 1903, le Tribunal de commerce de Château-Gontier avait décidé que la Compagnie n'était pas responsable d'un retard dans une station intermédiaire, pour cette raison que le parcours ne pouvait être fractionné.

Par contre, dans un arrêt du 11 janvier 1908 (D. P., 1910, 2. 244), la Cour de Paris posait en principe que « les trains de voyageurs ne sont tenus d'arriver ou de partir aux heures fixées par les horaires qu'aux gares de départ, d'arrivée, ou à celles où un arrêt doit avoir lieu ».

La Chambre civile de la Cour de cassation a rendu, le 14 février 1914, un arrêt proclamant l'irresponsabilité du transporteur pour les retards se produisant en cours de route, à des gares intermédiaires.

La Cour était saisie d'un pourvoi formé par la Compagnie des Chemins de fer de l'État contre un jugement du Tribunal de commerce de Saumur du 25 janvier 1909, la condamnant à des dommages-intérêts pour manque de correspondance et diminution d'un temps d'arrêt en cours de route.

La première branche du moyen du pourvoi était basée sur ce fait que le jugement avait accordé des dommages-intérêts pour retard sans relever aucun élément de préjudice spécial et la seconde sur la violation de l'article 1147 du Code civil.

Après avoir rappelé dans l'examen de la première branche du moyen que les ordres de service des chemins de fer dûment homologués et publiés sont des règlements ayant force de loi, devant être appliqués pour et contre les Compagnies, la Chambre civile sur la deuxième branche du moyen s'exprime ainsi :

« Vu l'article 1147 du Code civil,
» Attendu que l'ensemble des délais réglementaires est seul obligatoire pour les Compagnies de chemins de fer; que tenues en vertu du contrat de transport d'amener le voyageur à destination à l'heure exacte fixée par les ordres de service dûment publiés et homologués, les Compagnies n'encourent aucune responsabilité du fait des retards se produisant en cours de route à des stations intermédiaires;
» Attendu que le jugement attaqué déclare que le demandeur, qui avait pris, le 10 novembre 1908, à la gare de Saumur (État) un billet d'aller et retour pour Bressuire, y est arrivé sans retard appréciable; que cependant, il condamne l'administration des Chemins de fer de l'État à payer à ce voyageur des dommages-intérêts par le motif que le trajet devant s'accomplir par le train 85 de Saumur à Thouars et, de Thouars à Bressuire, par le train 355, le retard du train 85 à l'arrivée à Thouars ne lui avait pas permis d'utiliser l'intervalle de 1 h. 15 prévu par l'ordre de service entre l'arrivée de ce train et le départ du train correspondant;
» Attendu qu'en statuant comme il l'a fait, le Tribunal de Saumur a violé, par fausse application, l'article de loi sus-visé. »

Comme on le voit, la Cour de cassation affirme, sans donner aucune raison juridique, que les Compagnies n'encourent aucune responsabilité pour des retards à des stations intermédiaires.

Et elle l'affirme après avoir proclamé, quelques lignes auparavant, que les ordres de service ont force de loi.

On se trouve donc en présence d'une situation de fait et de droit bien claire.

La Compagnie est incontestablement en faute en ne se conformant pas aux horaires homologués. L'article 43 du décret du 1er mars 1901 sur les horaires ne laisse aucun doute à cet égard. Le fait de ne pas respecter les horaires approuvés constitue une infraction à l'article 21 de la loi du 15 juillet 1845. Les infractions aux prescriptions de ces documents constituent des délits contraventionnels, punissables, malgré la bonne foi des prévenus. (*Bulletin annoté des chemins de fer*, 1900, 2. 94.)

C'est un principe général que toute infraction aux tarifs homologués, aux règlements concernant la police, la sûreté et l'exploitation des chemins de fer a pour sanctions les pénalités édictées par l'article 21 de la loi de 1845. Et il n'y a pas à distinguer, entre les règlements et décisions, ceux plus spécialement relatifs à la police et à la sûreté et ceux relatifs à l'exploitation commerciale. (Cour d'Amiens, 10 mars 1900; D. P., 1900. 2. 461.)

En admettant, par pure hypothèse, qu'il n'y ait pas délit, la Compagnie en donnant un billet à un voyageur qui doit compter sur le respect des horaires, contracte l'obligation de respecter ces horaires, et le voyageur est en droit de compter sur ce respect.

Il pourra donc, aux termes de l'article 1382 du Code civil, faire une action en dommages-intérêts et, pour réussir, il aura à démontrer une faute de la Compagnie, un préjudice subi consécutif à cette faute.

Or, la faute de la Compagnie est indéniable et la Cour de cassation décide le contraire, sans même prendre la peine de donner un motif, se bornant à affirmer ce qui devrait être démontré et dont la démonstration serait difficile, pour ne pas dire impossible.

En vain objecterait-on qu'en matière de transport de marchandises, les Compagnies ont le droit d'épuiser les délais et que si les colis expédiés arrivent dans les délais réglementaires, il n'y a pas à s'inquiéter du point de savoir comment ils ont été amenés à destination, par quelle voie et par quels trains. La situation n'est pas la même. Le voyageur n'est pas un colis inerte, il a le droit pour des raisons, même de fait, inhérentes à sa nature de compter sur le respect des horaires obligatoires et approuvés par l'administration chargée du contrôle et de la surveillance des chemins de fer.

La jurisprudence de la Cour de Paris, citée plus haut, paraît bien plus juridiquement établie que celle de la Cour suprême.

Clauses d'irresponsabilité.

Les voyageurs porteurs d'une carte d'abonnement ou donnant droit à la délivrance de billets à demi-tarif ont signé, sur la demande de carte, une clause dans laquelle ils s'engageaient à « n'exercer à raison de leur carte aucune action, ni prétendre à aucune indemnité contre les administrations de chemins de fer pour aucun arrêt, empêchement, retard, changement de service, diminution du nombre des trains, ou défaut de place qui obligerait le titulaire à monter dans les voitures d'une classe inférieure ». (Art. 2 du tarif G. V., 101.)

Cette clause est-elle licite?

Oui, disent les Compagnies, il s'agit d'un contrat librement consenti et d'un tarif homologué par le ministre et qui a, par suite, force de loi.

Non, disent les voyageurs, car nul ne peut à l'avance s'exonérer de ses propres fautes et nous considérons comme léonine la clause que nous sommes obligés d'accepter, puisque les Compagnies ont un monopole.

La jurisprudence est divisée sur cette question.

Des Cours et des tribunaux ont décidé que la clause était licite; d'autres, qu'elle ne l'était pas.

Dans certaines Cours, des arrêts contradictoires ont été rendus par des Chambres différentes.

La grande majorité des décisions rendues admet la non-validité de la clause, mais impose au voyageur à demi-tarif ou à l'abonné la charge de faire la preuve d'une faute de la Compagnie.

Les décisions suivantes ont décidé que la clause était licite et dégageait complètement la responsabilité de la Compagnie : Trib. de comm. de Marseille, 18 juin 1900. Trib. de comm. de Rennes, 27 juin 1900. Trib. de comm. de la Seine, 20 fév. 1901. Trib. de comm. d'Argentan, 20 nov. 1901. Trib. de comm. de Boulogne-sur-Mer, 12 janv. 1904. Cour de Caen, 13 juil. 1904. Trib. de comm. de Lyon, 18 oct. 1904 (*Bull. des transports*, janv. 1905). Trib. de comm. de Montauban, 19 janv. 1906. Trib. de comm. de la Seine, 17 août 1906 (*Bull. des transports*, déc. 1906). Trib. de comm. de Toulouse, 29 juin 1910 (Sirey, 1910. 2. 280).

Les décisions suivantes décident au contraire que la clause ne peut avoir d'autre effet que d'obliger le titulaire de la carte à prouver une faute de la Compagnie :

Trib. de comm. de la Seine, 18 juin 1898, 16 sept. 1899, 11 juin 1902. Trib. de comm. de Boulogne-sur-Mer, 16 février 1904, 21 juin 1904. Cour de Toulouse, 6 fév. 1903 et 14 fév. 1908. (*Gaz. des trib. du Midi*, 1er mars 1908.) Cour de Rouen, 27 février 1907. Cour de Caen, 17 mars 1905 et 5 juin 1907 (D. P., 1909. 2. 124). Cour de Paris, 17 mars 1909. Trib. de comm. de Lyon, 8 juin 1909. Trib. de comm. de Nantes, 26 juin 1909 (*Rec. de Nantes*, 1909, 1. 406). Cour de Bordeaux, 30 juin 1909 (*Rec. Bordeaux*, 1910, 1. 121). Trib. de comm. de Périgueux, 3 déc. 1909 (*Bull. des transports*, 1910, p. 41). Cour d'Angers, 23 juin 1910 (*Bull. Ann. Chemins de fer*, nov. 1910). Trib. de comm. de Besançon, 28 janv. 1911 (*Mon. com.*, 1911, p. 293; *Bull. des transports*, 1911, p. 74). Trib. de paix de Lille (Ier arr.), 31 janv. 1911 (*Rec. Jud. Nord*, 1911, 42). Trib. de comm. de Lyon, 27 oct. 1911 (*Gaz. comm. de Lyon*, 8 mai 1912). Cour de Montpellier, 21 sept. 1912 (*Bull. des transports*, 1913, p. 46). Cour de Grenoble, 13 oct. 1913 (*Bull. des transports*, 1914, p. 59).

Les décisions suivantes imposent aux demandeurs de faire la preuve d'une faute lourde à la charge de la Compagnie : Cour de Toulouse, 8 avril 1908 ; D.P., 1909. 2. 124. Trib. de paix de Paris (VIIIe arr.), 23 mars 1911 ; *La Loi*, 18 avril 1911.

Jusqu'à ces derniers temps, la Cour de cassation n'avait pas été saisie de la question.

A la suite d'un arrêt de la 1re Chambre de la Cour de Bordeaux, du 29 décembre 1913 (*Rec. Bordeaux*, 1914, 1. 70), décidant que la clause de non-garantie était licite et devait être respectée par les deux parties, un pourvoi a été formé contre cet arrêt le 26 mars 1914.

En attendant la décision de la Chambre des requêtes et, en cas d'admission du pourvoi, celle de la Chambre civile, examinons cette question qui, comme on le verra plus loin, a soulevé des protestations nombreuses et provoqué le dépôt d'un projet de loi.

Les Compagnies émettent la prétention, à l'aide de cette clause homologuée, de se soustraire à toute revendication dans les cas visés plus haut, et même dans tous ceux qui pourraient y être assimilés.

Peut-on, par des conventions particulières, s'exonérer à l'avance des fautes dommageables que l'on peut commettre ?

Oui, a répondu la Chambre civile de la Cour de cassation, le 28 octobre 1903 (D. P., 1905, 1. 413). On peut stipuler, au moyen d'un contrat d'assurance ou d'un pacte analogue, la garantie de ses fautes personnelles, pourvu toutefois qu'il ne s'agisse ni d'un dol ni d'une faute équipollente au dol.

On voit la réserve émise par l'arrêt; il ne faut pas qu'il s'agisse d'un dol ou d'une faute équipollente au dol.

Au bas de cet arrêt, nous trouvons, dans Dalloz, une note très claire que nous devons reproduire *in extenso :*

« En prévision, dit l'annotation, de la violation par elle d'un engagement qu'elle a contracté ou d'un quasi-délit qu'elle pourra commettre, une personne stipule de l'autre partie, victime éventuelle, l'exonération de toute responsabilité; une telle stipulation impliquant l'immunité des fautes personnelles, est nulle en ce sens qu'elle n'atténue en rien la responsabilité, mais déplace seulement le fardeau de la preuve en obligeant le demandeur à faire dans tous les cas la preuve de la faute dommageable. Il en est ainsi, d'ailleurs, qu'il s'agisse de la faute personnelle de l'agent ou de la responsabilité incombant au commettant pour la faute de son préposé. A cet égard, la jurisprudence de la Cour de cassation est très ferme et repose sur un ensemble d'arrêts concordants. »

L'annotation fait ici allusion à deux arrêts, l'un de la Chambre civile du 7 mai 1902, l'autre de la Chambre des requêtes du 1ᵉʳ décembre 1902 (D. P., 1903. 1. 17) décidant que les clauses de non-responsabilité insérées dans les tarifs spéciaux des Compagnies de chemins de fer ont pour effet de ne rendre la Compagnie responsable qu'autant que l'expéditeur ou le destinataire établissent que l'avarie a une cause imputable à la Compagnie ou à ses agents.

C'est la confirmation de la jurisprudence la plus nombreuse, au résultat de laquelle la clause de non-garantie insérée dans les cartes à demi-tarif n'a pour effet que de renverser le fardeau de la preuve.

Mais, nous objectera-t-on, il s'agit ici d'un contrat dont les clauses ont été approuvées par l'administration et qui a été signé librement par le titulaire de la carte.

Or, on a vu par les arrêts ci-dessus de la Cour suprême et par les commentaires que l'on en a donnés, que l'homologation ministérielle ne peut suffire pour exonérer les Compagnies des responsabilités provenant de leurs fautes ou de celles de leurs agents. Les tarifs spéciaux, lorsqu'ils renfermaient la clause d'irresponsabilité supprimée par la loi du 17 mars 1905 étaient approuvés, et cependant la Compagnie était responsable lorsqu'on établissait sa faute.

La Chambre civile a, du reste, jugé, le 2 août 1905

(D. P., 1908. 5. 58), que bien que les tarifs et ordres de service des Compagnies de chemins de fer dûment homologués et publiés aient force de loi et qu'à ce titre leur autorité s'impose aux particuliers, leurs dispositions n'ont pas pour effet d'affranchir les Compagnies de la responsabilité des fautes qu'elles peuvent commettre dans l'exécution du contrat de transport et dont la preuve est rapportée contre elle par la partie adverse.

Notamment, bien qu'un ordre de service dûment homologué et publié dispose que les horaires de certains trains et leur correspondance ne sont pas garantis aux voyageurs, une Compagnie de chemins de fer peut être condamnée à des dommages-intérêts au profit d'un voyageur qui a manqué la correspondance, s'il est établi que le retard est imputable à une faute de la Compagnie.

D'un autre côté, nous ne saurions trop insister sur ce point : tout retard sur l'horaire est une infraction qui, dans la jurisprudence de la Cour de cassation, est un délit-contravention, sanctionné par les dispositions de l'article 76 du décret de 1909 et par l'art. 21 de la loi de 1845 et nul ne peut se soustraire par avance à la responsabilité d'une faute réprimée par la loi pénale.

Enfin, est-il juste de dire que le contrat est signé librement par le titulaire de la carte?

Sans doute, les Compagnies ne forcent personne à demander des cartes d'abonnement ou à demi-tarif. Celui qui ne veut pas accepter les clauses d'irresponsabilité n'a qu'à ne pas prendre de carte et il est libre sur ce point.

Or, si l'on examine bien la question, on voit que cette liberté n'existe pas. Le voyageur qui n'acceptera pas la clause et qui ne sera pas abonné ou n'aura pas de carte à demi-tarif, sera placé dans une situation inférieure par rapport à ceux de ses concurrents qui auront cru bon d'accepter la clause. Le contrat de transport n'est pas un contrat ordinaire, car les deux contractants ne sont pas placés sur le pied de l'égalité. L'un d'eux, le transporteur, *qui a un monopole*, sait bien que le client, à qui il impose des conditions désavantageuses, ne pourra pas s'adresser à la concurrence : il n'y en a pas. Il ne faut pas oublier, en effet, que le chemin de fer n'est pas un commerçant comme les autres et qu'il a le caractère d'un service public.

Pour les mêmes motifs, nous ne saurions approuver les décisions qui admettent une distinction entre la faute lourde et la faute légère.

Dans une très intéressante note publiée sous divers arrêts de cassation (D. P., 1890. 1. 209), M. Louis Sarrut indique « que la clause de non-responsabilité en matière de transports n'a qu'une portée restreinte et aboutit à un simple déplacement de preuve »; que « le demandeur aura à prouver la faute du transporteur et le transporteur à répondre de sa faute même légère », que « la responsabilité du transporteur demeure entière et s'étend même à la faute légère ».

La distinction que prétendent faire les Compagnies entre la faute lourde et la faute légère est arbitraire, dit le jugement de Besançon du 28 janvier 1911. Chacun est responsable de sa propre faute (art. 1383 du Code civil) quel qu'en soit le caractère, sauf au juge à apprécier équitablement la réparation due.

Du reste, les Compagnies ont si bien senti que, en l'état actuel des règlements elles étaient responsables de la faute légère, qu'elles ont proposé en août 1909 de modifier la clause visant leur responsabilité et de la rédiger ainsi : « L'abonné prend l'engagement de n'exercer, sauf en cas de faute lourde du chemin de fer... »

Il apparaît que l'on peut et que l'on doit assimiler la clause d'irresponsabilité des cartes d'abonnement ou de demi-tarif aux clauses limitatives de responsabilité des anciens tarifs spéciaux. De même que par la réduction de prix sur le transport, en matière de tarif spécial, le transporteur, qui est présumé responsable, se créait une présomption d'irresponsabilité, de même par la réduction de moitié du prix, ou sa suppression moyennant le paiement d'une carte à demi-tarif ou d'une carte d'abonnement, la Compagnie, qui ordinairement est présumée en faute, s'il y a retard, et qui doit prouver l'absence de toute faute, est couverte par une présomption d'irresponsabilité jusqu'à preuve contraire.

Telle est, nous semble-t-il, la solution juste, équitable et juridique de la question en attendant l'intervention du législateur dont nous parlerons plus loin.

Comment le demandeur fera-t-il la preuve d'une faute de la Compagnie?

Tous les moyens de preuve sont recevables et le fait constitutif de la faute peut être établi soit par des constatations directes, soit par un ensemble de présomptions graves, précises et concordantes.

Pour démontrer la faute de la Compagnie, nous conseillons au voyageur à demi-tarif ou à l'abonné de demander dans sa réclamation au service du contrôle de lui indiquer les causes « exactes et précises » du retard. Si le contrôle se borne à indiquer, comme cela arrive souvent, que le retard est dû « à des nécessités de service » ou « à des causes qui n'appellent pas de sanctions administratives », sans plus spécifier, le voyageur devra adresser, par lettre, une seconde plainte au commissaire de surveillance administrative de la circonscription, en lui demandant de lui faire connaître les causes du retard. S'il n'obtient pas satisfaction, il n'aura qu'à s'adresser au ministre des Travaux publics.

Nous avons parlé plus haut d'une circulaire ministérielle du 12 août 1893 ordonnant aux fonctionnaires du contrôle de verbaliser lorsque, dans certaines grandes gares, le retard des trains excédera 10 minutes pour un parcours moindre de 50 kilomètres, et 15 minutes pour un parcours de 50 kilomètres et au delà.

Cette circulaire paraît indiquer qu'il y a, en quelque sorte, des retards permis ou plutôt tolérés et des retards qui ne le sont pas, puisque l'on dresse procès-verbal. Il nous semble qu'on pourrait trouver là la preuve de la faute à la charge de la Compagnie. Si le voyageur à demi-tarif se trouve dans un train dont le retard aura été l'objet d'un procès-verbal, la preuve d'une faute à la charge de la Compagnie sera faite *ipso facto*, étant donné que la Compagnie sera poursuivie pour une contravention à une décision ministérielle.

On pourrait même insérer dans le tarif une clause indiquant que la Compagnie sera responsable du retard lorsque le train dans lequel se trouvera le voyageur aura subi un retard qui aura été signalé par le service du contrôle. On éviterait ainsi des jugements comme celui du 26 mars 1909 du Tribunal de commerce de Saint-Gaudens, estimant qu'un retard de 1 h. 22 n'était pas excessif pour un parcours de 125 kilomètres. (*Mon. Com.*, 1909, p. 270.)

Nous avons indiqué au chapitre « Preuves » que la Compagnie pouvait être tenue d'apporter ses livres et registres pour permettre au voyageur de faire la preuve de la faute de la Compagnie? Nous renvoyons à ce chapitre et notamment à l'arrêt de la Cour d'Angers du 23 juin 1910 et aux jugements du Tribunal de commerce de Laigle des 10 avril et 3 juin 1912 qui y sont rapportés.

Au sujet de cette clause et au cours de la discussion en 1908 du budget du ministère des Travaux publics, M. Gervais, député de Paris, a demandé que le tarif des cartes d'abonnement et à demi-tarif fût amélioré par :

1° La suppression de la clause en vertu de laquelle les titulaires de ces cartes prennent l'engagement de n'exercer « à raison de leur carte aucune action ni de prétendre à aucune indemnité contre les administrations de chemins de fer pour aucun arrêt, empêchement, retard, changement de service, diminution du nombre des trains et défaut de place qui obligerait le titulaire à monter dans les voitures d'une classe inférieure » ;

2° L'admission des abonnés, titulaires de cartes de circulation à demi-tarif, dans tous les trains comportant des voitures de la classe à laquelle leur carte leur donne droit ;

3° La perception, en cas de déclassement, de la différence au plein tarif entre le prix du billet afférent à la classe à laquelle l'abonné a droit et celui du billet afférent à la classe de la voiture qu'il occupe.

Le ministre des Travaux publics invita les Compagnies de chemins de fer qui n'ont pas cru pouvoir adopter jusqu'à présent les mesures préconisées par le député de la Seine à procéder à un nouvel examen de la question, en insistant « sur le prix qu'il attacherait à ce qu'il leur parût possible de donner satisfaction aux intérêts des voyageurs ». (Circ. minist. du 7 fév. 1908.)

Dans la séance du 14 février 1908, M. Féron, député, et plusieurs de ses collègues de la banlieue de Paris, ont déposé sur le bureau de la Chambre une proposition de loi dont l'article unique est le suivant : « Hors le cas de force majeure, tout transporteur est responsable du préjudice que les voyageurs, abonnés ou non, éprouvent par suite de suspension de service, retard, suppression de trains ou de voitures, défaut de place, arrêt ou modification d'horaires non prévus. Toute clause contraire, insérée dans les tarifs, formules d'abonnements ou autres quelconques, est nulle de plein droit. »

Le ministre des Travaux publics, saisi de nombreuses plaintes, a toujours opposé une fin de non-recevoir à ces réclamations, en faisant connaître que les Compagnies objectaient que la clause d'irresponsabilité n'était que la compensation pour elles des réductions accordées par le tarif réduit d'abonnement.

Bagages enregistrés avec les cartes d'abonnement ou de demi-tarif.

Plusieurs tribunaux de commerce avaient décidé que la clause d'irresponsabilité pour retard ne s'appliquait pas en matière de retard de bagages enregistrés avec une carte d'abonnement ou un billet à demi-tarif. (Trib. de comm. de Lyon, 23 déc. 1902. Trib. de comm. de Toulouse, 18 oct. 1905; *Gaz. des tribunaux*, 19 janv. 1906. Trib. de comm. de Marmande, 27 fév. 1904.)

L'arrêt de Bordeaux du 29 décembre 1913, cité plus haut, et contre lequel du reste un pourvoi a été formé, ne paraît pas contredire cette jurisprudence.

EN GARE D'ARRIVÉE

A l'arrivée, le voyageur doit représenter son billet et le remettre à la Compagnie, le contrat de transport ayant reçu son exécution. Les Compagnies ne peuvent retenir un coupon de retour périmé. (Déc. minist. du 8 août 1864.)

Reçu du billet.

Mais cette exécution a pu être incomplète ou défectueuse et le voyageur peut avoir intérêt à établir un jour qu'il a voyagé à une époque et à des conditions déterminées. Il a alors le droit de demander soit qu'on lui laisse son billet, soit qu'on lui en donne un reçu. Si l'on ne fait pas droit à sa demande, il n'a qu'à inscrire sur le livre des plaintes le refus de la gare avec le numéro et la date du billet et les raisons qui l'ont déterminé à demander un reçu.

Non-représentation du billet à l'arrivée ou en cours de route. — Billet perdu ou volé.

Le voyageur ne peut pénétrer dans l'enceinte de la voie ferrée et ne peut prendre place dans les voitures que muni d'un billet. Il doit le représenter à toute réquisition des agents de la Compagnie. Qu'arrivera-t-il si en cours de route ou à l'arrivée il ne peut représenter le billet qu'il a cependant pris et qu'il aura perdu ou qui lui aura été volé ?

Aux termes de l'article 6 des tarifs généraux, tout voyageur qui ne peut rendre son billet à l'arrivée doit solder avant de sortir de la gare ou de la station le prix de la place qu'il a occupée; le prix à payer est celui de la classe du compartiment dans lequel le voyageur était placé et du plus long parcours du train depuis la dernière gare où station où un contrôle général a été opéré, à moins que le voyageur ne puisse justifier de son point de départ, auquel cas il ne paie qu'à partir de ce point. En cas de perte du billet, le bulletin de bagage peut servir de justification du point de départ. (Palaa, 1. 214.)

Il a été décidé que si les circonstances de fait permettent de supposer que le voyageur avait pris son billet, on se trouvait en présence d'un cas fortuit ou de force majeure et que non seulement aucune condamnation n'avait pu être prononcée, mais encore que le voyageur n'avait pas à payer une seconde fois le prix de son billet.

Cela ressort formellement de deux arrêts de la Chambre criminelle de la Cour de cassation des 13 et 19 janvier 1900 (Cass., 13 janv. 1900; *Annales des chemins de fer*, 1900, p. 32. Cass., 19 janv. 1900; *Gaz. des trib.*, 3 avril 1900; *Mon. Lyon*, 5 avril 1900) qui décident qu'aucune contravention n'est encourue lorsque, par suite de circonstances indépendantes de sa volonté (vol pendant son sommeil dont, sans aucune faute de sa part, il a été victime), le voyageur n'a pu représenter son billet à l'arrivée ni payer avant de sortir de la gare le prix de sa place, ces circonstances constituant légalement la force majeure.

Dans le cas où, sur la demande formelle des employés, le voyageur a payé une seconde fois, a-t-il le droit d'exiger de la Compagnie le remboursement du billet ? Non, dit un jugement de paix de Lyon du 19 avril 1905. Oui, dit le Tribunal de Nice, le 5 juillet 1905.

Les deux arrêts de la Cour de cassation que nous venons de rappeler paraissent indiquer d'une façon tacite que le voyageur a droit à la restitution. Mais un arrêt de la Chambre civile de la Cour suprême du 12 décembre 1911 décide que la clause de l'article 6 doit être appliquée littéralement (D. P., 1913. 1. 12).

Le contrat de transport intervenant entre le voyageur et la Compagnie de chemins de fer, dit cet arrêt, est soumis aux conditions d'application des tarifs généraux de grande vitesse homologués par l'autorité administrative.

Après avoir spécifié dans l'article 4 que « le transport des voyageurs est effectué moyennant le paiement préalable du prix de la place et que ce paiement est constaté par la délivrance d'un billet », le tarif dispose, dans l'article 6, que « tout voyageur qui ne peut rendre son billet à l'arrivée doit solder, avant de sortir de la gare, le prix de la place qu'il a occupée », en stipulant que « le prix à payer est celui de la classe du compartiment dans lequel le voyageur était placé et du plus long parcours du train depuis la dernière station ou gare où un contrôle général a été opéré, à moins que le voyageur ne puisse justifier de son point de départ, auquel cas il ne paye qu'à partir de ce point. »

Cette clause pénale insérée dans un tarif doit être littéralement appliquée; d'une part, le seul fait de la non-présentation du billet à la gare d'arrivée autorise la Compagnie à opérer la perception dont la partie finale de l'article 6 détermine le montant, et, d'autre part, aucune restitution n'est prévue au cas où le voyageur ferait ultérieurement la preuve qu'il a pris un billet au départ, et alors même que la Compagnie n'établirait pas que ce billet a été utilisé par une autre personne.

Spécialement, doit être cassé l'arrêt qui condamne une Compagnie de chemins de fer à restituer à un voyageur, comme indûment perçue, la somme exigée de celui-ci à défaut de représentation de son billet qui lui avait été soustrait avec son portefeuille au cours du voyage, sous le prétexte que la Compagnie ne prouve pas qu'il ait été fait usage du billet volé.

Puisque nous parlons des réclamations auxquelles le voyageur qui a perdu son billet peut se trouver en butte à l'arrivée, faisons remarquer que ces réclamations ne doivent avoir aucun caractère de vexation ou d'intimidation et que la Compagnie serait responsable si une accusation de fraude était publiquement portée contre le voyageur. (Trib. de commerce d'Oloron-Sainte-Marie, 15 janv. 1906. Just. de paix de Versailles, 8 janv. 1902.)

Le voyageur qui ne pourra donc pas représenter, en cours de route ou à l'arrivée, le billet dont il avait eu soin de se munir, devra offrir immédiatement le prix qu'on lui réclamera, mais en même temps il rédigera une protestation dans laquelle il indiquera qu'il a pris à telle date, à telle gare, un billet de telle classe, portant tel numéro, pour le prix de tant, et qu'il a perdu ce billet en cours de route.

Indiquons ici que le voyageur a le plus grand intérêt à prendre le numéro et le prix de chaque billet qu'on lui délivre et à noter ces indications qui pourront, le cas échéant, être très utiles. Par la même occasion, il s'assurera que le billet qu'on lui a remis est bien pour l'endroit où il se rend et qu'il porte toutes les annotations nécessaires, surtout si l'indication d'un parcours spécial et déterminé doit y être mentionnée.

Un voyageur qui, pendant son sommeil, avait été dépouillé de son porte-monnaie contenant son billet et son bulletin de bagages fut acquitté par la Cour de Paris (arrêt du 26 avril 1899). La Cour a estimé que les circonstances de fait constituaient légalement la force majeure.

Cet arrêt a été confirmé par la Chambre criminelle de la Cour de cassation, arrêt du 13 janvier 1900 (D. P., 1900. I. 311).

La Cour de Bourges a acquitté une voyageuse poursuivie pour avoir voyagé sans billet de Brioude à Paris et qui avait perdu son titre de parcours (9 nov. 1911; *Bull. des transports*, 1912, p. 52).

La Cour de Paris, confirmant un jugement de la Seine, a acquitté une voyageuse dont le billet et le porte-monnaie avaient été volés en cours de route. La Compagnie d'Orléans, partie civile, fut condamnée aux dépens. (Paris, 7e Ch., 24 fév. 1911; *Bull. des transports*, 1911, p. 140.)

Un arrêt de la Cour d'Agen du 9 mars 1889, cité par Lamé-Fleury, p. 156, a acquitté un voyageur sans billet qui avait voyagé de bonne foi, sans intention de fraude, au vu, au su et avec l'assentiment des employés. Ce fait interdit, dit la Cour, ne constitue pas, dans ces conditions, une contravention punissable lorsque le voyageur n'avait pas l'intention de frauder et avait l'autorisation des employés de la Compagnie, ainsi que cela se pratique journellement.

N'est pas punissable le voyageur qui a été dans l'impossibilité de prendre un billet au départ, notamment si, à l'heure du train, il n'y avait pas de service de distribution organisé. (Cour de Douai, 7 mars 1905; *Bull. des transports*, avril 1905.)

Non-représentation d'une carte à demi-tarif ou d'abonnement.

Un voyageur titulaire d'une carte à demi-tarif ne peut représenter cette carte. Les Compagnies exigent, en vertu des clauses de la convention (art. 3) le paiement entier de la place. Elles exigent également le prix entier du billet, toujours en vertu du même article, si le voyageur a perdu son billet.

Quoique ces clauses soient homologuées et que les tarifs homologués aient force de loi, il nous semble que le voyageur pourrait réclamer le remboursement des sommes qui auraient été perçues, surtout s'il fait la preuve, par les registres de la gare de départ, qu'il a bien pris un billet.

La Cour de Paris a condamné un abonné qui, ne pouvant représenter sa carte, avait refusé de payer sa place.

Cet arrêt, du 29 novembre 1909 (*Bull. des transports*, 1910, p. 56), infirmant un jugement du Tribunal de la Seine du 21 juillet 1909, s'est basé sur l'article 58 défendant de monter en voiture sans avoir pris de billet.

Cette opinion n'est guère fondée. L'abonné, en effet, par ce seul fait qu'il a pris une carte, est possesseur d'un billet valable selon la durée de la carte et n'a pas besoin de se présenter au guichet à chaque voyage. D'un autre côté, s'il est tenu de présenter son titre de parcours à chaque réquisition des agents, il n'est pas tenu de le remettre à la sortie comme un billet ordinaire.

A notre avis, l'abonné aurait dû payer et réclamer ensuite le remboursement. C'est ce qu'avait fait un abonné de la Compagnie de l'Est qui, ayant oublié sa carte, fit la déclaration au chef de gare et, sur les conseils de ce dernier, prit un billet. Il demanda la restitution du prix à la Compagnie qui refusa et se laissa assigner devant le juge de paix du Xe arrondissement. Ce dernier, par jugement du 22 septembre 1909 (*Mon. comm.*, 1909, p. 462), a admis la prétention du voyageur.

Le juge de paix a pensé que, si aux termes des tarifs l'abonné qui ne présente pas sa carte doit prendre un billet, d'un autre côté, en vertu du principe que nul ne peut s'enrichir aux dépens d'autrui, la Compagnie ne peut percevoir deux fois le prix du même parcours.

Voyageur dépassant la station pour laquelle il a un billet.

Le voyageur qui dépasse la station indiquée par son billet est considéré comme contrevenant à l'article 58 de l'ordonnance du 15 novembre 1846. (Cass. crim., 7 avril 1870; *Bull. crim.*, 1870, n° 82.)

Un voyageur s'endort et dépasse la station pour laquelle il avait pris un billet. Généralement, les Compagnies n'exigent pas de paiement pour le parcours ainsi effectué en trop et même rapatrient le voyageur gratuitement.

Le Tribunal correctionnel de Mayenne a jugé, le 30 juin 1899, qu'il y avait une contravention dans ce fait et que le voyageur était sans excuse. Par le même jugement, ce tribunal a décidé que, lorsqu'un voyageur prenait un itinéraire allongé, il commettait une contravention en l'absence d'indication sur le billet.

Cette décision nous paraît bien rigoureuse et est contraire à une décision du même tribunal du 6 août 1897, rapportée au chapitre « Itinéraire ».

La même observation peut s'appliquer à une décision de la Cour de Pau en date du 29 mai 1886 (D. P., 1887. 2. 245) en matière de sommeil du voyageur. Le Tribunal correctionnel de Prades (12 janv. 1888) estime aussi qu'il y a dans ce cas contravention, et que le sommeil ne peut constituer qu'une circonstance atténuante.

Il y a en sens contraire une décision du Tribunal de Falaise, du 10 novembre 1876. Ce jugement indique même que le refus par un voyageur de payer un supplément de parcours effectué alors qu'il dormait ne constitue pas une contravention, mais peut donner lieu tout au plus à l'ouverture d'une action civile au profit de la Compagnie.

Nous avons cité au chapitre du « Timbrage des permis et billets » un jugement du Tribunal correctionnel de Bordeaux, en date du 4 mars 1910.

Ce jugement, qui relaxe un voyageur poursuivi pour avoir voyagé avec un billet non timbré, pose un principe applicable au voyageur endormi qui dépasse la station.

Le Tribunal décide, en droit, que bien qu'il s'agisse d'un délit contraventionnel, le fait matériel ne suffit pas pour rendre le voyageur passible d'une peine. Si le voyageur est punissable, sans avoir d'intention frauduleuse proprement dite, il faut au moins, pour qu'il tombe sous le coup de la loi, un acte volontaire ou une imprudence impliquant une certaine volonté.

Et, en fait, le Tribunal constate que la volonté manquait, puisqu'il était établi que le voyageur *dormait* au passage de la gare où il avait fait timbrer son billet.

Signalons, au sujet du voyageur qui refuse de payer dans ce cas, une assez curieuse dépêche ministérielle du 8 août 1864 reconnaissant à une Compagnie le droit de retenir dans une salle d'attente jusqu'au passage du premier train qui devra le reconduire à sa destination un voyageur qui avait dépassé la station pour laquelle il avait pris un billet, alors qu'il prétendait s'être endormi et refusait de payer le supplément réclamé pour l'excès de parcours.

LIVRAISON DES BAGAGES

Pour obtenir la livraison de ses bagages, le voyageur doit présenter et remettre son bulletin de bagages.

La distribution des bagages doit se faire à l'arrivée du train. Aux termes d'une circulaire ministérielle du 23 février 1857, lorsqu'un train s'arrête plus de cinq minutes dans une gare, la distribution des bagages doit avoir lieu aussitôt après le déchargement et sans attendre le départ du train.

La livraison des bagages se fait à la salle des bagages.

Mais une Compagnie de chemins de fer n'enfreint aucun règlement en délivrant les colis au fourgon au lieu de les délivrer à la salle des bagages, où en général, par une mesure d'ordre, elle fait amener les colis. (Cour de Douai, 15 nov. 1905; D. P., 1909. 5. 42.)

De même, le voyageur muni d'un titre régulier qui monte dans le fourgon pour prendre ses bagages, et ce malgré la défense des employés, ne commet aucune contravention et n'est pas punissable. (Cass. crim., 3 nov. 1911; *Gaz. du Pal.*, 25 janv. 1912.)

Le voyageur n'est pas tenu de se présenter en personne pour retirer ses bagages et il peut remettre son bulletin à qui lui plaît pour effectuer cette opération. Une Compagnie a pu être condamnée à réparer le préjudice que ses préposés ont causé à un entrepreneur de transports en refusant de délivrer aux agents de celui-ci les bagages des voyageurs dont ils présentaient les bulletins. (Cass. req., 18 janv. 1870; D. P., 1870. 1. 267.) Le colis doit être remis au porteur du bulletin de bagages. (Trib. de comm. de Nantes, 20 mars 1912; *Rec. de Nantes*, 1912. 1. 318.)

Perte du bulletin.

Il a été jugé que le contrat de transport est en principe indépendant du titre, c'est-à-dire du bulletin de bagages, et que par conséquent son existence et sa terminaison peuvent être prouvés en dehors et à côté du bulletin de bagages.

C'est ainsi qu'il a été décidé que la perte du bulletin de bagages ne peut constituer une fin de non-recevoir contre la réclamation du voyageur, qui peut faire la preuve à l'aide de simples présomptions. (Trib. de comm. de Bordeaux, 23 mai 1901. Trib. de comm. du Mans, 1er fév. 1910; *Bull. des transports*, 1910, p. 87.)

Le voyageur qui justifie par un bulletin de bagages de sa créance en livraison fait la preuve qui lui est imposée. C'est à la Compagnie à prouver sa libération ou à réparer le préjudice causé en ne délivrant pas les bagages réclamés. (Cour de Lyon, 2e Ch., 1er déc. 1906; *Mon. Lyon*, 19 nov. 1907.)

De même et par contre, la Compagnie peut prouver, lorsqu'on lui présente un bulletin de bagages, que les colis ont été remis. (Cour de Poitiers, 28 juin 1905; *Gaz. du Pal.*, 1905. 2. 166.)

Le transporteur est, néanmoins, responsable de la remise d'un bagage à un tiers porteur d'un bulletin, lorsque par la faute d'un agent, le voyageur avait reçu, non le bulletin, mais la feuille de route. (Trib. de comm. de Nîmes, 10 mars 1909; *Bull. des transports*, 1909, p. 88.)

Le fait de réclamer le paiement de bagages qui ont été livrés constitue une escroquerie.

En général, lorsqu'un voyageur qui a perdu son bulletin de bagages vient réclamer ses colis, la Compagnie demande à ce voyageur des preuves d'identité et de propriété des bagages en souffrance et les lui remet contre un reçu timbré à dix centimes.

Consigne.

Le dépôt des bagages et autres colis remis avant l'enregistrement ou non retirés à l'arrivée du train, 30 minutes après l'arrivée dans les grandes gares, d'après les instructions données par les Compagnies, est régi par l'article 7 de l'arrêté ministériel du 27 octobre 1900, modifié par celui du 28 février 1903.

Il est perçu pour la garde des bagages déposés dans les gares sous la responsabilité des Compagnies, soit avant le départ, soit après l'arrivée des trains un droit fixé par article à :

0 fr. 20 pour la première période de 24 heures;
0 fr. 25 — seconde période —
0 fr. 40 — troisième période —
0 fr. 55 — quatrième période —
0 fr. 90 — cinquième période —
1 fr. 25 pour chaque période de 24 heures en sus des précédentes ([1]).

En ce qui concerne les objets énumérés ci-après : glaces et pianos, petites voitures, telles que voitures d'enfant et de malade, voitures de marchand ambulant, brouettes, petits chariots et fauteuils roulants; bicyclettes, tandems, tricycles, voitures automobiles; machines et mécaniques, telles que machines à coudre, meules à aiguiser, appareils de chauffage, appareils distillatoires, tours et autres machines-outils; emballages vides non démontés, échelles de bois ou de fer de plus de deux mètres de longueur; denrées non emballées, pots de fleurs, arbres et arbustes, les taxes inscrites au tableau sont doublées, lorsque ces objets restent à la consigne après avoir été transportés comme bagages ou lorsqu'ils y ont été déposés par une personne qui, au moment du retrait, présentera un billet de place ou une carte équivalente. Elles sont quadruplées lorsque le déposant ne présente pas cette pièce justificative.

Mais il suffit pour ne pas payer cette surtaxe que la personne qui retire les colis présente au moment du retrait un billet ou une carte équivalente. (Trib. de commerce de la Seine, 10 janvier 1913; *Bull. des transports*, 1913, p. 54.)

Dans tous les cas, le minimum de perception est fixé à 0 fr. 10.

La Compagnie peut refuser le dépôt des objets dont la longueur dépasse les dimensions de son matériel.

Le dépôt, avant le départ, est constaté par la délivrance d'un bulletin; le dépôt, après l'arrivée, est constaté, soit par la délivrance d'un bulletin, soit par la conservation entre les mains du voyageur du bulletin délivré au départ. Dans ce dernier cas, l'heure d'entrée

---

1. Voir page 236 la modification de ces prix pendant la guerre.

des bagages au dépôt est constatée par les registres de la Compagnie.

La Compagnie peut être autorisée sur sa demande à étendre la taxe et les dispositions ci-dessus à ses bureaux d'omnibus placés dans l'intérieur des villes. Les autorisations précédemment accordées sont maintenues.

Sont exceptés du droit de garde et de dépôt les bagages des voyageurs forcés de s'arrêter dans les gares de bifurcation pour attendre le départ du premier train qui doit les conduire à destination.

Lorsque l'encombrement des magasins affectés au dépôt des bagages dans une gare a été constaté par le commissaire de surveillance administrative, la Compagnie est autorisée à faire camionner d'office tout bagage qui ne serait pas retiré dans le délai déterminé ci-après :

Trois jours pour les gares de Paris, cinq jours pour les gares désignées par le ministre des Travaux publics, huit jours pour les autres gares.

Le délai commence à courir :

Pour les bagages accompagnés ou non qui n'ont pas été retirés à l'arrivée du train, à dater du lendemain de cette arrivée.

Pour les colis mis à la consigne au départ, à dater du jour du dépôt.

Le camionnage est fait au domicile indiqué sur les bagages et colis, si ceux-ci portent l'indication d'une adresse privée dans la localité, et dans un magasin public, dans le cas contraire.

Les frais de camionnage sont calculés d'après les tarifs fixés par le ministre.

Il ressort de cet arrêté que tout le monde a le droit de déposer à la consigne n'importe quel colis, pourvu qu'il ne dépasse pas les dimensions du matériel;

que, pour effectuer ce dépôt, on n'a pas besoin d'être muni de billet ;

que l'on aura quelquefois intérêt à prendre un billet pour la plus prochaine station, si l'on ne veut pas être astreint à payer une taxe quadruple.

Supposons, en effet, le dépôt d'une bicyclette pendant six jours. Un objet ordinaire, malle ou valise, aurait à payer une taxe de 0 fr. 60.

La bicyclette aura à payer une taxe quadruple, soit 2 fr. 40, si l'on ne représente pas de billet, et double, si on représente un billet, soit 1 fr. 20. On pourra donc avoir intérêt à prendre un billet de troisième pour un parcours minimum, afin de faire une économie.

A partir de quel moment sont dus les droits de consigne pour les bagages non enlevés à l'arrivée? (On a vu plus haut que les Compagnies font mettre en consigne les bagages non retirés trente minutes après l'arrivée du train.)

A notre avis, cette question est résolue par les dispositions réglant le droit pour les Compagnies de faire véhiculer les objets dans les magasins publics. Le délai commence à courir « pour les bagages accompagnés ou non, à dater du lendemain de l'arrivée en gare ». Il semble donc résulter que c'est à partir du lendemain de l'arrivée que la Compagnie peut faire entrer à son dépôt les bagages non retirés et réclamer les droits de garde.

Les bulletins ou récépissés de bagages mis en consigne constituent en quelque sorte des titres au porteur. La Compagnie doit, par suite, délivrer les colis en consigne à la personne nantie de ces bulletins, sans pouvoir l'obliger à justifier de son identité avec le déposant et sans que la Compagnie puisse opposer une fin de non-recevoir tirée de ce que ce n'est pas la personne qui réclame qui a effectué ou fait effectuer le dépôt.

Si, à la vérité, la remise des bagages peut être faite à une personne qui ne représente pas le bulletin de consigne, le bulletin pouvant avoir été détruit ou perdu, c'est là un cas exeptionnel et anormal qui comporte des formalités et des garanties particulières, prévues du reste par les règlements.

L'inaccomplissement de ces formalités constitue donc une faute qui, bien que légère, n'en engage pas moins, en cas de détournement, la responsabilité de la Compagnie, alors qu'il s'agit d'un dépôt nécessaire et salarié. (Civ. Nice, 25 nov. 1909; *Gaz. trib.*, 16 fév. 1910; *Le Droit*, 26 fév. 1910.)

Le voyageur ne peut retirer les bagages par lui déposés en consigne que sur la présentation soit du billet de consigne y afférent, soit du bulletin de bagages. Il ne peut, à défaut de ce bulletin, exiger la remise de ses bagages sur la présentation de sa carte de parcours, de sa photographie ou des clefs de sa malle. (Trib. de comm. de Nantes, 25 janv. 1910; *Rec. Nantes*, 1910, I. 217.)

La Compagnie est responsable de la perte ou de l'avarie des colis en consigne, comme elle est responsable des bagages. Les mêmes principes doivent s'appliquer.

Un jugement de la 6ᵉ Chambre du Tribunal de la Seine, du 9 juillet 1909 (*Revue du Touring-Club* de fév. 1911), décide que, en cas de perte d'une valise déposée en consigne, il y a lieu de tenir compte, dans l'évaluation des dommages-intérêts, de la perte de nombreux clichés photographiques, pris au cours d'un voyage, alors même que ces clichés n'émanent pas d'un professionnel, mais d'un simple amateur.

Une Compagnie a été déclarée responsable de la perte d'une caisse d'essence fine d'une valeur de 4.096 fr., transportée comme bagage et laissée à la consigne à l'arrivée. (Cour de Nîmes, 26 mai 1909; *Bull. des transports*, 1910, p. 119.) Mais la Chambre civile de la Cour de cassation a, le 29 décembre 1913, cassé cet arrêt et renvoyé devant la Cour de Montpellier.

Retard des bagages

Les bagages doivent voyager par le même train que le voyageur et le retard dans la remise des bagages est, par lui-même, une cause suffisante de dommages-intérêts. (Trib. de comm. de Marseille, 31 janv. 1906, 10 août 1906. Trib. de comm. de Lyon, 15 mars 1904.)

Le voyageur, par contre, n'est pas tenu de prendre le train indiqué sur son bulletin de bagages. (Cour d'Amiens, Ch. corr., 15 nov. 1912; *Bull. des transports*, 1913, p. 29.)

Les Compagnies ne peuvent exciper de ce que la destination ultérieure du voyageur est un fait postérieur au contrat de transport, inconnu et étranger par rapport à elles. (Trib. de comm. de Marseille, 10 août 1906.)

Les Compagnies sont responsables des retards dans la livraison.

Le retard peut donner lieu à des solutions différentes, suivant la nature des bagages, la personnalité et la qualité des voyageurs.

Si c'est un voyageur de commerce à qui une caisse d'échantillons fait défaut, il est bien obligé d'attendre, après avoir fait sa réclamation, bien entendu, que la Compagnie la lui remette, soit que sa maison lui en expédie une autre.

Préjudice prévu.

Les Compagnies prétendent qu'elles ne doivent réparation que du préjudice qu'elles ont pu prévoir au moment du contrat. Nous avons signalé plus haut un arrêt de la Chambres des requêtes de la Cour de cassation, rendu le 26 octobre 1896 (D. P. 1898. 1.500), dans une affaire de bagages arrivés en retard et appartenant à un voyageur de commerce. La Compagnie invoquait l'article 1150 du Code civil. La Cour juge que la Compagnie a pu prévoir le préjudice, étant donnée la forme des colis et que les justifications et déclarations que le voyageur ne peut faire, étant données les formalités abrégées de l'enregistrement, peuvent être faites valablement après coup.

Que l'on voyage pour ses affaires ou pour ses plaisirs, peu importe. Les voyageurs ne sont pas tenus de faire à ce sujet des confidences à l'employé qui leur donne leur billet ou qui enregistre leurs bagages. Voudraient-ils le faire qu'ils ne le pourraient pas. Il suit de là que si l'on veut faire état de l'article 1150 du Code civil, on doit supposer que la Compagnie a prévu ou pu prévoir le préjudice moral ou matériel qui résulterait pour chaque voyageur de l'inexécution ou du retard dans l'exécution de chacun des contrats de transport qu'elle a souscrits. (Trib. de comm. de Dijon, 29 déc. 1899.)

Les dispositions des articles 1150 et suivants ne doivent pas être appliquées en matière de perte ou de retard de bagages enregistrés et accompagnant le voyageur dans un train, avec la même rigueur que pour les marchandises ordinaires.

Spécialement pour apprécier l'importance du préjudice causé, les tribunaux peuvent tenir compte de la condition du voyageur et des usages généralement admis qui lui rendaient tels ou tels objets nécessaires. Ainsi lorsqu'un ecclésiastique a été privé pendant trois mois de l'une des valises qu'il avait fait enregistrer aux bagages, il peut lui être alloué une indemnité comprenant soit les dépenses supplémentaires qui lui ont été imposées en achat de trousseau, soit la privation de livres et manuscrits qui lui étaient indispensables pour se livrer aux travaux qui avaient motivé son voyage. (Trib. de comm. de Marseille, 6 juil. 1908; *Gaz. comm. de Lyon*, 21 nov. 1908.)

Il doit être tenu compte dans l'allocation des dommages-intérêts de la gravité de la faute de la Compagnie et du préjudice moral subi par le voyageur. (Trib. de comm. de Boulogne-sur-Mer, 3 sept. 1913; *Bull. des transports*, 1914, p. 92.)

Le Tribunal de commerce de Tarascon a, le 19 février 1908, condamné la Compagnie P.-L.-M. à 2.400 fr. de dommages-intérêts pour retard de trois mois dans la livraison d'une valise contenant des objets et des papiers importants.

Le préjudice résultant du retard d'une caisse d'échantillons a pu être prévu par la Compagnie au moment du contrat. (Trib. de comm. d'Avignon, 31 janv. 1908. Cour de Bordeaux, 20 janv. 1908. Trib. de comm. de Lyon, 3 mai 1907. Trib. de la Seine, 23 mars 1909. Nice, 3 mars 1907; *Mon. comm.*, 1909, p. 175. Trib. de comm. de Lyon, 11 déc. 1908; *Gaz. comm. de Lyon*, 11 déc. 1908. Trib. de comm. de Lisieux, 14 déc. 1909; *Bull. des transports*, 1910, p. 58. Trib. de comm. de Lyon, 16 août 1912; *Gaz. comm. de Lyon*, 8 mars 1913. Trib. de comm. de Marseille, 23 mai 1912; *Gaz. comm. de Lyon*, 16 oct. 1912.)

Si les colis manquants contiennent des effets d'habillement ou des objets de toilette appartenant à n'importe quel voyageur, ce dernier, s'il est en cours de route, pourra acheter ce qui lui est nécessaire pour passer la journée ou la nuit et continuer son voyage.

Les dommages-intérêts dus à un voyageur dont la malle a été égarée doivent être calculés en tenant compte de ce que la Compagnie l'a obligé par sa faute à faire une dépense inutile en achetant des objets de toilette qui constituent un double emploi et lui a fait subir un trouble dans son existence, tant par la privation de ses bagages que par les frais nécessités pour les réclamer, mais en considérant toutefois que le voyageur conserve l'usage des objets qu'il a achetés. (Trib. de comm. de Nantes, 13 mai 1908; *Mon. comm.*, 1909, p. 56.)

Le 7 mars 1903, le même tribunal avait jugé que, en cas de remplacement par des neufs d'objets usagés, l'avantage en résultant pour le voyageur venait en compensation des ennuis éprouvés par lui.

La même jurisprudence résulte d'un jugement du Tribunal de commerce de Montauban, du 13 novembre 1908 (D. P., 1909. 5. 2).

Le 8 janvier 1910 (*Rec. Nantes*, 1910, 1. 201), le Tribunal de Nantes décidait que le voyageur privé de ses malles par un retard dû à la faute du transporteur avait droit au remboursement des sommes par lui dépensées pour achat de vêtements.

« S'il convient, disait ce tribunal, de tenir compte du service à retirer des vêtements retrouvés, le voyageur n'en a pas moins été obligé à une dépense prématurée et l'avantage qui résulte pour lui de vêtements en double se trouve compensé par ses ennuis et les démarches auxquelles il a été contraint et aussi par le fait que quelques-uns des vêtements contenus dans la malle ont été détériorés par l'humidité. »

Même jurisprudence, au sujet du remboursement du prix de vêtements achetés en remplacement, de la Cour d'Agen, du 26 mai 1910, du Tribunal de commerce de Nantes, du 31 janvier 1912 (*Rec. Nantes*, 1912, 1. 165).

La 5ᵉ Chambre du Tribunal de la Seine a, le 22 mars 1909 (*Journal* du 23 mars 1909), condamné la Compagnie des chemins de fer du Nord à payer pour retard de bagages une indemnité de 2,500 francs à un voyageur qui, ayant retenu sa place pour une excursion au Spitzberg, avait dû renoncer à son voyage faute de vêtements.

Le Tribunal de commerce de la Seine a décidé, le 18 février 1914 (*Bull. des transports*, 1914, p. 110), qu'une Compagnie devait prévoir le préjudice résultant du retard d'un bagage pour un voyageur muni d'une carte circulaire d'excursion.

La 4ᵉ Chambre de la Seine a, le 13 juillet 1914, condamné la Compagnie de l'État à payer une indemnité de 1,500 francs à une voyageuse qui, invitée dans un château, avait été privée de ses toilettes pendant neuf jours et en avait commandé d'autres. La Compagnie prétendait que la voyageuse avait mis une hâte excessive à faire ses commandes, mais le Tribunal a répondu « qu'il était certain que les objets contenus dans la malle égarée présentaient, tous, pour la demanderesse une utilité immédiate; qu'elle n'en pouvait supporter la privation même momentanée, sans une gêne considérable, résultant de sa présence même dans des milieux où elle était appelée à en faire usage chaque jour; qu'il ne peut donc lui être fait un grief sérieux de n'avoir attendu que neuf jours pour les remplacer, en raison des nécessités mondaines qui s'imposaient à elle à ce moment ».

La Compagnie est tenue de rembourser les objets achetés par un voyageur allant à un mariage et à qui ses bagages n'ont pu être livrés à temps. (Trib. de comm. de Vannes, 30 déc. 1907.)

La Compagnie doit prévoir le préjudice résultant pour un marchand forain allant à un marché, du retard dans la livraison d'une baladeuse et d'un parapluie. (Trib. de comm. d'Avignon, 3 janv. 1908.) Elle doit, de même, prévoir le préjudice résultant pour un revendeur de la non-livraison de cages vides. (Trib. de comm. de Lyon, 27 oct. 1911; *Rec. comm.*, 1912, n° 4479.) Décision analogue du Tribunal de commerce de la Seine, du 4 mars 1910 (*Bull. des transports*, 1910, p. 87).

Aux termes d'un jugement de Toulouse, du 27 février 1905 (S. 1905. 2. 178), la Compagnie qui a livré en retard les bagages d'un entrepreneur de courses de taureaux doit l'indemniser de la perte du gain qu'il a subie. La Compagnie soutenait que l'aspect des colis ne révélait pas l'importance que présentait la livraison à l'heure prévue. Or, l'impresario voyageait avec un tarif réduit et était muni, ainsi que son personnel, de billets spéciaux dont la représentation au guichet des bagages aurait dû appeler l'attention des agents.

La Compagnie est tenue de réparer le préjudice résultant pour un acteur dont les malles ont été perdues de l'obligation de faire envoyer d'urgence d'autres costumes par le couturier, et aussi du retard qu'ont subi les représentations. (Trib. de comm. de la Seine, 26 fév. 1903; Lamé-Fleury, p. 1025.)

La Compagnie doit prévoir le préjudice résultant de la non-livraison d'une dynamo enregistrée comme bagage. (Trib. de comm. de Tarare, 12 fév. 1907.)

L'article 65 du tarif de la guerre fixant une indemnité forfaitaire par tonne transportée et par jour de retard n'est pas applicable au transport des bagages des militaires et marins. L'indemnité qui est due à ceux-ci pour retard dans la délivrance de leurs bagages doit être réglée d'après le droit commun. (Comm. de Cherbourg 2 janv. 1909; *Rec. Havre*, 1909, 2. 40.)

Dans le cas de fausse direction prise par les bagages par le fait des agents des Compagnies, ces dernières, dit M. Palaa, autorisent l'emploi du télégraphe pour les rechercher et les frais divers de transport supplémentaire sont à leur charge.

En ce qui concerne plus spécialement le préjudice imprévu, nous donnons en entier un jugement du Tribunal de commerce de la Seine du 16 avril 1913, concernant un retard dans la livraison de tableaux destinés à une exposition :

« Attendu que la demande tend au paiement de la somme de 3,000 francs à titre de dommages-intérêts pour retard dans la livraison de divers colis;
» Que sans résister au principe même de la demande, la Compagnie du Midi répond qu'elle est exagérée et fait offre de la somme de 300 francs, plus un franc pour frais, sauf à parfaire ou à diminuer;
» Mais attendu qu'il résulte des débats et des documents de la cause, ainsi que de l'instruction ordonnée, que le 2 septembre 1912, X..., artiste peintre, a fait enregistrer sous le n° 16, de la gare du Vigan sur celle de Paris P.-L.-M. quatre colis du poids total de 73 kilos;
» Qu'à l'arrivée à Paris, deux colis seulement purent être livrés;
» Que les deux autres colis, qui contenaient un buste-mannequin et sept tableaux peints par X..., pendant son séjour dans le Midi, ne furent mis à sa disposition que le 7 septembre suivant, c'est-à-dire avec un retard de quatre jours;
» Que X... apporte la preuve qu'une partie de ses tableaux devait être exposée par lui au Salon d'automne; que la réception des œuvres à ce Salon ne devant avoir lieu que jusqu'au 4 septembre 1912, il a été mis dans l'impossibilité de prendre part à cette exposition; qu'en outre, il a subi de nombreux dérangements pour entrer en possession de ses bagages; qu'il a même éprouvé un préjudice par la mévente de deux de ses toiles, mévente causée par l'arrivée tardive à Paris du colis les contenant;
» Que le Tribunal, tenant compte de tous ces éléments de préjudice, fixe à la somme de 1,000 francs, toutes causes confondues, le montant du préjudice souffert. (Trib. com. de la Seine, 16 avril 1913; *Bull. des transp.*, 1913, p. 87.)

Une Société musicale allant à un concours et ne pouvant y prendre part par suite du retard de ses instruments, a obtenu 800 francs de dommages-intérêts. (Trib. de comm. de la Seine, 19 fév. 1914; *Mon. comm.*, 1914, p. 127.)

La responsabilité de la Compagnie a été reconnue dans une espèce où deux voyageurs étant descendus du train pour rédiger une plainte et ce train étant reparti sans les attendre, ils avaient été privés de leurs bagages pendant deux jours. (Trib. de comm. de Nantes, 23 janv. 1892.)

Elle a également été reconnue dans le cas de retard d'un bagage accepté au fourgon et non enregistré par suite de l'imminence du départ du train. (Trib. de comm. de la Seine, 15 sept. 1909; *La Loi*, 10 nov. 1909.)

En cas de non-livraison de bagages, le voyageur devra demander le livre des plaintes, inscrire sa réclamation en indiquant son domicile où l'adresse de l'hôtel où il est descendu, le nombre et la nature du ou des colis manquants.

Lorsque le colis sera présenté, il en prendra livraison, sous toutes réserves, pour retard.

Les réserves pour retard ne sont pas sujettes aux formalités de la confirmation par lettre recommandée ou acte extra-judiciaire dans les trois jours, comme en cas de perte partielle ou d'avarie.

Action des Patrons ou Maîtres.

Le patron ou le maître est recevable d'exercer concurremment avec son employé, voyageur ou ouvrier, l'action née du contrat de transport de bagages, en cas de retard, perte ou avarie.

La jurisprudence est fixée en ce sens depuis un arrêt de la Cour de cassation, Chambre des requêtes, du 26 octobre 1896, que nous avons déjà cité partiellement au chapitre « Retard des voyageurs ».

Voici les attendus qui s'appliquent plus spécialement à la recevabilité de l'action du patron :

« Attendu que quand celui qui a déposé des bagages aux mains des agents de la Compagnie est un commis voyageur de commerce, comme il lui a été impossible de déclarer préalablement sa qualité, son but commercial et le contenu de ses colis, ces justifications peuvent être faites après coup, judiciairement, avec la même efficacité que si elles avaient figuré dans le bulletin même d'enregistrement des bagages et la Compagnie ne peut décliner sa responsabilité en vertu de principes généraux dont elle a exclu l'application dans l'intérêt de son service et l'exploitation de son monopole;

»Attendu qu'il en résulte qu'elle sera tenue du préjudice causé par le retard de remise ou la perte des bagages, manquements directs à ses obligations, non seulement vis-à-vis du commis voyageur privé de l'émolument qui serait résulté des placements et commandes qu'il devait déterminer par son industrie, mais encore vis-à-vis de la maison qu'il représentait;

»Attendu que la preuve du mandat en vertu duquel il opérait pouvant être administrée au moment où se manifestent les conséquences de l'inexécution par la Compagnie, de son obligation, il en résulte que le patron ou mandant a qualité, soit pour intervenir sur l'action intentée par son commis, soit pour se substituer à lui en reprenant l'instance en son lieu et place... »

A cet arrêt de la Cour de cassation, nous pouvons ajouter les décisions suivantes rendues depuis cette époque : Lyon, 24 février 1899 (*Bull. des transports*, juil. 1899). Seine, 20 juin et 12 septembre 1900 (*Bull. des transports*, déc. 1900). Marseille, 1er février 1900 (*Bull. des transports*, mai 1901). Lyon, 10 décembre 1901 (*Bull. des transports*, juin 1902). Cour de Caen, 11 décembre 1901 (*Bull. des transports*, juin 1902). Trib. de comm. de Lyon, 4 avril 1902 (*Bull. des transports*, août 1902). Rouen, 22 janvier 1904 (*Bull. des transports*, mars 1904). Cour de Caen, 6 avril 1908 (*Bull. des transports*, sept. 1908). Trib. de comm. de la Seine, 19 septembre 1908 (*Jur. trib. comm.*, 1910, p. 100). Cour de Paris, 16 janvier 1909, (*Bull. des transports*, avril 1909). Trib. de comm. de Saint-Hippolyte-du-Fort, 8 décembre 1909 (*Bull. des transports*, mai 1910). Trib. de comm. de Nogent-le-Rotrou, 26 avril 1912 (*Bull. des transports*, 1912, p. 85). Trib. de comm. de la Seine, 2 janvier 1912 (*Bull. des transports*, 1912, p. 85). Trib. de comm. de Lyon, 16 août 1912 (*Bull. des transports*, 1913, p. 93).

Le patron, propriétaire des caisses d'échantillons par lui remises à son voyageur de commerce, est fondé, en dehors de l'action en réparation qui appartient à ce dernier, à réclamer des dommages-intérêts à la Compagnie par la faute de laquelle ces caisses ont été perdues. Il importe peu que la perte se soit produite au cours d'un transport ou pendant un dépôt dans une gare. (Alger, 1re Ch., 21 avril 1910 ; *Jur. trib. algériens*, janv. 1911.)

Le commis voyageur d'une maison de commerce qui remet ses bagages à une Compagnie ne doit pas être réputé avoir contracté en son nom personnel, en dehors de sa mission de mandataire.

D'autre part, les bagages accompagnant un voyageur sont enregistrés sans indication de propriétaire ni de la nature de leur contenu, et notamment le commis voyageur d'une maison de commerce ne peut déclarer préalablement à la remise des bagages à la Compagnie sa qualité, son but commercial et le contenu de ses malles.

En conséquence, la Compagnie en cas de retard dans la remise ou de perte des bagages est responsable non seulement envers le commis voyageur, mais encore envers la maison de commerce qu'il représente.

Les dommages-intérêts doivent représenter non seulement la valeur du colis perdu, ou les frais de reconstitution de la collection en cas de retard, mais aussi le préjudice causé par l'empêchement de conclure des ventes avantageuses. (Trib. de comm. de Dijon, 10 mai 1910; *Rec. Dijon*, 1910, 157.)

Le patron a le même droit en cas de perte. (Rouen, 1re Ch., 25 mars 1908; *Rec. Havre*, 1908, 2. 141.)

Le patron voyageant avec son employé est sans droit pour intenter une seule action au nom des deux. Il y a deux actions distinctes. (Trib. de comm. de Besançon, 23 juil. 1910 et 28 janvier 1911; *Bull. des transports*, 1911, p. 74.)

Le transporteur est tenu d'indemniser le patron d'un ouvrier envoyé par chemin de fer pour exécuter un travail et dont les outils, mis aux bagages, ont été livrés avec retard. (Trib. de comm. de la Seine, 2 janv. 1912; *Bull. des transports*, 1912, p. 85.)

La question de savoir si l'action du patron est recevable en cas non de transport de bagages, mais d'expédition en grande vitesse ou petite vitesse est résolue par un arrêt de la Chambre des requêtes du 6 novembre 1912, que nous reproduisons *in extenso :*

« Attendu qu'il est acquis aux débats que X... a expédié en G. V. un colis d'échantillons déposé par lui à la gare d'Agen à destination de Moissac, adressé à lui-même, et qu'il a fait suivre sur la lettre de voiture son nom et sa qualité de voyageur; que ce colis n'a été livré à son destinataire qu'avec un retard de plusieurs jours et que la Compagnie du Midi a été assignée par X... et sa maison de commerce en réparation du préjudice par eux éprouvé par suite du retard dans la livraison du colis. Que vis-à-vis de la Maison X... la Compagnie ne saurait exciper de l'article 1165 du Code civil sous prétexte qu'elle ignorait que X..., voyageur de commerce, était le mandataire de sa maison; qu'il résulte, en effet, de l'arrêt qu'à raison de la qualité de l'expéditeur, du mode d'expédition en grande vitesse, de la forme, de la dimension, de l'aspect et du poids du colis, la Compagnie ne pouvait avoir aucun doute sur la nature et la destination de l'objet à elle confié;

» Attendu qu'il résulte, du retard dans la livraison qui a interrompu ses affaires un préjudice pour la maison de commerce, préjudice dont il appartenait à la Cour de fixer l'importance... »

Retard des bicyclettes.

Les Compagnies sont responsables du retard apporté à la livraison des bicyclettes voyageant comme bagages avec le voyageur. Elles peuvent, en pareil cas, être condamnées à payer des dommages-intérêts représentant la différence entre le prix d'achat d'une bicyclette neuve dont le voyageur avait besoin pour ses affaires, et le prix de revente de cette bicyclette. (Just. de paix de Longjumeau, 30 oct. 1895.)

Le Tribunal civil de Laon, jugeant commercialement, a, le 1er juin 1908, condamné la Compagnie du Nord à payer une indemnité de 225 francs à un voyageur dont la bicyclette avait été égarée pendant un mois.

Alors même que le voyageur ne voyagerait que pour son agrément, la responsabilité de la Compagnie se trouve engagée pour retard dans la livraison d'une bicyclette transportée comme bagage. Le préjudice moral, résultant de la privation d'une partie de plaisir, ou des modifications que le voyageur a dû faire subir à son itinéraire, est suffisant pour donner droit à une indemnité. (Just. de paix de Paris, XIXe arr., 26 septembre 1899.)

Dans le cas de retard d'une bicyclette remise aux bagages par un coureur qui, par suite de la privation de la machine, n'a pu prendre part à une course, la Compagnie ne saurait être tenue de réparer ce préjudice qui est indirect et incertain. (Trib. de comm. d'Angoulême, 26 déc. 1912; *Le Droit*, 13 mars 1913.)

Lorsqu'une Compagnie de chemins de fer remet, avec retard, à un voyageur sa bicyclette transportée comme bagage, elle n'est pas responsable du préjudice causé au dit voyageur par la privation de catalogues et carnets commerciaux qu'il avait eu le tort de laisser fixés à la bicyclette, sans d'ailleurs en aviser la Compagnie.

L'indemnité ne doit comprendre que la privation de la bicyclette pendant quelques heures. (Trib. civil de Mont-de-Marsan, 18 mars 1910; *La Loi*, 29 juin 1910; *Le Droit*, 1er sept. 1910.)

On sait que tout voyageur a le droit de faire enregistrer comme bagage un objet quel qu'il soit. On peut donc se demander en quoi un voyageur a eu « tort » de laisser fixés à sa bicyclette des catalogues et objets commerciaux. La décision ci-dessus a l'air d'indiquer que le voyageur était en faute de ne pas avoir avisé la Compagnie ou ses agents de la nature du paquet fixé à la machine. On cherche vainement dans les lois, arrêtés, ordonnances ou tarifs, une disposition enjoignant au voyageur de faire une telle déclaration. S'il voulait du reste la faire, à quel employé la ferait-il et dans quelle forme?

Lorsqu'une bicyclette enregistrée comme bagage manque à la livraison, les agents de la Compagnie offrent au voyageur de lui procurer une bicyclette en location. Il y a, malgré cela, et toujours, un certain retard, causé par la recherche de la machine mise à la disposition du voyageur, qui du reste pourra refuser l'offre de la Compagnie si la machine qui lui est offerte est usagée, d'un modèle ancien, si elle est peu roulante et surtout si la bicyclette non livrée avait des perfectionnements (changement de vitesse, roue libre, suspension, etc.) que la bicyclette offerte n'a pas. Le voyageur ne saurait être tenu de faire une route ou une excursion avec une machine dont l'usage lui imposerait un surcroît de fatigue.

Alors même que le voyageur ne voyagerait que pour son agrément la responsabilité de la Compagnie se trouve engagée pour retard dans la livraison d'une bicyclette transportée comme bagage. Le préjudice moral résultant de la privation d'une partie de plaisir où des modifications que le voyageur a dû faire subir à son itinéraire, est suffisant pour donner droit à une indemnité. (Just. de paix de Paris, XIXe arr., 26 sept. 1899.)

Bagages perdus. Détermination de la valeur.

Lorsque le voyageur se trouvera immobilisé et arrêté en cours de route par un manque de colis-bagages, il fera bien, surtout s'il voyage pour affaires ou comme représentant de commerce, de faire donner, par ministère d'huissier, une sommation au chef de gare d'avoir à livrer les colis.

Si la Compagnie est dans l'impossibilité de livrer des colis, lorsqu'ils ont été perdus, égarés ou volés, elle est tenue de rembourser le prix des objets qui y étaient contenus sur les renseignements donnés par le voyageur. La Compagnie est liée par les déclarations de ce dernier.

La demande en paiement de la valeur des objets perdus doit être acceptée telle qu'elle est formulée par le voyageur, lorsque cette demande repose sur des éléments précis et déterminés présentant un caractère suffisant de sincérité.

En pareil cas, le demandeur n'agit qu'à ses risques et périls et s'expose à indemniser le transporteur si celui-ci, retrouvant les objets égarés, établit qu'il y a eu exagération dans l'estimation de leur valeur. (Trib. de comm. de Nantes, 28 déc. 1907.)

Si la Compagnie retrouve la malle et que les objets contenus ne concordent pas avec ceux réclamés par le voyageur comme nombre et comme prix, s'il y a eu exagération ou fausse déclaration, le voyageur serait passible de poursuites correctionnelles pour escroquerie.

Dans des circonstances très particulières, le Tribunal correctionnel du Mans a acquitté un voyageur qui, pour se faire payer des chapeaux égarés, avait présenté une facture majorée. La tentative avait manqué son effet par suite des déclarations faites par le voyageur lui-même avant le dépôt de la plainte par la Compagnie. (Trib. corr. du Mans, 3 fév. 1910; *Bull. des transports*, 1910, p. 41.)

Au cas de perte d'une valise enregistrée avec les bagages qui accompagnaient un voyageur, on ne saurait exiger de ce dernier une déclaration préalable des objets renfermés dans cette valise; on ne saurait non plus lui imposer la justification détaillée, par factures et autres documents, du contenu du colis égaré.

La Compagnie n'est pas en droit, en cas de perte d'une malle vide, de refuser d'examiner la réclamation sans la production de la facture d'achat. (Trib. civ. de Château-Gontier, 17 nov. 1908; *Bull. des transports*, 1909, p. 56.)

La jurisprudence paraît définitivement fixée en ce sens.

Le Tribunal de commerce de Saint-Brieuc a jugé, le 16 février 1912 (*Bull. des transports*, 1912, p. 117), qu'un voyageur, surtout un voyageur non-commerçant, ne pouvait être tenu de produire les factures des objets contenus dans une malle égarée. Le même jugement décide que la responsabilité de la Compagnie se trouve aggravée du fait de ses atermoiements et des procédés vexatoires dont elle a usé à l'égard du voyageur.

De même, un commerçant n'est pas tenu de produire des factures originales, en cas de perte de marchandises. (Trib. de comm. de Millau, 24 oct. 1912; *Mon. comm.*, 1913, p. 7.)

Une Compagnie de chemins de fer, qui a perdu des bagages, ne peut forcer un voyageur, qui a produit des factures de vêtements, à faire certifier cette facture conforme aux livres du vendeur. Le Tribunal a estimé que la prétention de la Compagnie sur ce point avait pour but de lasser la patience du voyageur et de l'amener à une transaction dérisoire. (Trib. de comm. d'Évreux, 30 janv. 1913; *Bull. des transports*, 1914, p. 28.)

Dans le même sens, deux jugements du même tribunal, des 26 décembre 1912, 16 janvier 1913 et un jugement du Tribunal de commerce de Lyon, du 6 mars 1908, cité plus loin.

Le nombre des objets et leur valeur peuvent être appréciés par le juge à l'aide de présomptions tirées des usages, de la condition sociale du voyageur, des achats de vêtements et autres articles de trousseau qu'il prouve avoir faits, en vue de remplacer ceux qu'il a perdus.

Le Tribunal de commerce de Lyon a jugé, le 6 mars 1908, en cas de perte de bagages, que :

« Si une justification rigoureuse peut être demandée et obtenue lorsqu'il s'agit de marchandises, il n'en est plus de même lorsqu'il s'agit des bagages d'un particulier; que ce dernier ne peut être astreint à dresser un inventaire (sur lequel la Compagnie pourrait, d'ailleurs, élever encore des chicanes) de tous les objets enfermés dans les différents colis remis au chemin de fer; qu'il est impossible, d'autre part, d'exiger d'un particulier la représentation de toutes les factures concernant les objets perdus; que les prétentions de la Compagnie sont à la fois insoutenables et vexatoires;

» Attendu qu'à défaut des preuves demandées par la Compagnie et qu'il est impossible d'administrer, il existe des présomptions qui permettent au Tribunal de trancher le débat;

» Que tout d'abord la liste des objets perdus est bien conforme aux premières réclamations; que le poids des colis égarés concorde, d'ailleurs, avec le contenu indiqué par le demandeur;

» Que la valeur des objets ne paraît pas exagérée;

» Qu'il y a lieu également de tenir compte soit de l'honorabilité du demandeur, soit de sa situation de fortune qui justifie la possession en ses mains d'objets d'un prix relativement élevé... »

Décision semblable de la Cour de Bordeaux, du 2 mai 1910. (*Rec. de Nantes*, 1910, 1. 266.)

Comme il n'est fait, au moment de l'enregistrement, aucune constatation contradictoire, ni même de déclaration de contenu des colis, il n'y a, en cas de perte, d'autre moyen d'évaluation du dommage que les affirmations du voyageur, ce qui peut être préjudiciable aux Compagnies. Aussi, les tribunaux, s'ils s'en rapportent en principe à la déclaration du voyageur, se réservent-ils, en fait, le droit de contrôler et d'apprécier son exactitude d'après les circonstances.

Les tribunaux ont à cet égard un pouvoir d'appréciation. (Trib. de comm. de Nantes, 1er juill. 1911; *Rec. de Nantes*, 1912, 1. 107.)

Pour déterminer la valeur des objets contenus dans des valises égarées, les voyageurs ont le droit d'user de tous les moyens de preuve, témoignages, factures, présomptions. (Trib. de comm. de Lyon, 9 mai 1901; *Mon. de Lyon*, 16 déc. 1901.)

En cas de perte d'une malle contenant des effets, le juge, pour en estimer la valeur, peut déférer au voyageur le serment estimatif et au cas de refus de ce dernier de le prêter, il doit fixer le chiffre de l'indemnité due en se guidant d'après la situation sociale du voyageur. (Just. de paix de Carnières (Nord), 6 fév. 1908; *Déc. juges de paix*, 1908, 375.)

Un arrêt de cassation du 5 mars 1872 (D. P., 1872. 1. 215) a décidé qu'une Compagnie de chemins de fer qui a perdu des effets, à l'absence desquels le voyageur peut légitimement attribuer l'inutilité de son voyage et la perte de son temps, est passible de dommages-intérêts.

En matière de bagages, la perte des colis doit être considérée comme l'exception et leur représentation à l'arrivée du voyageur comme la règle.

Sauf à respecter la réglementation des transports des matières précieuses, le voyageur est en droit de faire enregistrer comme bagage tout objet, quelque préjudiciable que puisse en devenir la perte et on ne saurait limiter la responsabilité de la Compagnie à l'opinion qu'ont pu se faire ses agents en enregistrant le colis par la seule inspection de son apparence extérieure et de son poids.

A droit à indemnité le commis voyageur privé en cours de tournée de sa collection d'échantillons et mis ainsi dans l'impossibilité de visiter utilement sa clientèle. (Trib. de comm. de la Seine, 12 nov. 1910; *La Loi*, 12 déc. 1910; *Le Droit*, 29 janv. 1911.)

L'aspect extérieur, très caractéristique, des caisses d'échantillons ne peut laisser aucun doute sur la nature de leur contenu et la responsabilité que leur perte peut faire courir. (Cour d'Alger, 21 avril 1910; *Mon. comm.*, 1911, p. 438.)

Pour la perte d'un colis d'une valeur de 87 fr. 10, une Compagnie a payé, sur transaction, une indemnité de 1,400 francs. (*Mon. comm.*, 1911, p. 342.)

La Compagnie est responsable de la perte d'une valise et dans ce cas l'indemnité doit comprendre :

1° La valeur des effets d'habillement suivant l'usage et la condition du voyageur;

2° La valeur des documents précieux, tels que catalogue, copie de lettres, échantillons que comporte la profession de voyageur de commerce.

La jurisprudence n'applique pas, en ce cas, les dispositions de l'article 1150. (Trib. de comm. de Lodève, 27 janv. 1910; *Gaz. comm. de Lyon*, 21 mai 1910.)

Le Tribunal de commerce de Bordeaux a rejeté, le 29 décembre 1909 (*La Loi*, 21 mars 1910; *Le Droit*, 2 avril 1910), une demande en paiement de billets de loterie contenus dans un bagage égaré. Le Tribunal a appliqué l'article 1150 en estimant que le voyageur avait commis une imprudence, rien dans l'aspect extérieur du colis ne permettant de supposer qu'il pût avoir une grande valeur.

En cas de perte de bagages contenant des vêtements et des carnets, l'article 1150 est inapplicable. (Trib. de comm. de la Seine; *Mon. comm.*, 1910, p. 484.)

La Compagnie, en cas de perte d'une malle accompagnant un voyageur, doit à ce dernier non seulement le remboursement des effets que la malle contenait, mais aussi les dommages-intérêts représentant le préjudice que lui a causé cette perte.

Lorsque la chose perdue dépendait des bagages enregistrés d'un voyageur, le dommage intégral doit être réparé sans qu'on puisse opposer le défaut de prévision du contrat.

Spécialement, la Compagnie transporteur doit indemniser le voyageur de la totalité du costume dont seul le corsage n'a pas été égaré.

L'article 1150 ne peut, aux termes d'une jurisprudence constante, recevoir d'application dans le cas où la chose perdue dépendait des bagages d'un voyageur qui les avait fait transporter et enregistrer avec lui. (Cour de Bordeaux, 1re Ch., 22 nov. 1909; *Recueil de Bordeaux*, 1910, I. 41.)

Une Compagnie qui a reçu à la consigne une valise qu'elle a perdue ne peut prétendre que l'on ne saurait comprendre dans l'évaluation du dommage que les éléments de préjudice que les parties ont pu prévoir au moment du contrat et qu'il ne pouvait par suite être tenu compte d'une prétendue valeur de convenance qui n'a pas fait l'objet d'une déclaration spéciale.

En effet, au dépôt des bagages, aucune déclaration n'est exigée du déposant, étant données les formalités abrégées du dépôt.

Et dès lors, les articles 1927 et suivants peuvent être seuls appliqués, à l'exclusion de l'article 1150. (Trib. civ. de la Seine, 6e Ch., 9 juill. 1909; *Gaz. des trib.*, 23 déc. 1909.)

En cas de perte d'une collection d'échantillons constituant le bagage d'un commis voyageur, l'article 1150 est inapplicable, le préjudice pouvant être facilement prévu. (Trib. de comm. de la Seine, 12 nov. 1910; *Bull. des transports*, 1911, p. 42.)

En cas de perte d'aquarelles et de dessins, œuvres en cours d'exécution, n'étant pas par suite des objets d'art soumis à une déclaration, l'article 1150 est inapplicable, la Compagnie ayant pu prévoir le préjudice. (Trib. de comm. de la Seine, 31 oct. 1906; *Bull. des transports*, 1910, p. 186.)

Pour perte de bagages contenant des échantillons de cartes postales, le Tribunal de commerce de la Seine (12 nov. 1909) a accordé 2,000 francs de dommages-intérêts.

Même décision du Tribunal de commerce de la Seine pour perte de notes contenues dans une valise égarée. (*Mon. comm.*, 1912, p. 127.)

En sens contraire, le même tribunal a décidé qu'un voyageur avait eu le tort de laisser dans une malle un répertoire précieux qu'il pouvait emporter avec lui. (Trib. de comm. de la Seine, 23 avril 1913; *La Loi*, 29 mai 1913.)

Lorsqu'il est établi qu'une Compagnie de chemins de

fer a pris en charge un nombre déterminé de colis, si, à l'arrivée, un des colis ne se retrouve pas, la Compagnie ne saurait se décharger de son obligation en prouvant que, malgré la différence de nombre, le poids total des colis retrouvés est égal au poids total porté sur le bulletin de bagages.

En cas de forcement d'une serrure de malle en cours de route, et quoique le poids soit le même au départ qu'à l'arrivée, la Compagnie est tenue de payer un corsage disparu en cours de route. (Trib. de comm. de la Seine, 14 mai 1913; *Bull. des transports*, 1913, p. 87.)

Lorsque la Compagnie ne répare pas rapidement le préjudice, elle peut être condamnée, en plus de la valeur du colis perdu, à des dommages-intérêts spéciaux pour le dommage causé par ses atermoiements. (Trib. de comm. de Rochefort, 15 nov. 1912; *Bull. des transports*, 1913, p. 62.)

La Compagnie doit réparer le préjudice qui comprend la privation de bagage, le trouble causé par la perte, l'obligation pour le voyageur de prolonger son séjour, les démarches et les frais qui en sont la conséquence. (Trib. de comm. du Havre, 24 juin 1912; *Rec. Havre*, 1912, I. 224.)

Objets de valeur.

Lorsque, dans les bagages perdus, il y a des objets de valeur, billets de banque, argent, bijoux, etc., les Compagnies font plaider qu'elles ne sont pas responsables de la perte, le voyageur n'ayant pas fait de déclaration au moment de l'enregistrement.

On peut répondre que le voyageur n'est pas un expéditeur, que les bagages ne sont pas des messageries et que l'article 48 dispense les voyageurs de déclaration. (Trib. de comm. de Lyon, 4 sept. 1906.)

Il y a là surtout une question de fait que les tribunaux ont à résoudre en tenant compte de la situation du voyageur et de la nature des objets.

Ces principes sont établis par un arrêt de cassation de la Chambre des requêtes, du 10 décembre 1873 (D. P., 1875. I. 49), qui a déclaré une Compagnie responsable de la perte des bijoux mis dans les colis accompagnant une voyageuse et dont la valeur a pu être appréciée suivant la position de fortune de la voyageuse et le but de son voyage. (Même décision de la même chambre en date du 4 mars 1874; D. P., 1874. 1. 245.)

De récentes décisions ont confirmé maintes fois cette jurisprudence.

Le Tribunal de la Seine a décidé, le 21 novembre 1901 (P. Fr., 1903. 2. 367), que la responsabilité de la Compagnie est engagée par la perte des objets d'une réelle valeur mis par le voyageur dans la malle qui l'accompagne et, plus spécialement, lorsque le voyageur est commerçant, par la perte d'un certain nombre de livres de commerce, quittances ou factures dont la disparition peut lui causer un dommage réel et important. C'est là une question de fait que le tribunal doit apprécier *ex æquo et bono*.

La 5e Chambre de la Cour de Paris, dans un arrêt du 16 janvier 1909 (*Gaz. du Pal.*, 1909. 1. 251), confirmant un jugement du Tribunal de commerce de la Seine, a statué dans une affaire où un voyageur de commerce en bijouterie, qui avait fait enregistrer comme bagages une caisse d'échantillons pesant 58 kilogrammes, contenant des bijoux en or et argent et qui avait été perdue, réclamait à la Compagnie une somme de 2,903 fr. 40 représentant la valeur de la malle et 250 francs de dommages-intérêts. La maison de commerce réclamait une indemnité de 1,800 francs, en raison de la privation des bénéfices que n'avait pu lui procurer le voyageur par suite de la non-remise des bagages.

La Compagnie soutenait : 1° que la demande de la maison, qui n'était pas partie au procès, était irrecevable; 2° que, aux termes de l'article 16 du tarif G. V., le voyageur aurait dû déclarer la valeur des objets précieux; 3° qu'enfin, elle n'était tenue que des dommages-intérêts qu'elle avait pu prévoir au moment de la formation du contrat. Elle offrait 400 francs pour la valeur des objets disparus et 100 francs de dommages-intérêts.

La Cour a estimé que l'aspect de la caisse n'avait pu laisser à la Compagnie aucun doute sur la qualité du voyageur et la valeur des objets; que la déclaration *ad valorem* était impossible à faire pour un voyageur qui prend le train avec ses bagages; qu'en ce qui concerne l'article 16 du tarif, on est en droit de mettre dans ses bagages, sans être tenu à une déclaration impossible, ce dont on a besoin; que la Compagnie devait prévoir l'importance du risque et veiller. Elle a alloué 2,903 francs au voyageur pour la perte du colis et 140 francs de dommages-intérêts. La maison de commerce a obtenu 1,300 francs.

Une voyageuse avait fait enregistrer comme bagage une caisse contenant son portrait; la caisse disparut. La voyageuse demandait à la Compagnie de faire refaire son portrait ou d'en payer le prix: 3,000 francs. La Compagnie soutenait que le portrait ne pouvait voyager comme bagage et qu'il aurait dû être expédié avec déclaration de valeur.

La 6e Chambre du Tribunal de la Seine, par les mêmes motifs que ceux de l'arrêt précité, a condamné la Compagnie, le 19 juin 1909, en 1,000 francs de dommages-intérêts.

Il est bien entendu que, en cas de vol du colis par des personnes dont la Compagnie doit répondre, la responsabilité doit s'étendre sans discussion à tout ce qui est transporté, aux valeurs intégrales perdues pour le voyageur. (Cass., 16 mars 1859; D. P., 1859. 1. 316. Trib. de comm. d'Oloron-Sainte-Marie, 27 juill. 1909; *Gaz. somm. de Lyon*, 6 oct. 1909.)

Dans ce dernier jugement, le Tribunal indique que la preuve d'un vol résulte suffisamment de ces deux faits : que la malle avait sa serrure forcée, les charnières brisées et qu'elle ne pesait plus, au moment de la remise, que 81 kilogrammes au lieu de 100 kilogrammes au départ.

Les prétentions des Compagnies en ce qui concerne les objets précieux, billets de banque, argent, bijoux, soumis à une taxe *ad valorem* quand on les expédie comme messageries, ont été repoussées par l'arrêt de la Cour de Paris du 16 janvier 1909 cité plus haut.

La jurisprudence paraît définitivement fixée en ce sens.

Le voyageur, en faisant enregistrer ses bagages, n'a pas à faire la déclaration *ad valorem* prévue à l'article 16 du tarif général de grande vitesse, cet article ne s'appliquant pas aux bagages mais aux messageries. (Trib. de comm. de Lyon, 4 sept. 1906; *Bull. des transports*, 1908, p. 184. Cour de Lyon, 4e Ch., 11 mars 1909; *Bull. des transports*, 1910, p. 10.)

Si l'article 14 stipule un tarif *ad valorem* pour les finances, valeurs ou objets d'art, ce tarif est spécial aux articles de messageries et marchandises et non aux bagages accompagnés. La Compagnie n'est donc pas fondée à refuser le remboursement des bagages égarés sous prétexte qu'ils renfermaient des dentelles. (Trib. de comm. de la Seine, 14 août 1909; *La Loi*, 23 oct. 1909.)

Même décision de la première Chambre de la Cour de Paris du 23 décembre 1910 confirmant un jugement du Tribunal de commerce de la Seine du 23 juin 1909 condamnant la Compagnie de l'État à payer 7,300 francs de dommages-intérêts pour la perte de bagages contenant des dentelles.

« Attendu, dit l'arrêt, qu'aux termes de l'article 44 du cahier des charges applicable au réseau de l'État, tout voyageur dont le bagage ne pèsera pas plus de 30 kilos n'aura à payer pour le port de ce bagage aucun supplément au prix de sa place;
» Qu'en ce qui touche les dentelles on ne trouve dans aucun tarif l'interdiction de les comprendre dans un bagage du poids précité, ni dans ce cas l'obligation de les déclarer. »

Une Compagnie de chemins de fer doit être déclarée responsable, en cas de perte du bagage à elle confié, de la valeur intégrale d'une parure garnissant une chemise qui venait de servir, à l'occasion de la célébration d'un mariage, à un docteur en médecine, alors surtout que cette valeur a été affirmée par serment. (Just. de paix de Cluny, 14 sept. 1910; *Revue des juges de paix*, 1911, 225.)

Pour perte d'une valise du poids de 15 kilogrammes, contenant des échantillons de bijoux en or, un voyageur de commerce réclamait la somme de 57,460 francs pour la valeur et 12,000 francs de dommages-intérêts pour le préjudice causé. Le transporteur soutenait que le voyageur n'avait pas fait de déclaration *ad valorem* et que, aux termes de l'article 1150, il n'avait pu prévoir le préjudice causé.

Par jugement du 10 juin 1911, le Tribunal de commerce de la Seine a repoussé la thèse de la Compagnie et l'a condamnée à payer 60,000 francs au demandeur. Le jugement contient les principaux motifs suivants :

« Attendu que pour résister à la demande, la Compagnie, se basant sur ce que la valise, objet du litige, contenait uniquement de la bijouterie en or, soutient qu'en lui faisant transporter la dite valise comme bagage sans déclaration *ad valorem*, laquelle serait prévue à l'article 16 des conditions d'application uniforme des tarifs G. V. le demandeur aurait d'une part contrevenu aux dispositions des tarifs homologués, lesquels ont force de loi, et d'autre part, en ne portant point à sa connaissance la nature des marchandises contenues dans la dite valise, aurait commis une faute qui aurait pour objet de limiter sa responsabilité à la réparation du préjudice qu'elle pouvait prévoir lors de la formation du contrat de transport, préjudice qu'elle évalue à 1,300 francs, dont elle fait offre.

» Mais attendu qu'il y a lieu de considérer comme bagages les objets utiles à la profession du voyageur; que la valise, objet du litige, contenait partie des bijoux nécessaires à l'exercice de la profession du demandeur; que le demandeur avait donc, en fait, le droit de faire transporter sa valise comme bagage;

» Que les tarifs homologués, ayant force de loi, doivent être appliqués à la lettre; que l'article 16 des tarifs généraux G. V. applicable au transport en G. V. des finances, valeurs et objets d'art n'est pas applicable au transport de bagages; qu'en effet il n'existe pas pour les colis transportés comme bagages d'obligation de déclaration *ad valorem*, mais que, au contraire, l'art. 48 des tarifs généraux G. V. dont se prévaut la Compagnie défenderesse elle-même, stipule expressément : « Toute expédition, sauf pour les bagages, doit être accompagnée d'une déclaration »; qu'il en résulte que les bagages ne pouvant être soumis à une déclaration, l'article 16, qui prévoit une déclaration, ne peut leur être appliqué.

» Qu'en enregistrant la valise du demandeur sur le vu d'un billet délivré par elle sur la remise d'une carte à demi-tarif (G. V., 101), cartes ordinairement employées par les voyageurs de commerce, la Compagnie a pu prévoir la qualité du demandeur et que le colis remis pouvait contenir des échantillons d'une valeur même élevée, la dite Compagnie n'ignorant point que le commerce de la bijouterie emploie des courtiers et représentants et que les échantillons de ceux-ci sont toujours transportés comme bagages;

» Qu'il en résulte que la Compagnie doit être tenue à la réparation totale du préjudice causé au demandeur par la perte de sa valise, l'article 1150 du Code civil ne pouvant être appliqué. »

Il n'existe ni texte de loi, ni principe juridique, ni règlement obligeant les voyageurs à faire une déclaration *ad valorem* pour leurs bagages et l'on ne saurait en la matière, qui est de droit étroit, raisonner par analogie.

Dès lors, c'est en vain qu'une Compagnie prétend faire considérer un voyageur comme en faute pour n'avoir point fait connaître la nature des objets précieux, suivant elle, dans une certaine mesure, contenus dans un colis transporté avec lui.

En cas de perte desdits objets, la Compagnie doit être déclarée responsable à concurrence de leur valeur réclamée par le voyageur, alors, d'une part, que s'agissant d'un commerçant qui se fait suivre d'une certaine quantité de marchandises indispensable à l'exercice de sa profession, la quantité indiquée ne présente rien d'excessif et ne se trouve pas en disproportion avec la situation commerciale du réclamant, et alors, d'autre part, que la Compagnie, qui se prévaut de l'article 1150 du Code civil, ne justifie aucunement de l'impossibilité où elle aurait été de prévoir le dommage survenu. (Cour de Bordeaux, 4 nov. 1912; *Rec. de Bordeaux*, 1913, I. 39.)

La Cour de cassation (Ch. des requêtes, 25 mars 1912, D. P., 1913. I. 341), qui avait été saisie d'un pourvoi contre l'arrêt de la Cour de Paris, du 23 décembre 1910, cité plus haut, a rejeté le pourvoi pour les motifs suivants :

« Attendu que les textes invoqués par le pourvoi n'imposent pas aux voyageurs l'obligation de faire une déclaration pour les bagages qui les accompagnent et qu'il appartient aux juges du fait d'apprécier dans chaque affaire, suivant les circonstances de la cause, eu égard à la situation de fortune du voyageur, à sa profession, au but et aux conditions de son voyage, quels sont les objets qui peuvent rentrer dans la qualification de bagages;

» Attendu qu'il est déclaré en fait, par l'arrêt attaqué, que le demandeur, voyageur dans une maison de dentelles, allait visiter sa clientèle; qu'à raison de sa profession, du but de son voyage et des autres circonstances de la cause, les dentelles litigieuses faisaient naturellement partie de ses bagages;

» Attendu qu'en l'état de ces appréciations souveraines, qui échappent au contrôle de la Cour de cassation, la Cour de Paris a pu déclarer les Chemins de fer de l'État responsables de la perte de ces objets et qu'en statuant ainsi, sa décision, qui est motivée, n'a ni violé ni faussement appliqué les dispositions visées au moyen... »

Dans un arrêt de la Chambre civile de la Cour de cassation du 29 décembre 1913, le principe de la non-déclaration pour les bagages est de nouveau affirmé en ces termes :

« Attendu que le voiturier est garant de la perte des objets à transporter, aux termes de l'article 103 du Code de commerce, hors le cas de force majeure;

» Attendu que l'étendue de cette responsabilité, qui a sa cause juridique dans le contrat de transport, est régie par les règles générales relatives aux dommages-intérêts dus en cas d'inexécution des obligations; que notamment, en conformité de l'article 1150 du Code civil et sauf le cas de vol, le voiturier n'est tenu que des dommages-intérêts qui ont été prévus ou qu'on a pu prévoir lors du contrat;

» Attendu, d'autre part, qu'aucun texte du cahier des charges du tarif n'impose aux voyageurs l'obligation de faire une déclaration pour le contenu des bagages qui les accompagnent et qu'il en résulte que les Compagnies de chemins de fer doivent prévoir que certains voyageurs pourront emporter dans leurs bagages des objets d'une valeur plus ou moins considérable; que toutefois, en cas de perte ou de contestation sur les chiffres des dommages-intérêts, il appartient aux tribunaux, en vertu du principe sus-rappelé, de restreindre les responsabilités des Compagnies suivant les circonstances de chaque cause, en appréciant la quantité et la valeur des objets de prix que le voyageur pouvait normalement emporter avec lui, eu égard à sa profession, à sa situation de fortune, à l'objet du voyage et au prix du billet... »

Le Tribunal civil de la Seine (5ᵉ Ch.) suivant ce principe, a jugé, le 25 octobre 1910 (D. P., 1911. 5. 26) que les Compagnies ne peuvent être équitablement tenues que jusqu'à concurrence de la valeur des objets usuels que les colis doivent contenir eu égard à la condition sociale de leur propriétaire.

Commet une faute et une imprudence de nature à atténuer la responsabilité de la Compagnie le voyageur qui laisse dans une valise des bijoux auxquels il attache un prix considérable et que leur petit volume permettait de garder avec lui.

Il y a lieu de tenir compte de cette imprudence dans la fixation du chiffre de dommages réclamés à la Compagnie.

D'un autre côté, la Cour de Paris a rendu, le 11 août 1903 (D. P., 1904. 2. 302), un arrêt aux termes duquel l'or, l'argent, les monnaies fiduciaires sont soumises à une taxe *ad valorem* et doivent être déclarés même quand ils sont enfermés dans des colis enregistrés comme bagages, à moins que le montant de ces valeurs ne corresponde normalement à la situation de fortune du voyageur et aux conditions de son voyage.

Le payement de la taxe *ad valorem* et la déclaration sont obligatoires quand la somme d'argent transportée comme bagage représente toute la fortune du voyageur et que, d'ailleurs, la forme et l'extérieur du colis n'indiquaient en aucune façon la nature des objets transportés.

Colis égarés.

Il y a une distinction à faire, en ce qui concerne les colis perdus ou égarés, entre les colis enregistrés et ceux qui ne le sont pas.

Un colis oublié sur le quai, dans les salles d'attente ou dans un wagon, et retrouvé par les agents de la Compagnie est envoyé au magasin général des objets abandonnés, puis remis aux Domaines.

Un arrêt de cassation du 17 mai 1882 (D. P. 1883. 1.475) décide que la Compagnie est responsable de la vente d'une caisse, lorsque cette caisse a été oubliée sur le quai d'une gare, que les employés l'y ont trouvée, que cette caisse a été envoyée au magasin général des objets égarés et que le chef de gare questionné par le propriétaire a dit qu'on n'avait rien vu, sans consulter ses écritures et sans faire de recherches. Il importe peu que les règlements de la Compagnie gardent le silence sur les objets égarés ; le droit commun suffit à imposer à la Compagnie les mesures et soins nécessaires pour que les objets perdus puissent être retrouvés.

Bagages avariés.

Dans les cas où les bagages arrivent avariés, on pourra essayer de faire constater leur état par les employés. Il est rare que l'on s'entende et le voyageur fera alors bien de ne pas prendre livraison de ses bagages et d'adresser une requête au président du tribunal de commerce ou au juge de paix du canton pour faire désigner un expert, conformément à l'article 106 du Code de commerce.

Expertise.

Le président du tribunal de commerce ou le juge de paix du canton, saisi par requête du destinataire ou de la Compagnie, nomme un ou plusieurs experts pour vérifier l'état du colis, ses avaries, en indiquer les causes et évaluer le dommage.

Il semble que, dans la majorité des cas, ce soit à la Compagnie à prendre l'initiative d'une semblable expertise.

Elle présente au voyageur un colis avarié qu'elle est présumée avoir reçu en bon état ; c'est donc à elle à établir qu'il n'y a pas de sa faute et que l'avarie est due à un cas fortuit et de force majeure, ou au vice propre de la chose ou à un défaut d'emballage.

Nous n'hésitons pas un seul instant à conseiller au voyageur de prendre toujours et dans tous les cas les devants, de présenter requête, de faire procéder à l'expertise.

Bien entendu, il ne faut avoir recours à une expertise que si cela en vaut la peine ou si la Compagnie dénie formellement sa responsabilité. Néanmoins, il y a des cas où elle s'imposera, notamment lorsque l'avarie étant de peu d'importance, la Compagnie, usant du système qui lui réussit presque toujours, oppose la force d'inertie, en se disant que son client n'osera pas affronter les risques et les frais d'une expertise et d'un procès pour quelques francs.

Nous avons fréquemment vu des expertises faites pour des avaries de cinq à dix francs, expertises dont les Compagnies n'avaient pas voulu entendre parler et qui finissaient par leur coûter une centaine de francs. Aussi, lorsque le même cas se reproduisait pour le même client, la Compagnie se montrait moins irréductible.

L'expertise prévue par l'article 105 a un caractère urgent et n'a point besoin d'être contradictoire. Mais il n'en est pas de même lorsque c'est vingt-cinq jours après l'arrivée que la Compagnie requiert l'expertise qui alors doit être contradictoire. (Trib. de comm. de Menton, 10 nov. 1908 ; *Mon. Comm.*, 1909, p. 199.)

On n'est pas tenu de recourir à l'expertise lorsque la faute de la Compagnie et le préjudice causés sont tellement apparents qu'il n'y a pas besoin des lumières d'un expert pour les constater avec certitude et précision.

En pareil cas, les griefs allégués contre la Compagnie sont susceptibles d'être justifiés par tous moyens de droit notamment par enquêtes ou par procès-verbaux d'agents publics attestant des faits dont leur fonction les appelle à connaître. (Cour de Paris, 26 mars 1884 ; Lamé-Fleury, p. 848.)

Il est probable que sur le rapport de l'expert les parties entreront dans la voie de l'arrangement. Dans le cas contraire et au cas où la Compagnie, reconnue responsable de l'avarie, ne voudrait pas payer l'indemnité réclamée, il y aurait lieu de la poursuivre en justice.

Réserves à la prise de livraison.

Aux termes de l'article 105 du Code de commerce, modifié par la loi du 11 avril 1888 dite loi Rabier, « la réception des objets transportés et le paiement du prix de la voiture éteignent toute action contre le voiturier pour avarie ou perte partielle, si dans les trois jours, non compris les jours fériés, qui suivent celui de cette réception et de ce paiement le destinataire n'a pas notifié au voiturier par acte extra judiciaire ou par lettre recommandée sa protestation motivée. Toutes stipulations contraires sont nulles et de nul effet. Cette dernière disposition n'est pas applicable aux transports internationaux. »

Quoique les termes de cet article soient ambigus et qu'on y parle du paiement du prix du transport, alors qu'on ne paie pas pour le transport des bagages, tout au moins jusqu'à concurrence de 30 kilogrammes, cet article est applicable aux bagages.

La Chambre des requêtes de la Cour de cassation l'a ainsi décidé par un arrêt en date du 25 mai 1891 (D. P., 1892. 1. 273).

« Attendu, dit l'arrêt, que l'article 105 du Code de commerce est général et s'applique sans distinction à tous les objets qui ont été remis à un voiturier pour en effectuer le transport, sans distinguer entre le cas où le propriétaire de ces objets, après les avoir remis au transporteur, effectue ou non lui-même le voyage; que non seulement pareille distinction n'existe pas dans la loi, mais qu'elle paraît inconciliable avec les dispositions de l'article 107 du même code. »

L'article 105 du Code de commerce rend irrecevable toute réclamation à l'encontre du voiturier pour avarie et perte partielle si le destinataire n'a pas protesté dans les trois jours de la réception des objets dont le prix de transport a été payé. Il y a perte partielle et non totale dans le cas où plusieurs colis ont été remis au transporteur ou qu'un colis faisant partie de l'entière expédition est disparu.

Le paiement anticipé, au moment de l'expédition, est assimilable au paiement effectué au moment de la réception des marchandises. (Nîmes, 2ᵉ Ch., 18 nov. 1910; Mon. Midi, 7 mai 1911.)

Si donc, au moment de la livraison, le voyageur constate une avarie ou un manquant, il devra tout d'abord faire des réserves écrites soit sur le bulletin de bagages, soit sur le livre des réclamations.

Il devra dans les trois jours confirmer ces réserves par acte extra-judiciaire ou lettre recommandée. Dans ce délai de trois jours ne sont pas comptés les jours fériés.

Si après avoir pris livraison de ses colis, paraissant extérieurement en bon état, le voyageur constate une avarie en les ouvrant chez lui, il devra adresser ses protestations et réserves à la Compagnie, par acte d'huissier ou lettre recommandée, dès que possible, et en tout cas dans les trois jours de la livraison.

Nous ne saurions trop insister sur la nécessité absolue de confirmer des protestations ou réserves dans le délai de trois jours, alors même que ces protestations ou réserves auraient été formulées verbalement ou par écrit au moment de la livraison, qu'un agent de la Compagnie en aurait donné acte et aurait pris l'engagement de réparer le préjudice ou les avaries.

Pour que les réserves faites au moment de la livraison de la marchandise dispensent de la confirmation par lettre recommandée ou acte extra judiciaire, c'est à la condition que ces réserves aient été connues du transporteur et acceptées par lui.

« Attendu que si les prescriptions impératives de l'article 105 du Code de commerce peuvent, par exception, cesser d'être applicables, c'est sous la double condition que le destinataire ait fait des réserves au moment de la livraison de la marchandise et que ces réserves aient été acceptées par le transporteur; qu'en outre, cette acceptation expresse ou implicite doit être constatée par les juges du fond;

» Attendu qu'il résulte du jugement attaqué qu'en prenant livraison des pierres à eux expédiées les destinataires ont fait constater l'avarie d'une de ces pierres par l'agent commercial de la Compagnie à la gare de Vienne; que celui-ci l'a relatée et décrite sous sa signature sur la lettre de voiture et que cette constatation constitue implicitement de la part de la Compagnie une reconnaissance formelle des réserves faites par les destinataires; qu'ainsi les juges du fond ont à la fois constaté l'existence des réserves faites en temps utile et leur acceptation par la Compagnie. » (Cass. req., 7 mai 1906; D. P., 1909. 1. 273.)

« Attendu que le jugement attaqué constate qu'à l'arrivée du chargement à Villefranche il fut reconnu que le foin était mouillé et que le destinataire ne consentit à en prendre livraison qu'après que l'agent de la Compagnie eût porté sur le récépissé du destinataire les réserves suivantes : « Reconnu à

» la livraison après enlèvement des bâches le chargement
» mouillé sur une profondeur de quatre rangs et 2,100 kilos de
» foin moisi et en fermentation »; que le jugement ajoute que
cette constatation et cette détermination écrite sur le récépissé du destinataire par la Compagnie P.-L.-M. était une
acceptation expresse des réserves par celle-ci et déclare en
conséquence recevable l'action du destinataire... » (Cass. civ.,
22 mai 1906; D. P., 1909. I. 273.)

Mais il faut que les réserves aient été acceptées expressément ou implicitement par la Compagnie.

La fin de non-recevoir de l'article 105 n'est pas recevable si, au moment de la livraison, le destinataire a fait
des réserves qui ont été implicitement ou expressément
acceptées par le transporteur et leur acceptation résulte
notamment de leur inscription sur le registre d'arrivée à
la suite d'un accord entre les parties. (Trib. de comm.
d'Angers, 11 mai 1906; *Ann. Chemins de fer*, 1908, p. 186.)

Il ne faut pas se contenter d'une acceptation verbale
d'un employé, mais exiger que le représentant de la Compagnie inscrive sur le bulletin des bagages, que l'on conservera, la constatation et la détermination des avaries,
le nombre du ou des colis manquants.

Dans le cas contraire, inscrire les réserves sur le livre
des plaintes et confirmer dans les trois jours.

Par jugement du 30 octobre 1911 (*Bull. des transports*, 1913, p. 155), le Tribunal de paix de Campagnac a
rejeté une fin de non-recevoir soulevée par la Compagnie
du Midi contre la demande d'un voyageur pour manquant
de bagages, parce que le voyageur n'avait pas fait recommander la lettre de réserves.

Le voyageur soutenait que le chef de gare l'avait convaincu de l'inutilité de cette formalité.

Les réserves n'ont pas besoin d'être réitérées lorsque la
Compagnie a implicitement mais nécessairement accepté
les réserves formulées par le voyageur au moment de la
livraison, soit en discutant avec lui sur l'importance de
l'avarie dont il se plaignait, soit en lui proposant une
expertise amiable. (Trib. de comm. de Marseille, 21 mars
1912; *Bull. des transports*, 1912, p. 164.)

Le fait par les Compagnies d'avoir accepté un bagage
sans réserve constitue une présomption de son bon état
au moment de la remise à la Compagnie. Cette présomption peut être combattue par la preuve contraire, mais
c'est à la Compagnie de faire cette preuve.

AUTRES CAS

de Responsabilité des Compagnies

En dehors des retards et des accidents, les Compagnies sont responsables des faits et gestes des agents placés sous leurs ordres et des entreprises qu'elles patronnent ou dont elles ont la surveillance (buffets, buvettes, bibliothèques, vendeurs de *toutes espèces*, appareils distributeurs), en vertu du principe incontestable que lorsqu'un fait dommageable résulte d'une faute quelconque imputable à ses agents, connus ou inconnus, la Compagnie est civilement responsable (Bedarride, *Chemins de fer*, tome II) à moins d'un cas de force majeure.

En ce qui concerne toutes ces entreprises, on a le droit de transcrire les doléances et les plaintes sur le livre des réclamations.

Buffets et Buvettes.

L'exploitation des buffets constitue un des services de la Compagnie, et les buffetiers sont ses représentants. Ils exploitent la chose de la Compagnie et la représentent à ce point de vue.

La question s'était posée de savoir si les buffetiers, les membres de leur famille et leurs employés pouvaient pénétrer dans l'enceinte du chemin de fer ou si l'article 61 de l'ordonnance de 1846 (actuellement article 57 du décret du 1er mars 1901) leur était applicable.

Dans un arrêt du 10 août 1858 (D. P., 1859. 2.152.) la Cour de Colmar a jugé :

« Attendu que dans les Compagnies il y a des services secondaires qui répondent à des besoins auxquels il a fallu pourvoir; que parmi ces services se placent évidemment les établissements de buffets ou restaurants où les voyageurs peuvent trouver de suite et sans déplacement ce qui est nécessaire à une alimentation parfaitement appropriée aux circonstances de lieu, d'heure et des dispositions corporelles des voyageurs; qu'il faut donc considérer ces établissements comme des accessoires indispensables;...

» Attendu, en outre, que par les conventions intervenues entre le buffetier et la Compagnie, le dit buffetier a été assujetti à la surveillance et aux ordres de la Compagnie dans la personne de son représentant le chef de gare, à un tel point que l'on peut dire qu'il est rivé à la Compagnie, qu'il ne fait qu'un avec elle et qu'il est et doit être réputé un de ses agents... »

Saisie d'un pourvoi contre un arrêt de la Cour de Montpellier du 6 août 1860, la Chambre criminelle de la Cour de cassation a décidé dans le même sens (29 déc. 1860, D. P., 1861. 5. 71.)

« Attendu que les buffets que les Compagnies doivent établir à certaines stations déterminées constituent l'un de ces services (de l'exploitation); qu'il importe peu que leur gestion soit confiée à de simples préposés ou à des fermiers; que les fermiers exploitent en réalité la chose de la Compagnie et la représentent à ce point de vue... »

La même Chambre a jugé, le 2 juillet 1870 (S., 1871. 1. 40.), que :

« Un buffet situé dans l'enceinte d'une gare constitue un des services nécessaires à l'exploitation de la voie ferrée, soit que la gestion en reste confiée aux agents de la Compagnie, soit qu'elle ait été cédée à un fermier qui représente en ce point la Compagnie. »

Le tarif des consommations est variable selon les localités. Il doit être affiché ostensiblement. Il en est de même des conditions d'exploitation du buffet, et du prix des repas.

Le tarif de la buvette est, ordinairement, réduit d'un tiers sur celui du buffet.

Le voyageur qui aura une réclamation à exercer au sujet des produits vendus, de leur qualité, de leur prix, de l'installation du buffet, des défectuosités du service pourra inscrire sa plainte sur le registre des réclamations.

Aux termes de la circulaire ministérielle du 15 février 1881, les commissaires de surveillance doivent s'assurer de la bonne installation des buffets.

Bascules automatiques. — Appareils distributeurs.

Aux termes de deux circulaires ministérielles du 31 mars 1887 et du 12 octobre 1888, les chefs de gare doivent, en cas de non-fonctionnement de ces appareils, prendre les mesures nécessaires pour éviter les plaintes du public.

Les conditions d'installation et de surveillance de ces appareils sont contenues dans les deux circulaires ministérielles dont nous venons de parler.

Ce sont les préfets qui statuent sur les demandes d'installation.

Les chefs de gare ont la surveillance de ces appareils et, dès qu'ils savent que le fonctionnement en est arrêté, ils doivent les fermer immédiatement jusqu'à remise en bon état et prendre toutes les mesures nécessaires pour éviter les plaintes du public.

RESPONSABILITÉ DE LA COMPAGNIE DU FAIT DES AGENTS.

Renseignements erronés fournis par les agents.

Les agents des Compagnies doivent fournir avec complaisance aux voyageurs tous les renseignements qui leur sont nécessaires, relativement à la marche des trains et aux heures de départ. D'après un auteur, lorsqu'on s'adresse à un employé de la Compagnie pour lui demander si un train en formation est bien celui qui doit recevoir les voyageurs pour telle ou telle destination, et si, en fait, l'employé commet une erreur préjudiciable au voyageur, celui-ci pourra demander des dommages-intérêts à l'agent et à la Compagnie civilement responsable. (*Pandectes*, v° Chemins de fer, n° 3587.)

En thèse générale, les Compagnies ne sont pas responsables des renseignements fournis par leurs agents, lorsque ces renseignements sont en contradiction avec les horaires et les tarifs.

Mais la Compagnie est responsable des fausses indications données par ses agents, notamment lorsqu'ils font monter un voyageur dans un train autre que celui qui doit l'amener à sa destination. (Just. de paix de Bergerac, 21 fév. 1908.)

Il a été jugé (Trib. de Senlis, 28 juin 1887) qu'une Compagnie n'est pas responsable de l'erreur résultant d'un renseignement donné par un employé à un voyageur qui s'en était rapporté à ce renseignement, au lieu de consulter les affiches apposées dans la gare et indiquant le tableau de la marche des trains.

L'avis donné par un employé subalterne, à titre de renseignement, à un voyageur n'engage pas la responsabilité de la Compagnie. (Trib. de comm. de Nantes, 26 juin 1909; *Rec. Nantes*, 1909. 1.406.)

Agissements des agents de la Compagnie dans leurs services.

La Compagnie doit veiller à ce que chacun de ses employés se renferme dans la limite étroite des fonctions qu'elle entend lui confier. Mais lorsque ses agents font un acte qui, par sa nature, se rapproche des actes entrant dans leurs fonctions, ils engagent la responsabilité de la Compagnie. (Trib. civ. de la Seine, 22 fév. 1856; Lamé-Fleury, p. 224.)

Les actes accomplis par un préposé d'une Compagnie de chemins de fer à raison de ses fonctions engagent la responsabilité de la Compagnie. (Trib. de comm. de la Seine, 15 sept. 1909; *La Loi*, 10 nov. 1909.)

La Compagnie est responsable de la faute que commet un chef de train en ne suivant pas les prescriptions réglementaires et en acceptant au fourgon un bagage non enregistré par suite de l'imminence du départ du train. (Même décision.)

Un facteur en se chargeant du bagage d'un voyageur accomplit un acte de sa fonction et, en cas de perte de ce bagage, engage la responsabilité de la Compagnie. (Just. de paix de Paris, XIIe arr., 25 août 1855; Lamé-Fleury, p. 224.)

Les employés devant s'assurer qu'il ne reste dans les voitures ni voyageurs ni bagages, et les colis laissés dans les voitures devant être remis au chef de gare ou au bureau des surveillants, commet une faute lourde l'employé qui, ayant trouvé un objet dans un compartiment vide, le remet à un inconnu, sans même recourir aux procédés de vérification les plus élémentaires:

production de clef ou description du contenu. (Trib. de comm. de Caen, 1ʳᵉ Ch., 17 mai 1909; *Rec. Caen*, 1909. 70.)

Lorsqu'une valise, oubliée par un voyageur dans la salle d'attente d'une gare, a été recueillie par un agent de la Compagnie qui, en quittant son service en a passé la garde à un de ses camarades et qu'il est constaté que cet agent agissait dans l'exercice de ses fonctions, la Compagnie est déclarée à bon droit responsable du vol de cette valise. (Cass. req., 26 déc. 1911; D. P., 1912. 1. 231.)

La Compagnie est responsable de la perte d'un objet déposé par un voyageur entre les mains d'un de ses agents. (Just. de paix de Saint-Junien, 28 oct. 1911; *Mon. Lyon*, 19 août 1912.)

La Compagnie est responsable de la soustraction par un de ses facteurs d'un sac oublié par un voyageur près du guichet des billets. (Trib. civ. de la Seine, 17 mai 1850; Lamé-Fleury, p. 224.)

La Compagnie est responsable du fait d'un contrôleur qui, poinçonnant un billet en cours de route, n'avertit pas le voyageur qu'il suit une fausse direction. (Trib. de comm. de Bourges, 24 fév. 1905; *Bull. des transports*, juill. 1905.)

La Compagnie est responsable du préjudice causé à un voyageur par un agent qui a fait descendre ce voyageur et l'a abandonné sur la voie. (Besançon, 12 nov. 1857; Palaa, 1. 7.)

Elle est responsable de la blessure faite à un voyageur par la chute d'une malle chargée par un de ses employés sur une voiture, car le contrat de transport, bien que terminé à l'arrivée en gare, impose à la Compagnie l'obligation de mettre à la disposition des voyageurs des employés chargés d'enlever les bagages de l'endroit où ils sont livrés et de les transporter sur les voitures désignées par le voyageur. (Paris, 9 août 1894; D. P., 1898. 2. 242.)

Dans le cas où un voyageur, qui avait consigné ses bagages dans une gare, n'est venu les reprendre en payant les frais de magasinage à l'employé chargé de ce service que pour les laisser aussitôt à la charge de ce dernier, qui s'en est chargé moyennant salaire, la Compagnie est responsable de la perte de ses bagages. (Bordeaux, 9 déc. 1875; *Arr. Bordeaux*, 1875, p. 412.)

Le fait par les agents d'une Compagnie de chemins de fer de faire au commissaire spécial une dénonciation inutile et malencontreuse qui a été la cause initiale d'une poursuite mal fondée et d'autres dommages soufferts par l'expéditeur, a pu être considéré comme consécutif à une faute imputable à ces agents et justifiant la condamnation de la Compagnie à des dommages-intérêts. (Cass. civ., 27 juin 1904; D. P., 1906. I. 112.)

La Compagnie est responsable de la légèreté et de la négligence de ses agents qui, ayant mal contrôlé une déclaration faite par un voyageur sur l'âge de son enfant ont fait convoquer ce dernier chez le commissaire et l'ont exposé à des démarches et à des dépenses inutiles. (Trib. de comm. de la Seine, 10 déc. 1908; *Gaz. des trib.*, 29 janv. 1909.)

La Compagnie est également responsable en cas d'accusation de fraude portée contre un voyageur publiquement. (Trib. de comm. d'Oloron-Sainte-Marie, 15 janv. 1906. Just. de paix de Versailles, 8 janv. 1902.)

Le Tribunal correctionnel de Mâcon a, le 4 juin 1913 (*Bull. des transports*, 1913, p. 138), acquitté un commerçant poursuivi pour déclaration inexacte, par le ministère public à la requête de la Compagnie qui s'était portée partie civile. La Compagnie a été condamnée aux dépens et, sur la demande reconventionnelle du prévenu, condamnée à payer à ce dernier 1,000 francs de dommages-intérêts pour ses poursuites non justifiées et ce fait qu'avant d'engager des poursuites, la Compagnie avait le devoir strict de s'entourer de renseignements permettant d'examiner si les bases de la poursuite étaient sérieuses.

Voitures détachées d'un train. — Voyageurs oubliés dans les voitures.

La Compagnie est responsable lorsqu'elle laisse en gare des voyageurs montés dans des voitures qui ont été séparées du train. (Trib. de comm. de la Seine, 8 sept. 1883; Palaa, Supp., 87.)

Les agents doivent avoir le soin de séparer assez visiblement les voitures ne partant pas du restant du train, afin que les voyageurs ne puissent pas être exposés à des ennuis. (Palaa, I. 571.)

Lorsque, en cours de route, un wagon est détaché

d'un train pour être laissé dans une station intermédiaire, les employés de la Compagnie ont le devoir de s'assurer que tous les voyageurs l'occupant en sont descendus et sont prévenus assez tôt pour qu'ils puissent remonter dans une autre voiture et continuer leur voyage. A défaut d'avertissement, la Compagnie est responsable de la faute de ses agents et doit réparer le préjudice causé au voyageur par l'interruption de son voyage, les pertes de temps et les dépenses diverses que le retard lui a imposées. (Trib. de comm. de Lyon, 1er juin 1909; *Gaz. de Lyon*, 3 nov. 1909.)

La Compagnie est responsable du retrait de sa carte à un abonné surpris sans billet sur un parcours autre que celui pour lequel la carte a été délivrée. (Trib. civ. de Lyon, 21 janv. 1912; *Gaz. comm. de Lyon*, 31 janv. 1912.)

Lorsque, à la suite d'un accident, les voyageur sont été obligés de changer de train et que l'un d'eux a oublié un colis précieux, la Compagnie est responsable de la perte de ce colis dans la proportion des trois quarts de sa valeur, le voyageur ayant une part de responsabilité à cause de son oubli. (Cour de Caen, 17 mars 1909; *Bull. des transports*, 1913, p. 62.)

Dans une même espèce, le Tribunal de commerce de la Seine a jugé, le 25 juin 1913 (*Bull. des transports*, 1913, p. 156), que :

« Les voyageurs ont le droit de conserver avec eux des colis; qu'en louant sa place à un voyageur en s'engageant à transporter ce dernier avec ses colis à la main inhérents à tout voyage, une Compagnie de chemins de fer accepte par avance, accessoirement au contrat principal de transport, le dépôt éventuel des colis à la main, pour le cas où un accident viendrait à se produire; que le dépôt devient alors une suite extraordinaire mais nécessaire du contrat de transport; qu'ainsi donc, la Compagnie, à titre de dépositaire nécessaire du paquet de livres du voyageur, a assuré toutes les obligations très strictes du dépôt ordinaire (garde vigilante de la chose déposée); que ne pouvant restituer l'objet du dépôt, elle doit réparer les conséquences de sa perte. »

La Compagnie est responsable de l'avarie de bagages déposés sur des quais sans hangar et mouillés par un orage. (Just. de paix de Paris, V^e arr., 5 juill. 1912; *Gaz. du Pal.*, 7 janv. 1913.)

Les Compagnies de chemins de fer doivent faire surveiller les bagages déposés par les voyageurs au bureau des bagages pendant le temps où ceux-ci vont au guichet se procurer le billet nécessaire à la formalité de l'enregistrement, puisque le voyageur est obligé d'abandonner ses colis pendant un temps plus ou moins long. En conséquence, les Compagnies sont responsables de la perte de ces bagages et ne peuvent se prévaloir de ce qu'il n'a été délivré ni bulletin d'enregistrement ni bulletin de dépôt. (Trib. civ. de Mâcon, 19 mai 1896; D. P., 1899. 2. 164.)

La Compagnie des Wagons-Lits est un entrepreneur de transport opérant de concert avec les Compagnies de chemins de fer. Elle n'est astreinte à aucune responsabilité autre que celle édictée pour les voituriers par les articles 1782 et 1785 du Code civil. (Trib. civ. de la Seine, 28 nov. 1892.)

Télégraphe. — Téléphone.

Les voyageurs ont le droit d'expédier et de recevoir des télégrammes dans les gares en payant la taxe ordinaire. Cette faculté est réservée aux voyageurs, qui, pour en user, peuvent se voir demander leur titre de parcours.

On sait que l'État n'est soumis à aucune responsabilité en matière de télégraphe. (Loi du 29 nov. 1850, art. 6.)

Mais la Compagnie est, à notre avis, responsable si elle garde trop longtemps ou néglige d'expédier au bureau du télégraphe de l'État un télégramme qui lui aura été remis par un voyageur qui aura payé la taxe.

Nous pouvons citer en ce sens deux décisions du Tribunal de paix de Bergerac, rendues le 21 février 1908 et le 19 janvier 1909.

Dans la première affaire, il s'agissait d'une action intentée par un voyageur qui, ayant manqué son train, avait chargé le chef de gare de l'expédition d'un télégramme. Le chef de gare avait reçu l'original du télégramme et le prix et ne s'était pas acquitté de sa mission. Le juge de paix décida qu'il y avait faute d'un agent engageant la responsabilité de la Compagnie.

Dans la seconde affaire, un voyageur usant de la faculté donnée par certaines Compagnies à leurs clients, avait demandé la transmission d'un télégramme de service commandant à Paris un omnibus et un fauteuil roulant. La Compagnie reconnaissait que ce télégramme, pour lequel le voyageur n'avait payé aucune taxe, n'avait pas été transmis. Le Tribunal de paix estima qu'il y avait eu également inexécution d'une promesse et par suite faute de la part de la Compagnie, qui fut condamnée à des dommages-intérêts.

En cas de retard ou d'accident provenant du fait de la Compagnie, un voyageur peut-il exiger la transmission par la Compagnie et par ses fils télégraphiques de télégrammes destinés à annoncer le retard ou l'accident?

La Chambre civile de la Cour de cassation, dans un arrêt du 10 février 1868 (D. P., 1868. I. 199) a jugé que les fils d'une Compagnie étant exclusivement réservés pour la transmission des télégrammes de service, on ne pouvait faire grief à la Compagnie d'avoir refusé de transmettre une dépêche particulière lancée par un voyageur qui avait subi un retard.

Dans un arrêt du 16 mars 1880 (D. P., 1880. I. 301), la même Chambre indique que, aux termes de l'article 38 du cahier des charges, la Compagnie n'est « tenue d'employer le télégraphe que pour la transmission des signaux nécessaires à la sûreté et à la régularité de son exploitation et que les lois et règlements qui la régissent ne contiennent aucune disposition qui l'oblige à transmettre par voie télégraphique les dépêches concernant l'intérêt privé des voyageurs ou des expéditeurs dont elle transporte les personnes ou les marchandises ».

En sens contraire, et par arrêt du 20 nov. 1866 (D. P., 1866. 2. 245), la Cour de Dijon avait jugé que la Compagnie commettait une faute en refusant d'expédier par ses fils un télégramme par lequel un voyageur annonçait un retard imputable à la Compagnie. La Cour décidait que cette dépêche n'était pas privée, mais bien dépêche de service, ayant pour but de réparer autant que possible le préjudice causé par le retard du train.

Il nous semble qu'à l'heure actuelle, cette question ne peut plus se poser.

En effet, à la suite d'une réclamation concernant le refus par un chef de gare de signaler par un télégramme à une station voisine un colis oublié dans un train, le sous-secrétaire d'Etat des Postes et Télégraphes, consulté sur la question, a déclaré que rien ne s'opposait à ce que, en pareil cas, le public fît usage, par l'entremise des agents du chemin de fer, du télégraphe et du téléphone des gares, à charge par lui de payer la taxe afférente à des communications privées.

Par circulaire du 20 février 1908, le ministre des Travaux publics, considérant l'intérêt réel des voyageurs à user de cette faculté, a invité les Compagnies à donner des instructions à leurs agents, afin qu'ils ne se refusent jamais, sauf en cas d'empêchement absolu motivé par les nécessités du service, à déférer aux demandes qui leur seraient faites moyennant payement de la taxe afférente aux communications privées.

En fait, et en cas de retard ou d'accident, il est rare que les gares n'expédient pas sans taxe les télégrammes des voyageurs. Au surplus, si le retard ou l'accident est dû à une faute de la Compagnie, le voyageur qui aura été obligé de payer la taxe télégraphique ou téléphonique pourra la faire figurer dans sa demande en dommages-intérêts.

Force majeure.

Pour échapper à la responsabilité qui pèse sur elles, les Compagnies invoquent souvent la force majeure.

Aux termes des articles 98, 103 et 104 du Code de commerce, le voiturier est garant de l'arrivée des marchandises, de la perte et du retard, hors les cas de force majeure légalement constatés.

D'un autre côté, l'article 1784 du Code civil décide que « les voituriers sont responsables de la perte et des avaries des choses qui leur sont confiées, à moins qu'ils ne prouvent qu'elles ont été perdues ou avariées par cas fortuit ou force majeure », et l'article 1148 du même code dit « qu'il n'y a lieu à aucuns dommages et intérêts lorsque, par suite d'une force majeure ou d'un cas fortuit, le débiteur a été empêché de donner ou de faire ce à quoi il était obligé ou fait ce qui lui était interdit ».

Les expressions « force majeure » et « cas fortuit » sont souvent employées séparément l'une pour l'autre ou même l'une et l'autre, cumulativement, comme synonymes. (Dalloz.)

D'après Marcadé et d'après Hué, la dénomination de

cas fortuits peut être réservée plus spécialement aux accidents produits par une force physique inintelligente, tandis que la force majeure concernerait le fait d'un tiers, *vis major*, qui crée à l'exécution de l'obligation un obstacle insurmontable.

Les cas fortuits seraient des accidents de la nature; la force majeure consiste dans un événement supérieur à la volonté individuelle et que cette volonté est impuissante à *prévoir* ou *empêcher*.

M. Féraud-Giraud définit la force majeure : tout événement contre lequel la prévoyance et les forces humaines sont impuissantes.

D'une façon générale, la jurisprudence estime que la force majeure est un événement que l'homme ne peut ni empêcher ni prévoir et dont il lui est par suite impossible de conjurer les effets.

Il résulte de cette définition que, en droit, la force majeure ne peut servir d'excuse qu'autant que celui qui l'invoque n'aurait pu s'y soustraire. Celui qui l'invoque doit en outre établir l'absence de sa part de toute imprudence ou négligence. (Cass. civ., 23 août 1858; D. P., 1858. 1. 359.)

Notamment en cas d'incendie, le transporteur doit prouver non seulement que le sinistre provient d'une cause qui lui est étrangère, mais encore que la communication du feu aux marchandises n'a pas été le résultat d'une faute, d'une imprudence ou d'une négligence pouvant lui être imputée. (Cass. civ., 28 oct. 1913; *Bull. des transports*, 1913, page 185.)

En cas de force majeure ou de cas fortuit, le transporteur est responsable de l'avarie si ce cas fortuit a été précédé ou accompagné d'une faute imputable à la dite Compagnie et sans laquelle le dommage ne se serait pas produit. (Cass. req., 4 août 1884; D. P., 1884. 1. 454.)

L'appréciation de l'existence de la force majeure ou du cas fortuit est une question de fait qui rentre dans le domaine souverain des juges du fond, la Cour de cassation se réservant seulement le droit d'apprécier si les faits déclarés constants ont été à tort ou à raison considérés comme consécutifs, d'après la loi, à un cas de force majeure. (Req., 13 fév. 1872; D. P., 1872. 1. 186. Req., 13 janv. 1874; D. P., 1874. 1. 76. Req., 22 déc. 1884; D. P., 1885. 1. 73. Crim., 28 fév. 1861; D. P., 1861. 1. 140. Civ., 10 fév. 1868; S., 1868. 1. 127. Civ., 22 janv. 1877;

D. P., 1877. I. 321. Crim., 29 janv. 1884; D. Supp., v°
Force majeure, n° 26.)

La preuve du cas fortuit ou de la force majeure est
à la charge de la Compagnie qui l'invoque.

En thèse générale, on admet que cette preuve peut se
faire par tous les moyens possibles. Les Compagnies prennent du reste la précaution de faire établir des procès-verbaux par les commissaires de surveillance administrative, procès-verbaux constatant les faits pouvant constituer le cas fortuit ou la force majeure.

Ces procès-verbaux ne font foi que jusqu'à preuve
contraire.

Le voyageur à qui la Compagnie oppose l'exception de
cas fortuit ou de force majeure peut à son tour prouver
une faute ou une négligence de la Compagnie.

La Compagnie est tenue de prendre rapidement toutes
les mesures nécessaires pour remédier à un cas fortuit ou
de force majeure. Elle est en faute et sa responsabilité
est engagée si elle ne prend pas ces mesures, si elle les
prend tardivement, ou si elle n'informe pas les voyageurs
de l'événement fortuit qui arrête ou retarde la marche
des trains. (Req., 13 juil. 1868; D. P., 1871. I. 135. Trib.
de comm. de la Seine, 26 juil. 1902. Trib. de comm. de
Condé-sur-Noireau, 16 août 1904. Trib. de comm. de
Moulins, 21 sept. 1907. Trib. civil de Castelsarrasin,
5 déc. 1913.)

De ce dernier jugement, statuant sur un appel formé par
la Compagnie du Midi contre un jugement de paix de Beaumont-de-Lomagne, nous extrayons les attendus suivants :

« Attendu que les Compagnies de chemins de fer sont tenues
de transporter les voyageurs, munis de billets, à destination;
que si, par suite d'un cas de force majeure (en l'espèce un
éboulement causé par un orage), elles ne peuvent le faire
immédiatement, elles doivent prendre toutes mesures urgentes pour satisfaire leurs obligations de transport et faire
parvenir les voyageurs à destination dans le plus bref délai;
que les frais en résultant doivent rester à la charge des Compagnies qui, par le fait du contrat de transport, qui s'est
formé au moment de la délivrance des billets, sont tenues au
transport des voyageurs à destination, moyennant le prix
payé, conformément au tarif;...

» Attendu qu'il résulte des principes énoncés ci-dessus
qu'il n'est pas douteux que la Compagnie doit au demandeur
le remboursement des 25 francs qu'il a payés au voiturier

qui l'a rapatrié ; que s'il est certain qu'une Compagnie de chemins de fer ne peut être déclarée responsable d'un retard provenant d'un cas de force majeure, il est non moins certain que, lorsqu'elle a délivré un billet à un voyageur pour une destination quelconque et perçu le prix de ce billet, elle doit, par tous les moyens en son pouvoir, le transporter au lieu de cette destination, sauf en cas d'impossibilité absolue, moyen qu'elle ne peut invoquer en l'espèce, puisqu'elle pouvait le faire à l'aide d'une voiture de location, ce qu'elle a fait pour certains voyageurs ; que ne le faisant pas, il arriverait qu'elle aurait perçu le prix d'un transport qu'elle n'aurait pas effectué, ce qu'on ne saurait admettre... »

De son côté, dans son jugement du 21 septembre 1907, le Tribunal de commerce de Moulins décidait que :

« Le cas de force majeure fût-il établi, la Compagnie pourrait être tenue pour responsable d'une faute lourde, parce qu'elle n'a pas pris, en temps utile, les mesures nécessaires pour assurer le service de l'express ; qu'elle aurait dû en effet, dès que l'encombrement de la voie a été connu à la gare la plus proche ou à l'une des grandes gares suivantes, télégraphier à Saincaize pour y provoquer la formation d'un train spécial ; que si ce train avait été expédié de Saincaize aussitôt l'arrivée du train de Lyon, soit avec cinquante minutes à une heure de retard, le train correspondant aurait pu l'attendre et être rejoint par lui à une station intermédiaire, sans dépasser pour cela la limite des retards qui se produisent trop souvent sur cette ligne en certaines saisons, sans causes aussi légitimes... »

La jurisprudence que nous relatons, et qui paraît aujourd'hui définitivement fixée, combat un arrêt de la Chambre civile de la Cour de cassation, du 10 février 1868 (D. P., 1868. 1. 199), aux termes duquel les Compagnies de chemins de fer ne sont pas obligées en cas de retard du train ordinaire de former un train spécial et supplémentaire, ni de transmettre par leurs lignes télégraphiques les dépêches des voyageurs.

Si la force majeure peut être invoquée par la Compagnie pour ne pas remplir son obligation, elle peut être aussi invoquée par le voyageur, notamment pour ne pas payer une prolongation de validité de billet aller et retour, prolongation nécessitée par les inondations.

« Attendu que lors du contrat de transport, les parties avaient contracté des obligations réciproques ; que la Compagnie d'Orléans s'était engagée à transporter le voyageur de Bergerac à Paris-Orsay et de Paris-Orsay à Bergerac; que le voyageur s'était engagé à repartir de Paris-Orsay dans le délai de neuf jours;

» Attendu que la Compagnie d'Orléans peut à bon droit invoquer la force majeure pour justifier le défaut d'accomplissement de son obligation au retour, mais que d'un autre côté, le même événement de force majeure est à bon droit invoqué par le voyageur pour justifier l'inaccomplissement de son obligation... » (Trib. civil de Bergerac, 8 déc. 1910.)

L'inondation, cas de force majeure, s'impose aux deux parties dans les termes du droit commun; elle a donc pour effet de résoudre le contrat intervenu, si l'obstacle a disparu. D'où il suit que si la Compagnie est en droit d'invoquer le cas de force majeure pour refuser à l'abonné des dommages-intérêts, à raison de l'inexécution des obligations du transporteur, elle ne peut lui réclamer le prix des transports rendus impossibles ou prétendre conserver ce prix, lorsqu'elle a été payée d'avance. (7e Ch. de la Seine, 16 juin 1911; *Mon. comm.* 1911, p. 414.)

La jurisprudence a refusé de considérer comme un cas de force majeure :

La rupture d'un plateau de cylindre et avarie fortuite du régulateur d'une machine. (Trib. de comm. de Saint-Étienne, 3 mai 1901; *Bull. des transports*, nov. 1902.)

Le déraillement dû à la rupture d'un essieu. (Trib. de comm. d'Aix, 5 fév. 1903; *Bull. des transports*, oct. 1903.)

La rupture du bandage d'une roue de tender. (Trib. de comm. de Gondé-sur-Noireau, 16 août 1904; *Bull. des transports*, nov. 1904.)

La rupture du rabout de fumée d'une locomotive. (Trib. de comm. de Rochefort-sur-Mer, 25 mai 1906; *Bull. des transports*, juill. 1906.)

La rupture d'un tube de fumée d'une locomotive. (Trib. de comm. de Moulins, 21 sept. 1907; *Bull. des transports*, 1907, page 169.)

Même décision, dans le même cas, du Tribunal de commerce de la Seine du 20 mars 1909 (*Bull. des transports*, 1909, page 87).

Une Compagnie est responsable du préjudice que cause à un voyageur le retard dans l'arrivée d'un train, retard qui l'a mis dans l'impossibilité de profiter d'une correspondance pour continuer sa route, à moins qu'elle n'établisse que ce retard est dû à la force majeure.

Il importerait peu que la Compagnie ait mis en marche un train supplémentaire pour parer aux conséquences du retard du premier train, par suite de l'avarie de sa machine et que ce train eût été arrêté à son tour par un orage, car c'est le retard du premier train et non celui du second qui engage la responsabilité de la Compagnie. (Paris, 7ᵉ Ch., 22 déc. 1910; *Gaz. du Pal.*, 4 mars 1911.)

La rupture de la tuyauterie d'une machine n'est pas un cas de force majeure. (Trib. de comm. de Besançon, 28 janv. 1911; *Bull. des transports*, 1911, page 75.)

Dans les cas que nous venons de signaler, les Compagnies font plaider que les machines ou tenders ont été reçus officiellement par l'autorité administrative, qu'ils sont soumis ensuite à la surveillance constante des agents du contrôle qui n'en autorisent la mise en circulation, après réparation, qu'après les avoir vérifiés.

On a vu plus haut ce qu'a répondu la 7ᵉ Chambre de la Cour de Paris, dans son arrêt du 22 décembre 1910.

Le Tribunal de commerce de Moulins, dans son jugement sus-indiqué du 21 septembre 1907, réfuta cet argument des Compagnies.

« Attendu que pour faire la preuve du cas de force majeure, la Compagnie se borne à dire que les machines ont été reçues officiellement par l'autorité administrative et soumises ensuite à la surveillance constante des agents du contrôle, qui n'en autorisent la mise en circulation, après réparations, qu'après les avoir vérifiées ;

» Attendu que si cette théorie était admise, les Compagnies de chemins de fer se trouveraient placées de fait dans une situation au-dessus du droit commun et qu'il suffirait que tout accident de machine fût survenu en cours de route pour être considéré, sans autre preuve, comme un cas de force majeure ;

» Attendu, en l'espèce, que la réception officielle de la machine, datant du 25 mars 1889, ne peut fournir aucune présomption sur l'état de cette machine après dix-huit ans de service ; que d'autre part, si la surveillance des agents du contrôle suffit pour attester qu'une réparation a été bien exécutée, elle ne suffit pas à prouver que toutes les réparations nécessaires ont été faites au moment où elles devaient l'être ; que dans toute machine en service, de nombreux organes doivent être remplacés ou réparés avant de donner des signes de fatigue trop évidents ; que la Compagnie ne prouve pas que toutes réparations ou changements nécessaires aient été effectués en temps utile... »

Le Tribunal de commerce de la Seine disait de son côté, dans son jugement du 20 mars 1909 :

« Qu'un accident de cette nature ne pouvait avoir pour cause qu'un vice de construction, un manque d'entretien ou tout au moins une négligence du personnel transporteur. »

On peut répondre, au surplus, que les autorisations administratives ne peuvent jamais préjudicier aux droits des tiers et que, d'un autre côté, aux termes de l'article 15 du décret du 1er mars 1901, les locomotives, tenders et véhicules de toute espèce, et tout le matériel d'exploitation seront constamment maintenus dans un bon état d'entretien.

En sens contraire, nous devons signaler quelques décisions de jurisprudence aux termes desquelles les accidents survenus au matériel de l'exploitation peuvent être considérés comme rentrant dans les cas de force majeure, lorsque le matériel a été constamment entretenu en bon état de fonctionnement.

C'est ainsi qu'il a été décidé que constituaient des cas de force majeure :

L'avarie d'un tiroir de distribution de vapeur d'une locomotive. (Trib. de comm. de Pau, 29 mars 1905 ; *Bull. des transports*, juin 1905. Trib. de comm. de Tarbes, 31 oct. 1905 ; *Bull. des transports*, févr. 1906.)

La rupture d'entretoises dans le foyer de la machine. (Trib. de comm. de Poitiers, 20 sept. 1909 ; *Bull. des transports*, 1910, p. 10.)

La rupture d'un essieu de voiture. (Trib. de comm. de Vire, 27 févr. 1907 ; *Bull. des transports*, juin 1907.)

Il faut, en cas d'avarie de machine, que la Compagnie qui allègue le cas de force majeure prouve que la machine a été soigneusement éprouvée et examinée avant d'être employée. (Just. de paix de Marseille, 29 janv. 1909 ; *Jurispr. civ. de Marseille*, 1909, 453.)

L'affluence *inusitée* et *extraordinaire* de voyageurs peut constituer un cas de force majeure, mais on ne saurait trouver cette excuse dans une affluence de voyageurs se produisant aux mêmes époques de l'année, vacances, fêtes, départ ou rentrée de soldats permissionnaires, ou lorsque cette affluence est causée par un événement exceptionnel, mais que la Compagnie a dû ou pu prévoir.

Du reste, les Compagnies prescrivent à leurs chefs de gare et de station d'informer très exactement leurs supérieurs de la nature et de l'importance des foires, fêtes, pèlerinages. Ils doivent demander le matériel suffisant pour transporter tous les voyageurs.

Aux termes d'un jugement de paix du XIIIe arrondissement de Paris, du 21 octobre 1898, il n'y a pas force majeure, s'il se tient de nombreuses fêtes patronales, sportives, musicales ou autres dont une Compagnie doit connaître l'existence et à l'occasion desquelles elle doit prendre, en conséquence, toutes les dispositions nécessaires pour assurer à chaque station, dans les délais impartis par l'horaire, le mouvement des voyageurs et des bagages. En ne le faisant pas, elle commet une faute ou tout au moins une négligence et viole l'article 43 de l'ordonnance de 1846, qui lui impose d'effectuer le transport des voyageurs aux heures indiquées par les affiches apposées dans les gares et stations en conformité des ordres de service approuvés par l'administration.

Il n'y a pas force majeure si une affluence de voyageurs a coutume de se produire aux mêmes époques de l'année (Trib. de comm. de Castres, 22 janv. 1909; *Mon. de Lyon*, 11 mars 1910), si la Compagnie a provoqué l'affluence en annonçant qu'elle accorderait des réductions de tarif à l'occasion d'un Congrès. (Trib. de comm. de Toulouse, 3 avril 1909; *Bull. des transports*, 1909, p. 90.)

L'excuse de force majeure ne saurait résulter au profit de la Compagnie ni de l'affluence excessive de voyageurs, ni de la rigueur exceptionnelle de la température, ni de la rupture subite d'un attelage de wagon. De tels événements devaient rentrer dans les prévisions des directeurs du service, qui devaient l'organiser en vue d'une pareille éventualité.

En effet, la Compagnie avertie par la date du jour de l'an et par le mauvais temps qui sévissait depuis plusieurs jours devait prendre ses mesures en conséquence; il en était de même pour une brusque avarie survenue au matériel, qu'il faut toujours considérer comme possible et dont l'existence n'est, d'ailleurs, nullement démontrée par la Compagnie. (Trib. de comm. de Lyon, 9 juill. 1909; *Gaz. comm. de Lyon*, 12 janv. 1910.)

Il y a force majeure lorsqu'une trombe d'eau a enlevé une partie de la voie ferrée (Trib. civ. d'Ussel; *Mon. comm.* 1911, p. 391); lorsque la neige recouvre les voies et cause la rupture de fils électriques et téléphoniques (Trib. de comm. de Toulouse, 6 juin 1912; *Le Droit*, 15 mars 1913); lorsque le verglas empêche la circulation sur une ligne électrique. (Trib. civ. de Prades, 12 juin 1912; *Le Droit*, 15 mars 1913.)

Les grèves peuvent constituer un cas de force majeure, lorsque la majorité des agents a cessé le travail, surtout si on ne relève à la charge de la Compagnie aucune faute ayant pour résultat de provoquer ou de prolonger la grève, le fait par la Compagnie d'avoir résisté à certaines exigences de son personnel ne constituant pas à lui seul une faute. (Cons. de préf. de la Seine, 29 nov. 1908; *Ann. des chem. de fer*, 1908, I. 135.)

Le Tribunal de commerce de Rochefort a jugé, le 31 mars 1911 :

« Qu'en principe une grève d'ouvriers ne peut constituer un cas de force majeure dispensant une partie d'exécuter son obligation que si, d'une part, la grève ne pouvait être prévue ni prévenue par elle, et si, d'autre part, l'obstacle apporté par la grève à l'exécution de l'obligation est tel qu'il ne puisse être surmonté et ne laisse place à aucun autre moyen d'exécuter l'obligation;

» Attendu qu'il appartenait à l'administration des Chemins de fer de l'État de prendre toutes mesures nécessaires pour obvier aux conséquences de la grève qui s'était déclarée sur tout le réseau... »

Une grève d'employés de chemins de fer ne constitue pas par elle-même un cas de force majeure. Il faut que la Compagnie n'ait rien négligé pour pouvoir continuer son service. (Trib. de comm. de Lyon, 8 avril 1913; *Gaz. comm. de Lyon*, 8 oct. 1913.)

L'affaissement d'un remblai ne constitue pas un cas de force majeure, si la Compagnie avait pu le prévoir. (Cour de Bordeaux, 19 juin 1905; *Rec. arr. Bordeaux*, 1905. I. 338.)

La Compagnie n'est pas responsable d'un acte criminel ou délictueux, notamment d'un déraillement dû au déboulonnement d'un rail extérieur de la voie et à l'enlèvement d'un certain nombre de tire-fond (Trib. de comm. de Paris, 21 janv. 1908; *Bull. des transports*, 1908, p. 71), ou des conséquences d'un vol commis dans des circonstances excluant la faute de celui à qui la chose volée avait été confiée. (Cour d'Alger, 21 avril 1910; *Mon. comm.*, 1911, p. 438.)

Si un retard est dû à une faute de la Compagnie, et notamment si les voyageurs ont été expédiés par un train suivant, la Compagnie, en cas de retard de ce dernier train, ne pourrait exciper d'un cas de force majeure.

Lorsqu'une voie de chemins de fer ayant été coupée par un cas de force majeure, la Compagnie a dû, par application des règlements concernant la matière, dévier sur des lignes parallèles des trains à marche rapide circulant sur la voie coupée, cette circulation anormale doit être faite en gênant le moins possible le service des lignes qu'elle emprunte.

Et les prescriptions du règlement général d'exploitation, d'après lesquelles les trains à marche moins rapide doivent être conservés et garés pour laisser passer ceux qui ont une marche plus rapide, sont inapplicables en cette hypothèse. La Compagnie est en faute pour le retard. (Trib. de comm. de Grenoble, 26 mars 1909; *Rec. Grenoble*, 1909, 330.)

Les Compagnies répondent souvent, lorsque le voyageur leur adresse des réclamations directement, que le retard dont on se plaint est indépendant de leur volonté et que, par suite, elles déclinent toute responsabilité. C'est au voyageur à ne pas accepter de pareilles raisons.

Le fait, par les agents du contrôle, d'indiquer en réponse à une réclamation que le fait dont se plaint le voyageur n'a pas paru susceptible d'entraîner une sanction administrative, ne diminue en rien, bien entendu, la responsabilité de la Compagnie.

POURSUITES

Le voyageur qui, par la faute de la Compagnie ou de ses agents, a subi un préjudice a le droit d'en demander et d'en obtenir la réparation devant la juridiction compétente. Il pourra s'adresser à la juridiction de répression, à la juridiction civile ou à la juridiction commerciale.

Différentes espèces de juridictions.

La juridiction de répression comprend : les cours d'assises (crimes), les tribunaux de police correctionnelle (délits ordinaires et délits dits contraventionnels) et les tribunaux de simple police (contraventions).

Les poursuites devant ces juridictions sont intentées par le ministère public, et le voyageur peut intervenir à titre de partie civile pour faire condamner à des dommages-intérêts l'agent reconnu coupable d'un crime, d'un délit ou d'une contravention et obtenir ainsi la condamnation de la Compagnie comme civilement responsable de son agent.

En cas de refus d'agir par le ministère public, on peut citer directement devant le tribunal correctionnel et le tribunal de simple police.

C'est surtout en matière d'accident causé par un déraillement ou une inobservation des règlements, une maladresse ou une imprudence d'un agent, que l'on aura à se porter partie civile.

L'on pourra aussi attendre que la juridiction de répression ait statué pour porter ses revendications devant la juridiction civile ou la juridiction commerciale.

Les actions intentées à la suite d'accidents résultant de faits d'exploitation sont de la compétence exclusive des tribunaux judiciaires. (Trib. des conflits, 31 mai 1913; *Bull. des transports*, 1913, p. 155.)

En cas de retard ou d'avarie, les voyageurs peuvent porter leur demande selon le cas devant la juridiction civile (justice de paix, tribunal civil) ou devant la juridiction consulaire (tribunal de commerce).

Juges de paix.

Aux termes de la loi du 12 juillet 1905 (art. 2), les juges de paix prononcent sans appel jusqu'à la valeur de 300 francs, à charge d'appel jusqu'au taux de la compétence en dernier ressort des tribunaux de première instance (1,500 francs), sur les contestations entre les voyageurs et les entrepreneurs de transports par terre ou par eau, les voituriers et bateliers, pour retard, frais de route et perte ou avarie d'effets accompagnant le voyageur.

La compétence extraordinaire donnée par cet article aux juges de paix est restreinte aux contestations relatives aux retards, frais de route, perte ou avarie d'effets accompagnant le voyageur, c'est-à-dire transportés en même temps que lui.

Ce n'est pas à dire que l'on ne pourra porter que ces affaires devant le juge de paix. On pourra le saisir, dans les limites de sa compétence ordinaire, 300 francs en dernier ressort, 600 francs en premier ressort, pour toutes les autres contestations nées avec le chemin de fer pour accident, retards de marchandises ou d'objets voyageant isolément, et à condition que le contrat n'ait pas un caractère commercial pour le demandeur.

Pour les retards, frais de route, perte ou avarie d'effets, accompagnant le voyageur, le juge de paix est compétent en dernier ressort jusqu'à 300 francs, en premier jusqu'à 1,500 francs. Au-dessus de ce chiffre de dommages-intérêts, il faut s'adresser au tribunal civil, qui statue en premier ressort, c'est-à-dire que l'affaire sera susceptible d'appel.

Le tribunal de paix est-il compétent pour statuer sur toutes les contestations de quelque nature qu'elles soient, civiles ou commerciales, entre les voyageurs et les entrepreneurs de transports par terre ou par eau, les voituriers ou bateliers, pour retard, frais de route et perte ou avarie d'effets accompagnant le voyageur ?

La justice de paix est une juridiction exceptionnelle qui ne connaît que des affaires qui lui sont formellement attribuées par la loi.

Avant la loi du 12 juillet 1905, la jurisprudence admettait que les tribunaux de commerce étaient seuls compétents pour connaître des litiges nés d'un transport commercial entre le chemin de fer et le commerçant voyageant pour les besoins de son commerce.

La loi de 1905 ne paraît pas faire et ne fait pas en réalité de distinction, ne crée pas de catégories de voyageurs commerçants ou non-commerçants, puisqu'elle emploie le terme de voyageurs sans faire aucune distinction entre ceux qui voyagent pour leur plaisir, leur commodité, ou des affaires civiles et ceux qui voyagent dans un but industriel ou commercial.

Non seulement, elle ne fait pas de distinction, mais l'intention du législateur a été bien précisée par le rapporteur de la loi, M. Cruppi, ancien avocat général à la Cour de cassation, et par les débats qui ont eu lieu à la Chambre, lors du vote de la loi, débats rapportés complètement dans un jugement de paix de Libourne du 19 août 1905, confirmé par le Tribunal civil de Libourne le 19 décembre 1905.

Un marchand forain avait assigné la Compagnie d'Orléans devant le Tribunal de paix de Libourne pour obtenir réparation du préjudice qui lui avait été causé pour perte de colis enregistrés comme bagages.

La Compagnie souleva une exception d'incompétence, tirée du caractère nettement commercial, pour les deux parties en cause, du contrat de transport.

Le Tribunal de paix statua en ces termes :

« Attendu que, par les conclusions de son exploit introductif d'instance, le sieur Marqués réclame à la Compagnie des chemins de fer de Paris à Orléans : 1° la somme de 215 francs pour lui tenir lieu de la valeur d'un colis postal par lui confié à la dite Compagnie avec trois autres, le 3 mai dernier, à titre de bagages à la station de Montpon, mais qui n'a pu lui être remis à son arrivée à Libourne et qui n'a point été encore retrouvé; 2° celle de 75 francs à titre de dommages-intérêts pour réparation du préjudice par lui éprouvé de ce chef;

» Attendu qu'en réponse à cette action la Compagnie défenderesse dépose sur le bureau des conclusions écrites, qu'elle développe, tendant à l'incompétence du Tribunal de céans, tirée du caractère nettement commercial pour les deux parties en cause du contrat de transport objet du litige;

» Attendu qu'aux termes de l'article 2 de la loi du 25 mai

1838, modifié quant au taux de la compétence par la loi du 12 juillet 1905, les tribunaux de paix connaissent en dernier ressort jusqu'à 300 francs et en premier ressort jusqu'à 1,500 francs, des contestations entre les voyageurs et les entrepreneurs de transports par terre ou par eau, les voituriers ou bateliers, pour retard, frais de route et perte ou avarie d'effets accompagnant les voyageurs;

» Attendu qu'il a été nettement exprimé à la Chambre, aux cours de la discussion de l'article 2 de la loi du 12 juillet 1905, et contrairement aux affirmations de la Compagnie défenderesse, que les Compagnies de chemins de fer sont comprises parmi les entrepreneurs de transports, et que pour les contestations qui pourront survenir entre elles et les voyageurs les juges de paix ont toute compétence dans les limites fixées par le dit article; qu'il suffit pour s'en convaincre de se reporter : 1º au rapport de M. Cruppi, président et rapporteur de la commission des réformes judiciaires, au cours de la séance de la Chambre des députés du 23 février 1903, où l'éminent rapporteur s'exprime ainsi : « Notre projet n'accorde pas aux juges de » paix la connaissance générale des affaires commerciales; » les juges de paix pourront cependant connaître de quelques » actions commerciales, mais ce ne sera qu'exceptionnelle- » ment et lorsque ces actions rentreront dans les affaires » qui sont de leur compétence. Il est, en effet, hors de doute » pour la commission que tous les litiges prévus aux articles » du projet rentrent dans la compétence des juges de paix, » que l'affaire soit civile ou commerciale. Ainsi, aux termes » de l'article 2, les juges de paix sont compétents pour les » contestations entre voyageurs et les voituriers ou bate- » liers; or, les voituriers ou bateliers étant des entrepreneurs » de transport et par suite des commerçants, les actions » dirigées contre eux en raison de leur entreprise sont des » affaires commerciales; il n'en est pas moins certain que les » juges de paix seront compétents pour en connaître; la » jurisprudence l'a d'ailleurs reconnu dans l'état de la légis- » lation actuelle. Il en sera de même en ce qui concerne les » actions pour vices rédhibitoires et les actions relatives aux » colis postaux »; 2º à la discussion même qui a eu lieu à l'occasion du vote du dit article 2 au cours de la séance de la Chambre des députés, le 18 juin 1903, ainsi rapportée au *Journal officiel :*

« M. LE PRÉSIDENT. — Nous arrivons au troisième para- » graphe : Entre les voyageurs et voituriers ou bateliers pour » retard, frais de route ou avarie d'effets accompagnant les » voyageurs.

» M. Julien GOUJON. — Depuis la loi de 1838, nous avons » eu des chemins de fer; est-ce qu'en matière de chemins de

» fer et d'indemnité à leur réclamer, nous devons aller devant
» le juge de paix ou devant le tribunal de commerce?

» M. LE RAPPORTEUR. — La question est prévue à l'ar-
» ticle 7.

» M. Julien GOUJON. — Permettez; il s'agit ici de voitu-
» riers, je ne dépose pas d'amendement, je ne veux pas avoir
» l'air de faire de l'opposition à la loi, je pose simplement la
» question : tranchez-la vous-même.

» M. LE RAPPORTEUR. — Sans aucun doute dans les termes
» du droit commun.

» M. Julien GOUJON. — Quel est le droit commun? La
» justice de paix n'est pas la juridiction de droit, c'est la
» juridiction d'exception.

» M. LE RAPPORTEUR. — Le juge de paix sera compétent
» dans les limites de la compétence fixée par notre loi.

» M. Julien GOUJON. — Vous faites rentrer dans la loi
» de 1838 les chemins de fer? Alors, je suis d'accord avec
» vous; vous ne voulez pas l'ajouter, mais c'est entendu.

» M. LE RAPPORTEUR. — Il ne peut y avoir de difficultés.
» Si c'est la Compagnie qui appelle le voyageur devant le
» tribunal, ce sera le juge de paix; si, au contraire, c'est le
» voyageur qui appelle la Compagnie, c'est-à-dire un com-
» merçant, devant le tribunal, le juge de paix pourra encore
» être compétent.

» M. PUECH. — Mais où voyez-vous que les Compagnies de
» chemins de fer interviennent dans cet article?

» M. Julien GOUJON. — Elles interviennent comme trans-
» porteurs.

» M. LE PRÉSIDENT. — Quel est l'avis de la commission
» et celui du gouvernement?

» M. LE RAPPORTEUR. — Nous sommes d'accord avec
» M. Goujon : les voituriers comprennent les Compagnies
» de chemins de fer. »

» Attendu que cet article ne fait aucune distinction entre
les voyageurs commerçants ou non-commerçants; que ses
termes sont généraux et s'appliquent à toute espèce de
voyageurs sans distinction d'état ou de profession, à la seule
condition que la demande n'excède pas 1,500 francs; que
si la contestation portait sur un chiffre supérieur à 1,500 fr.,
dans ce cas seulement les règles ordinaires de compétence
reprendraient leur empire;

» Attendu, d'ailleurs, que le fait par un commerçant de
voyager avec ses hardes et des marchandises qui le suivent
comme bagages, ce qui est le cas du demandeur et ce que
ne conteste pas la Compagnie défenderesse, ne saurait être
considéré, de la part du voyageur, comme un acte commercial
avec la Compagnie de transport; que la théorie de la Compagnie qui s'appuie sur deux arrêts de cassation inapplicables en la cause, comme statuant non point au cas de l'ar-

ticle 2 actuellement en litige, mais bien de l'article 5 de la loi du 25 mai 1838, et d'ailleurs sur une question d'espèce, mais non sur le principe au résultat duquel le tribunal de commerce est toujours compétent, même en cas de contestation avec un simple particulier, à raison de sa qualité de commerçant, ne saurait résister à l'examen, surtout après la discussion prérappelée de l'article 2 de la loi du 12 juillet 1905; qu'il est, en effet, de jurisprudence constante et incontestée qu'en cas de litige entre non commerçants, la partie non commerçante a le choix de porter son action, soit devant la juridiction civile, soit devant la juridiction commerciale;

» Attendu que la doctrine et la jurisprudence sont d'accord pour donner compétence en l'espèce actuelle aux tribunaux de paix, puisque le législateur a eu en vue de faciliter au voyageur quel qu'il soit, lorsque la valeur du litige n'excède pas 1,500 francs, le règlement rapide et peu coûteux des contestations qu'il prévoit, ce qu'il obtiendrait rarement, et en tout cas très difficilement, devant la juridiction commerciale, où les affaires subissent toujours des lenteurs dans les villes d'une certaine importance, par suite de l'encombrement du rôle, et où la procédure est surtout coûteuse en raison de l'usage généralement adopté de recourir à des arbitres;

» Attendu que décider autrement serait proclamer que le législateur a fait ou voulu faire œuvre inutile ou stérile en votant et les articles 2 des lois des 25 mai 1838 et 12 juillet 1905 et celles des 31 mars 1896 et 31 octobre 1903, relatives, la première à la vente des objets abandonnés ou laissés en gage par les voyageurs aux aubergistes ou hôteliers et la deuxième à la vente des objets abandonnés chez les ouvriers ou industriels; qu'il est, en effet, de toute évidence qu'en faisant ces deux dernières lois, le législateur a obéi aux mêmes préoccupations qui ont inspiré les dispositions de l'article 2 de la loi du 25 mai 1838 et n'a eu d'autre objectif que de donner aux intéressés, quelle que soit la qualité des parties en cause, le moyen d'obtenir une solution rapide et économique; qu'à l'instar des articles 2 des lois précitées des 25 mai 1838 et 12 juillet 1905, le législateur, dans les lois des 31 mars 1896 et 31 octobre 1903, aussi susmentionnées, n'a fait aucune distinction entre les voyageurs ou autres propriétaires d'objets laissés ou abandonnés, qu'ils soient commerçants ou non, et que pour les contestations prévues à ces deux dernières lois, compétence exclusive est accordée aux juges de paix; qu'il n'est point douteux, cependant, que parmi les objets abandonnés chez les aubergistes ou délaissés chez l'ouvrier ou l'industriel, se trouvent soit des attelages, soit des voitures, soit des effets ou marchandises servant à l'exploitation du commerce des personnes qui ont abandonné, laissé en gage ou délaissé les dits objets; qu'ainsi le législateur a bien voulu affirmer que l'appréciation du contrat intervenu entre le commerçant ou l'industriel à qui il a confié la réparation d'objets affectés à son commerce, d'autre part, échappait dans les cas prévus par les dites lois, à la juridiction commerciale; qu'il y a identité entre les cas prévus par les dites lois du 31 mars 1896 et 31 octobre 1903 et la situation du sieur Marquès;

» Attendu que la seule concession faite, tant par les auteurs que par la jurisprudence à l'égard des contestations prévues par les articles 2 des lois des 25 mai 1838 et 12 juillet 1905, réside dans le droit pour le voyageur demandeur à opter entre les deux juridictions, civile et commerciale, le voyageur pouvant avoir un intérêt considérable à invoquer les règles de compétence *ratione loci* établies par l'article 420 du Code de procédure civile;

» Attendu que la Compagnie défenderesse ne déniant pas que la contestation a trait à la perte d'un colis qui suivait ou devait suivre le demandeur comme bagage, il y a lieu de rejeter l'exception soulevée, tant à raison de ce que le contrat intervenu entre le sieur Marquès et la Compagnie défenderesse n'avait rien de commercial que parce que, même commercial, le litige rentre dans le cadre des contestations prévues par les articles 2 des lois des 25 mai 1838 et 12 juillet 1905;

» Par ces motifs, statuant contradictoirement et en premier ressort, déclare la Compagnie des chemins de fer de Paris à Orléans mal fondée dans son exception qu'il rejette, par suite, se déclare compétent, ordonne qu'il soit plaidé au fond et condamne la dite Compagnie aux frais de l'incident. »

Le jugement du tribunal de paix et le jugement confirmatif du Tribunal de Libourne ont été déférés à la Cour de cassation et, à la date du 28 décembre 1909, la Chambre civile a rendu un arrêt cassant cette dernière décision :

« Vu l'article 2, § 2, de la loi du 12 juillet 1905;

» Attendu que les juges de paix, juridiction d'exception, ne peuvent statuer que sur les actions dont la connaissance leur est attribuée par un texte de loi;

» Attendu que sous l'empire de la loi du 25 mai 1838, l'attribution à ces magistrats de la connaissance de toutes les actions personnelles, en dernier ressort jusqu'à la valeur de 100 francs, — et à charge d'appel jusqu'à la valeur de 200 francs, — ne s'appliquait qu'aux actions en matière civile et non à celles qui, se rattachant à des transactions commerciales, sont exclusivement de la compétence des tribunaux de commerce ; que l'article 2 de cette loi, plus spécialement applicable à certaines contestations, notamment à celles entre voyageur et voiturier pour perte ou avarie d'effets accompagnant le voyageur, n'avait pas été conçu dans un autre esprit et n'avait pour but que d'étendre dans les cas qu'il prévoyait, la compétence à charge d'appel des juges de paix jusqu'au taux du dernier ressort pour les tribunaux d'arrondissement, mais non de changer les règles ordinaires de la compétence civile ou commerciale ;

» Attendu qu'il en est de même depuis la loi du 12 juillet 1905 ; que si cette loi a augmenté le nombre des contestations dont elle attribue la connaissance aux juges de paix et si elle a élevé le taux de leur compétence, elle n'en a, par aucune disposition spéciale, modifié le caractère, mais a entendu au contraire le confirmer, en se bornant à reproduire, en ce qui concerne les contestations qui peuvent s'élever entre les voyageurs et les voituriers ou entrepreneurs de transports, l'article 2, § 2, de la loi du 25 mai 1838 ;

» Attendu que le jugement attaqué constate que l'instance engagée par Marquès, commerçant, contre la Compagnie des chemins de fer de Paris à Orléans avait pour objet la réparation du dommage qui lui aurait été causé par la perte d'un colis voyageant avec lui et contenant des marchandises destinées à être vendues ;

» Attendu que le débat ayant à l'égard des deux parties un caractère commercial échappe à la compétence du juge de paix ;

» Attendu qu'en décidant le contraire et en confirmant la sentence par laquelle le juge de paix de Libourne avait retenu la connaissance de ce litige et statué au fond, le jugement attaqué a faussement interprété et par suite violé l'article de loi sus-visé. »

La Cour de cassation affirme que le législateur n'a pas voulu donner aux juges de paix une compétence exceptionnelle en matière commerciale, que la loi a seulement augmenté le nombre des contestations dont elle attribue la connaissance aux juges de paix, qu'elle n'a par aucune disposition modifié le caractère de leur compétence, mais entendu au contraire la confirmer.

La réponse à cette affirmation de la cour suprême se trouve toute entière contenue dans le jugement de paix de Libourne dont les motifs, qui n'ont pas été discutés par l'arrêt très discutable de la Cour suprême, restent entiers.

Au surplus, pourrait-on invoquer en faveur du jugement de paix de Libourne, l'opinion même du rapporteur de la loi, M. Cruppi, qui, dans son *Commentaire de la loi du 12 juillet* 1905, page 45, s'exprimait ainsi :

« Le voyageur devra-t-il poursuivre le transporteur devant le juge de paix ou devant le tribunal de commerce ? C'est la même difficulté que nous avons examinée sous le paragraphe des aubergistes et des hôteliers. Pour les motifs que nous avons déduits, nous estimons qu'il devra les poursuivre devant le juge de paix qui est seul compétent dans les limites prévues à notre article. S'il fallait encore chercher une preuve de l'intention manifeste du législateur, nous la trouverions dans ce fait que la proposition primitive ne parlait que des voituriers et des bateliers; au cours de la discussion devant la Chambre des députés on y a ajouté les entrepreneurs de transports, visant ainsi une catégorie de gens toujours commerçants. Est-il admissible que le législateur eût fait cette addition sans observations s'il avait pensé que les tribunaux de commerce seraient restés compétents vis-à-vis des commerçants ? »

Et dans le paragraphe concernant les aubergistes et hôteliers, M. Cruppi disait :

« La question se posait déjà sous l'empire de la loi de 1838 et elle a été vivement controversée en doctrine et en jurisprudence. Les tribunaux, nous devons le reconnaître, avaient une tendance marquée à décider que les justices de paix étaient des juridictions purement civiles, incompétentes par conséquent pour connaître de toutes affaires commerciales; mais ils laissaient néanmoins aux voyageurs le droit de porter, à leur choix, leur action devant la juridiction de paix ou la juridiction consulaire en vertu du principe posé par la Cour de cassation que « lorsqu'un engagement a le » caractère civil pour l'un des plaideurs et le caractère com- » mercial pour l'autre, celui pour qui l'engagement est civil » a le droit de choisir à son gré la juridiction civile ou com- » merciale » et pour ce motif que le différend avait pour eux le caractère purement civil.

» Nous n'approuvons pas cette tendance de la jurisprudence et nous espérons qu'à l'avenir les tribunaux n'hésiteront pas à reconnaître la compétence exclusive des juges de paix en cette matière. Ils ne feront ainsi que se conformer à la volonté certaine du Parlement, qui ressort bien nettement du rapport déposé à la Chambre des députés, le 25 février 1903. A la page 30 de ce rapport, après avoir dit que les juges n'auraient pas une compétence générale en matière commerciale, nous ajoutions que néanmoins, pour la commission, il était hors de doute que toutes les contestations attribuées

spécialement aux juges de paix seraient de leur compétence, que l'affaire fût civile ou commerciale, et prenant comme exemple les contestations entre voyageurs et voituriers, nous disions : « Les voituriers étant des entrepreneurs de trans-
» ports et par suite des commerçants, les actions dirigées
» contre eux à raison de leurs entreprises sont des affaires
» commerciales; il n'en est pas moins certain que les juges
» de paix seront compétents pour en connaître. »

En vain objecterait-on que la loi déclare, dans son article premier, que les « juges de paix connaissent en matière civile... »

C'est là un argument sans valeur et qui se trouve combattu par les dispositions de la loi attribuant compétence aux juges de paix pour connaître des actions auxquelles donnent lieu l'avarie, la perte et le retard des colis postaux (art. 6.). Si la thèse de la Cour de cassation était exacte, le commerçant qui fait une action pour perte, avarie ou retard d'un colis postal envoyé ou reçu pour les besoins de son commerce, devrait porter ce litige devant le tribunal de commerce.

Or, jamais il n'a été soutenu par les Compagnies, au contraire, que le tribunal de commerce fût compétent en matière de litige de colis postaux appartenant à un négociant. La Cour d'Amiens l'a proclamé à la demande de la Compagnie du Nord, le 10 mai 1908 (D. P., 1909. 2. 50.) et la Cour de Paris a décidé, le 4 mars 1909 (D. P., 1909. 2. 136), que le texte de l'article 6 de la loi du 12 juillet 1905 n'avait rien de limitatif; que les termes en sont au contraire compréhensifs et qu'ils embrassent manifestement l'ensemble des causes de responsabilité de tous les litiges pouvant se rapporter à l'expédition, au transport et à la livraison des colis postaux.

On remarquera du reste que, dans l'espèce jugée par la Cour de cassation, le demandeur se plaignait d'un préjudice commercial.

Il ne nous paraît pas douteux que le tribunal de paix ne demeurât compétent pour connaître d'une contestation entre un commerçant et une Compagnie de chemins de fer si le commerçant ne faisait pas un voyage d'affaire et si le préjudice dont il eut à se plaindre ne fut en aucune façon commercial. Ce n'est pas la qualité du voyageur, c'est le but, la fin du voyage qu'il y aurait lieu de considérer pour fixer la compétence.

Procédure devant les Tribunaux de paix.

L'engagement de l'action devant le juge de paix est précédé d'une conciliation. On fait convoquer la Compagnie en la personne du chef de gare, par une lettre recommandée ou billet d'invitation, envoyé par le greffier du tribunal de paix; cette lettre porte l'indication des jour et heure où les deux parties devront se présenter dans le cabinet du juge de paix, qui les entend, cherche à les concilier, et s'il n'y réussit pas, donne au demandeur le permis de citer.

En vertu de ce permis, le voyageur fait donner à la Compagnie, par le ministère d'huissier, une assignation.

Le voyageur peut se présenter à l'audience en personne ou prendre un mandataire.

Demandes reconventionnelles.

Les demandes de dommages-intérêts portées devant les juges de paix ne dépassent guère, pour la plus grande majorité, la somme de 300 francs. Les juges décident donc en dernier ressort, leurs décisions ne sont pas sujettes à appel.

Elles ne sont pas non plus susceptibles d'un pourvoi en cassation, sauf en cas d'excès de pouvoir (art. 15 de la loi du 25 mai 1838).

Dans le but de faire traîner l'affaire en longueur, d'effrayer le demandeur par la menace d'un appel et d'un pourvoi en cassation et l'augmentation des frais, les Compagnies ont imaginé de répondre à une demande ne dépassant pas la compétence des juges de paix en dernier ressort, c'est-à-dire inférieure à 300 francs, par une demande reconventionnelle supérieure à 300 francs et basée soit « sur un préjudice matériel et moral résultant pour la Compagnie des agissements du demandeur principal tant à l'occasion des faits de l'instance qu'à l'occasion des faits étrangers à cette instance et antérieurs, » soit « sur les agissements du demandeur principal, tant à l'occasion du procès que des faits antérieurs et étrangers au procès, mais concernant les services de la Compagnie et ayant eu pour résultat de lui nuire dans l'esprit du public ».

La grande majorité, pour ne pas dire la presque totalité des tribunaux de paix, des tribunaux civils, des Cours d'appel, devant lesquels des demandes reconventionnelles de ce genre avaient été formées, les repoussent en considérant comme fondée sur la demande principale et par suite n'influant pas sur le taux de ressort la demande reconventionnelle en dommages-intérêts conçue en termes si généraux et spécifiant si peu les faits et agissements sur lesquels elle est fondée, qu'il était impossible aux juges de se rendre compte si, comme il est allégué, ces faits et agissements étaient antérieurs et étrangers à la demande principale.

Saisi d'un appel d'un jugement de paix de Méry-sur-Seine, du 1er août 1907, le Tribunal civil d'Arcis-sur-Aube confirma, le 6 février 1908 (*Revue des justices de paix*, 1909, p. 183), la décision attaquée.

Pour que ne s'applique pas, disait le Tribunal, la disposition de l'article 11 de la loi du 12 juillet 1905, édictée en vue d'empêcher les appels purement dilatoires, il ne suffit pas que le défendeur réponde à la demande principale par une demande reconventionnelle en dommages-intérêts formulée d'une manière vague et sans précision.

Ainsi en est-il spécialement si la demande reconventionnelle fondée tant sur la demande principale que sur les faits antérieurs à la dite demande ne précise aucun fait, n'indique aucune date, ne fait aucune offre de preuve.

Par suite, en semblables circonstances, le juge de paix statue valablement en dernier ressort.

« ... Attendu que... le législateur a voulu empêcher les appels purement dilatoires ;

» Attendu qu'il aurait fait une œuvre vaine, selon l'expression du rapporteur de la loi, s'il dépendait de la volonté du défendeur d'éluder, par un artifice de procédure, la compétence en dernier ressort du juge de paix, si, notamment pour retarder la solution des litiges de peu d'importance, il était permis aux Compagnies de chemins de fer qui, en raison de leur trafic, sont exposées à des réclamations nombreuses, de répondre à des demandes principales par des demandes reconventionnelles en dommages-intérêts, vagues, sans précision, formulées presque toujours dans des termes identiques, dont les chiffres sont variables, suivant que l'action serait portée devant le tribunal de paix ou le tribunal de première instance.

» Attendu que la Compagnie n'a précisé aucun fait, indiqué aucune date ; qu'elle n'a enfin fait aucune offre de preuve, que dans ces circonstances, c'est avec raison que le premier juge a déclaré que la demande reconventionnelle était uniquement formée sur la demande principale et qu'il a en conséquence qualifié son jugement en dernier ressort; qu'il ne pouvait, en effet, statuer sur des faits que la Compagnie ne lui faisait pas connaître. ».

Avaient statué entre autres, dans le même sens, le Tribunal de Belfort, le 12 octobre 1906, le Tribunal de Périgueux, le 10 décembre 1908, la Cour de Montpellier, les 20 février et 19 mars 1908, le Tribunal de Montauban, le 14 février 1908, la Cour de Bordeaux, le 9 novembre 1908 et le 25 février 1907, la Cour de Toulouse, le 6 décembre 1909, le Tribunal civil de Bergerac, le 8 décembre 1910, la Cour de Lyon, le 21 février 1912, le Tribunal de Rochefort, le 7 mars 1913.

Saisie d'un pourvoi contre plusieurs de ces décisions, notamment le jugement de Belfort et les arrêts de Montpellier, la Chambre civile de la Cour de cassation a, le 28 décembre 1909 (D. P., 1911. 1. 414.), cassé ces décisions.

La Cour s'appuie surtout sur ce fait que la demande formée par le défendeur a le caractère de demande reconventionnelle, laquelle tend à restreindre ou à anéantir la demande principale et à prouver un avantage particulier au défendeur; et elle décide qu'une demande de ce genre n'étant pas une demande basée sur la demande principale, mais présentant tous les caractères de la demande reconventionnelle, les tribunaux n'ont qu'à se préoccuper de l'objet de la demande et non du mobile qui l'a provoquée.

La même Chambre civile a statué dans le même sens, par divers arrêts des 22 avril et 19 juin 1912 et 9 avril 1913 (D. P., 1913. 1. 444), et cassé les décisions rapportées plus haut des tribunaux de Périgueux et Montauban et des Cours de Bordeaux et de Toulouse.

Tribunal civil.

Devant le tribunal civil, statuant comme juridiction d'appel ou comme premier degré de juridiction, le ministère d'un avoué est obligatoire.

Tribunal de commerce.

Le voyageur peut également assigner la Compagnie devant la juridiction consulaire. Là, pas de préliminaires de conciliation. On assigne directement la Compagnie sans avoir besoin de permis de citer.

L'on peut se présenter en personne ou se faire représenter par un mandataire spécial. Le mieux est de s'adresser à un avocat, à un avoué ou à un agréé près le tribunal de commerce devant lequel l'affaire est portée.

Les tribunaux de commerce jugent en dernier ressort jusqu'à la somme de 1,500 francs et en premier ressort à partir de cette somme.

En résumé, un voyageur non-commerçant a le droit de porter sa demande devant le juge de paix, le tribunal civil ou le tribunal de commerce, à son choix, ou selon l'importance de la demande.

Le voyageur commerçant peut porter sa demande devant le juge de paix lorsqu'il s'agit de retards, frais de route, perte ou avaries d'effets, à condition qu'il n'allègue pas un préjudice commercial, ou devant le tribunal de commerce. S'il s'agit d'autres procès nés du contrat de transport, notamment pour accidents, il pourra également assigner devant la juridiction civile ou la juridiction commerciale.

Compétence territoriale.

Il ne s'agit pas seulement de savoir devant quelle juridiction civile ou commerciale on portera ses réclamations, il faut également savoir quel est le tribunal compétent au point de vue local.

En matière civile, on ne peut assigner, puisqu'il s'agit d'une action personnelle mobilière que devant le Tribunal du domicile du défendeur, en l'espèce le tribunal du lieu où la Compagnie a son siège social.

Mais la jurisprudence a apporté de nombreux tempéraments à cette règle de procédure, qui aurait forcé tous les voyageurs à aller plaider à Paris, les Compagnies ayant leur siège social dans cette ville.

On a admis que les Compagnies pourraient être assignées devant les tribunaux des villes où elles avaient une gare importante, une gare succursale.

La jurisprudence est aujourd'hui définitivement fixée sur ce point et la question de savoir si une gare peut être ou non considérée comme une gare succursale du siège social de la Compagnie est une question de fait, que les juges ont à résoudre d'après les circonstances de la cause, l'importance de la gare, le nombre et le grade des agents que la Compagnie y a placés, etc.

Mais encore faut-il, pour que le litige soit porté devant le tribunal d'où dépend cette gare, qu'il s'agisse au débat d'une opération ou d'un fait qui s'est produit ou a sa source dans le lieu dont on invoque la juridiction. (Trib. civil de Toulouse, 16 juillet 1907. Trib. de comm. de Nantes, 25 oct. 1904.)

En ce qui concerne la Compagnie du Midi, il a été décidé que les tribunaux de Bordeaux étaient compétents pour connaître d'un retard de bagages survenu dans le Gers, motif pris de ce que Bordeaux était une grande gare succursale, qui centralisait d'importants services de contrôle et de surveillance et de ce que la Compagnie du Midi, en subdivisant elle-même son réseau en deux sections, Bordeaux et Toulouse, en chargeant les services de chacune d'elles du règlement des litiges survenus sur son secteur, avait tacitement proclamé cette compétence. (1re Ch. de Bordeaux, avril 1913; *Rec. arr. Bordeaux*, 1913, I. 226.)

En matière d'accident et avant l'arrêt de cassation du 27 janvier 1912, il était décidé que le tribunal civil ou commercial de l'arrondissement dans lequel se trouvait située une gare succursale n'était compétent que si l'accident s'était accompli dans le périmètre de la gare succursale, ou tout au moins se rattachait par une relation directe aux opérations de cette gare.

C'était l'application de la jurisprudence de la Cour de cassation au résultat de laquelle, en matière d'accident, la compétence était régie non par les règles du contrat de transport, mais par l'article 59 du Code de procédure civile.

Mais depuis l'arrêt de cassation du 27 janvier 1913, relaté plus haut au chapitre « accidents », la compétence en matière d'accident est régie par les règles du contrat de transport.

C'est dire que, si l'on poursuit la réparation du dommage devant la juridiction civile, on pourra assigner devant le tribunal civil du lieu où s'est formé le contrat ou, si l'on peut faire la preuve d'une faute à la charge de la Compagnie, devant le tribunal du lieu où l'accident s'est produit, c'est-à-dire où se trouve la gare succursale dans les opérations de laquelle les faits générateurs de responsabilité ont pris naissance. (Trib. civ. de Toulouse, 5 janv. 1912; *Gaz. des trib. du Midi*, 5 mai 1912.) Si l'on poursuit devant la juridiction commerciale, on pourra assigner devant le tribunal de commerce du lieu du paiement, là où s'est formé le contrat du transport.

En matière de transport, de voyageurs, le lieu du paiement et le lieu où la promesse a été faite se confondent.

En matière de retards et de manque de correspondance pour les voyageurs et les bagages, il faut également assigner devant le tribunal du lieu où le contrat a été formé.

On assigne dans la plupart des cas devant le tribunal du lieu de l'arrivée, là où le voyageur a éprouvé le retard. (Voir plus loin, arrêt de Bordeaux du 19 déc. 1910.)

Dans une action purement civile, lorsque la gare succursale est étrangère au fait générateur, le tribunal dans le ressort duquel cette gare est située est incompétent. (1re Ch. de la Cour de Bordeaux, 1er mars 1910; *Rec. Bordeaux*, 1910, 1. 157.)

La même cour a confirmé sa jurisprudence, par arrêt du 19 décembre 1910 (*Rec. Bordeaux*, 1911, 1. 74.), en disant que lorsque la faute reprochée consiste non pas en un quasi-délit, mais dans l'exécution dommageable d'un contrat de transport et, par exemple, dans le défaut de correspondance de deux trains en une gare intermédiaire du trajet, le tribunal du lieu de cette gare est incompétent et seul peut connaître de l'action le tribunal du point de départ ou d'arrivée du trajet, ou encore celui du domicile de la Compagnie défenderesse.

La Cour de cassation (Chambre des requêtes) s'est prononcée dans le même sens, le 23 décembre 1913 (*Bull. des transports*, 1914, p. 46), en décidant que, lorsqu'un voyageur a manqué une correspondance et intente une action à une Compagnie à raison de ce fait, il doit assigner la Compagnie, non devant le tribunal de la succursale où il a manqué la correspondance, mais devant le tribunal de la succursale aux opérations commerciales de laquelle se rattache le litige, c'est-à-dire devant le tribunal du lieu de la conclusion du contrat.

En cas de réexpédition sur une autre ville de bagages arrivés en retard sur une ligne, le tribunal du lieu où les bagages devaient parvenir par la seconde est compétent. (Nice, 7 avril 1910; *Bull. des transports*, 1910, p. 137.)

En sens contraire, le Tribunal de commerce de Lyon a décidé, le 31 juillet 1913 (*Gaz. comm. de Lyon*, 3 sept. 1913), que lorsqu'un bagage a subi un retard de livraison dans l'expédition de Bruxelles sur Calais et que la Compagnie l'a réexpédié de Calais sur Lyon, il s'est formé entre la Compagnie et le voyageur deux contrats successifs et distincts consacrés par deux titres de transport. Le second est la conséquence naturelle, mais imprévue, du premier et le litige, portant exclusivement sur le premier contrat Bruxelles-Calais, le Tribunal de Lyon est incompétent *ratione loci* pour en connaître.

La Compagnie qui se substitue une autre Compagnie pour achever le parcours indiqué sur le billet est responsable du fait de ce nouveau transporteur. (Trib. de comm. de Lyon, 8 avril 1913; *Gaz. comm. de Lyon*, 8 oct. 1913.)

Un tribunal de commerce est compétent pour connaître de l'action en dommages-intérêts pour retard d'un bagage, lorsque la Compagnie a livré ce bagage au lieu où siège le tribunal. Il en est ainsi également lorsque ce lieu est le point où aboutit le billet circulaire dont faisait usage le voyageur. (Trib. de comm. de Lyon, 11 fév. 1910; *Gaz. comm. de Lyon*, 22 oct. 1910.)

Dans le même sens, il a été décidé que lorsqu'un voyageur est porteur d'un billet circulaire, il n'y a qu'un seul contrat de transport et non pas plusieurs contrats successifs, et que par suite le tribunal du lieu où le billet a été délivré est compétent. (Montpellier, 6 fév. 1903; *Gaz. Pal.* 1903. 1. 359. Just. de paix de Bergerac, 24 avril 1908. Trib. civ. de Pontarlier, jugeant commercialement, 5 nov. 1908; *Bull. des transports*, 1909, p. 71.)

Délais de prescription.

Le voyageur a un délai de trente ans pour intenter l'action lorsqu'elle est née d'un contrat de transport et basée sur un quasi-délit, et qu'il y a lieu à application des articles 1382 et 1384 du Code civil (Req., 12 mars 1878, confirmant un arrêt de Pau; S., 1878. 1. 270. Cass. 27 juin 1904; D. P., 1906. 1. 112.)

L'action civile en responsabilité basée sur un délit commis par la Compagnie ou un de ses employés se prescrit par trois ans (Bordeaux, 10 nov. 1886). *Rec. arr. Bordeaux*, 1887, 1. 30, même s'il n'y a pas eu de poursuites correctionnelles. (Cass. civ., 23 juill. 1906; D. P., 1909. 1. 52.)

L'article 108 du Code de commerce, édictant une prescription d'un an en faveur du voiturier par le contrat de transport, ne s'applique pas au voyageur, mais s'applique aux bagages. (Trib. de comm. de Marseille, 22 janv. 1908.)

L'article 105 du Code de commerce est général et s'applique sans distinction à tous les objets qui ont été remis à un voiturier pour en effectuer le transport, que le propriétaire de ces objets, après les avoir remis au transporteur, effectue ou non le même voyage. Il y a perte partielle si l'un des colis manque à destination. (Req., 25 mars 1891; D. P., 1892. 1. 273.)

L'action serait recevable si la perte partielle était le résultat d'une substitution. (Même arrêt et Cass.; 5 nov. 1906. En sens contraire : Cass. 1er juil. 1896 et 16 avril 1904; *Bull. des transports*, juin 1904. Cass. civ., 11 juin 1913; *Bull. des transports*, 1913, p. 12.)

L'action en responsabilité intentée contre le voiturier pour perte de marchandises, dérivant du contrat de transport et étant fondée sur la garantie dont le voiturier est tenu, est distincte par sa nature et son objet de l'action civile qui a exclusivement pour cause la réparation pécuniaire de ce délit imputé à ce même voiturier. (Req., 28 juin 1905; D. P., 1908. 1. 182.)

Dès lors, la prescription de l'action en responsabilité pour perte des marchandises établie par l'article 103 n'est pas interrompue par la plainte en détournement formulée contre le voiturier. (Même arrêt.)

La prescription ne doit pas être accueillie lorsque le voyageur a reçu des lettres de la Compagnie l'engageant à prendre patience (Cour de Paris, 19 août 1872), ou lorsque dans des lettres la Compagnie a reconnu la dette (en l'espèce le manquant), reconnaissance qui, aux termes de l'article 2248 du Code civil, a interrompu la prescription. (Cour de Paris, 16 nov. 1876; Lamé-Fleury, 853.)

La reconnaissance par une Compagnie de chemins de fer, dans la correspondance échangée entre elle et le destinataire, du bien fondé de la réclamation de celui-ci, interrompt la prescription édictée par l'article 108 du Code de commerce.

PENDANT LA GUERRE

Prix des billets
et des excédents de bagages

Pendant la guerre, le prix des billets et celui des bagages en excédent ont subi une majoration de 25 o/o et un impôt de 12 o/o : au total, une augmentation de 37 o/o.

Consigne

Pendant la guerre, les droits de garde à la consigne ont été modifiés comme suit :

F. 0 20 pour la 1re période de 24 heures.
    0 25 — 2e — —
    0 40 — 3e — —
    0 55 — 4e — —
    0 90 — 5e — —
    1 25 — 6e — —
    1 65 — 7e — —
    2 » — 8e — —
    2 40 — 9e — —
    2 75 — 10e — —

Pour le cas où de nouvelles augmentations auraient été décidées depuis la publication de ce volume, se renseigner auprès des chefs de gare.

TABLE DES MATIÈRES

énumérant les divers cas, incidents ou accidents, qui peuvent survenir au cours d'un voyage en chemin de fer.

LES SERVICES DES COMPAGNIES

	Pages.
A qui il faut porter ses doléances.	6
Agents assermentés et agents non assermentés	6
Qui peut constater une infraction.	7
Les injonctions des employés	7
Justification d'identité	8
Contraventions de chemins de fer	8
Valeur des procès-verbaux des agents assermentés . . .	9
Service du contrôle.	9
Devoirs des commissaires de surveillance administrative.	10
Valeur de leurs constatations	15
Réclamations des voyageurs	16
Refus par un agent de donner le livre	16
Inscription des plaintes	17
Intervention des tiers	18
Plaintes contre un employé	19
Accusé de réception des plaintes	20
Secret du registre des réclamations	21
Recours à des témoins	23
Valeur des témoignages	24
Ministère d'huissier	26
Valeur des constats et sommations	26
Communication des livres par une Compagnie	27

AU DÉPART

Pour avoir un omnibus	29
Affichage des tarifs	29
Transport des bagages	30
Service des porteurs	30
Perte ou vol de colis confiés à un porteur	30

GARES ET STATIONS

	Pages.
Police des cours et des vestibules	32
Heures d'ouverture et de fermeture des gares	32
Visibilité du nom des stations	32
Horloges-régulateurs	33
Un train ne doit pas partir avant l'heure	33
Distribution des billets	35
Ce qu'il faut constater au guichet	36
Validité des billets	36
Remboursement pour cas de force majeure	37
Interdiction de vendre des billets devant les gares	37
Appoint au guichet	37
Droit d'utilisation des billets	38
Présentation des coupons aller et retour	38
Achat d'un coupon de retour	39

EN ROUTE

Billets à itinéraire facultatif	40
Remise du coupon retour au lieu du coupon aller	40
Droit de sortie du billet d'arrêt	41
Droit de quitter le train avant la fin d'un parcours	41
Enregistrement de bagages pour une gare plus éloignée que celle du billet	42
Remboursement possible du coupon retour non utilisé	42
Prix des billets	45
Billets militaires (droits et obligations)	46
Droit de place des enfants	46
Certification de l'âge	46
Changement de classe en cours de route	49
Droit de réparation pour procès-verbal dressé à tort	50
Droit particulier pour les abonnés	50
Droit à remboursement au cas de manque de place dans les voitures de sa classe	51
Places de luxe	51
Durée de validité des billets aller et retour	52
Prolongation des coupons de retour	52
Timbrage des permis, carnets et billets circulaires	53
Omission du timbrage	53
Mentions sur le billet	55
Choix entre deux itinéraires	57

BAGAGES

Ce qu'on entend par *Bagages*	59
Chien enfermé dans une caisse	59
Refus d'enregistrement d'un bagage	60

TABLE DES MATIÈRES

	Pages.
Motocyclettes et autos	62
Bicyclettes sans plaque de contrôle	62
Détérioration de bicyclettes	63
Groupage de bagages	64
Lieu de destination des bagages	65
Enregistrement obligatoire pour la gare destinataire	65
Itinéraire des bagages	66
Pesage des colis au départ	66
Pesage des colis à l'arrivée	67
Responsabilité des Compagnies en cas d'erreur de pesage	67
Excédents de bagages	67
Vérification du bulletin de bagages	68
Erreurs d'enregistrement ou d'étiquetage	68
Substitution de colis	68
Adresse sur les bagages	69
Indications portées sur le bulletin	69
Manutention des bagages (chargement et déchargement)	69
Chute d'un colis	69
Prise de livraison sous réserves	70

PASSAGE SUR LA VOIE

Admission dans les salles d'attente	70
Obligations concernant l'ouverture des salles, le chauffage et l'éclairage	71
Tickets d'accès	71
Affiches. Indicateurs des trains	72
Indicateurs officiels	72

CORRESPONDANCES

Délais d'attente	73
Indication des trains	73

LES WAGONS

Places gardées	74
Droit de marquer sa place	74
Places retenues à l'avance	74
Défense de réserver plusieurs places	75
Prise d'une place marquée	75
Etat des voitures	75
Détérioration des garnitures d'un wagon	76
Bris d'une glace	76
Dommages-intérêts pour portière dépourvue de glace	76
Compartiment sale, non éclairé et non chauffé	76

	Pages.
Dames seules	76
Voitures réservées	77
Usage abusif de la plaque *Loué* ou *Service*	77
Voyageurs d'une même famille	79
Droit de faire réserver un compartiment	79
Nombre de places d'un compartiment	79
Interdiction de monter dans un compartiment complet.	80
Dommages-intérêts pour voyageurs imposés en surnombre	80
Wagons-couloirs	81
Droit à une place assise	81
Recours du voyageur obligé de monter dans un compartiment complet et d'y rester debout.	81
Constatation par témoins en cas de déclassement	82
Recours en cas d'envahissement d'un compartiment	82
Voyageurs placés dans des wagons à marchandises (dommages-intérêts)	82
Remboursement du prix de différence de classes	83
Droit de monter dans une voiture d'une classe inférieure	83
Refus d'acceptation d'un voyageur ivre dans une voiture par les autres voyageurs	83
Aliénés, détenus	84
Armes à feu	84

COLIS A MAIN

Colis gênants ou incommodants	85
Droit d'occupation d'une partie seulement du filet à colis	85
Dimension maxima des colis à main	85
Scies, objets piquants ou tranchants	86
Paquets exhalant une mauvaise odeur	86
Epingles à chapeau	86
Objets lourds mal assujettis dans les filets	86
Droit de jouissance de la place et du filet en cas de changement imposé de voiture	87
Intervention des agents pour les colis encombrants	87
Chiens, chats, volailles dans les wagons de voyageurs	88

FUMEURS

Compartiments spéciaux	89
Autorisation nécessaire de tous les voyageurs pour les autres compartiments	89
Compartiment de non-fumeurs	89
Interdiction possible de fumer dans les couloirs des wagons	91
Crachoirs	91

TABLE DES MATIÈRES 241

ÉCLAIRAGE, CHAUFFAGE

Pages.

Défaut d'éclairage des wagons 93
Lampes mauvaises ou dangereuses 94
Chauffage des voitures 95
Changement obligatoire des bouillottes 95
Water-closets 97
Entrée et sortie des voitures 97

DÉPART DES TRAINS

Horaires. 93
Appel obligatoire dans les salles d'attente et buffets. . 93
Fermeture des portières 101
Signal d'alarme 102
Motifs plausibles d'appel 102
Non-fonctionnement du signal 104
Cahotement des voitures 105
Wagons-restaurants. 105

CONTROLE DES BILLETS

Refus d'exhiber son ticket 106
Billets faux ou maquillés 106
Non-obligation des gants pour les contrôleurs . . . 107
Mode d'exhibition ou de remise du ticket 107
Voyage en classe supérieure au billet 107
Voyageur sans billet 107
Admission dans certains trains 107
Billets périmés 108

ACCIDENTS

Responsabilité des Compagnies 109
Preuve de l'accident 116
Juridiction compétente pour la demande en dommages-
  intérêts 116
Témoignages en vue de prouver la faute 117
Surveillance des portières 119
Chutes à contre-voie 120
Accidents par brusque fermeture 120
Mauvais fonctionnement d'une portière ou défectuosité
  d'une serrure 121
Descente des voitures dépassant un quai 121

	Pages.
Montée dans un train après le signal du départ	123
Accidents survenus en traversant la voie	124
Éclairage des fosses à piquer le feu	125
Accidents par bousculade et envahissement des quais	126
Descente à contre-voie	127
Descente avant l'arrêt	127
Accidents par brusque arrêt d'un train	127
Accidents par choc ou refoulement	128
Accidents par saut de cailloux du ballast	128
Accidents par jet de pierres	128
Accidents par différence de niveau	129
Accidents par mauvaise disposition d'un tapis	129
Accidents par heurt contre une console	130
Accidents par portière ouverte d'un train en sens inverse	130
Accidents par court-circuit ou éclatement d'une lampe	130
Conditions de responsabilité	131

A L'ARRIVÉE

Retards	133
Affichage obligatoire des horaires	135
Responsabilité des Compagnies pour cause de retards	136
Correspondances manquées	138
Trains de remplacement	141
Responsabilité, même en cas d'avis de retard	142
Préjudice à réparer pour retard	143
Formation du contrat de transport	144
Responsabilité pour l'entier préjudice matériel et moral	145
Substitution possible du mandant au mandataire	146
Diminution d'un temps d'arrêt en cours de route	147
Retards à des stations intermédiaires	148
Clauses d'irresponsabilité	150
Demander les causes *exactes et précises* du retard	156

EN GARE D'ARRIVÉE

Remise et reçu du billet	158
Non-représentation de billet perdu ou volé	158
Accusations de fraude	160
Non-intention de fraude	161
Impossibilité de prendre un billet au départ	161
Non-représentation de carte à demi-tarif ou d'abonnement	162
Voyageur ayant dépassé la station pour laquelle il a un billet	163

TABLE DES MATIÈRES 243

LIVRAISON DES BAGAGES

	Pages.
Leur distribution	165
Perte du bulletin	166
Consigne	167
Longueur des objets admis à la consigne	167
Exemption du droit de garde et de dépôt	168
Délai à partir duquel sont dus les droits de consigne	168
Responsabilité pour perte ou avarie de colis en consigne	170
Retard des bagages	170
Préjudice prévu	171
Paiement des dépenses imposées par un retard des colis	172
Préjudice pour privation de toilettes, de baladeuses, de cages vides	172
Préjudice pour livraison en retard des malles d'artistes, accessoires d'impresario, instruments de Sociétés musicales	174
Bagages des militaires et marins	174
Fausse direction prise par des bagages	174
Retard de bagage accepté non-enregistré	176
Réclamations et réserves pour non-livraison de bagages	176
Action des patrons ou maîtres	176
Responsabilité envers la maison de commerce comme envers le commis voyageur	177
Evaluation des dommages-intérêts	178
Livraison en retard d'outils	178
Retard de bicyclettes	179
Evaluation des bagages perdus	180
Non-certification par factures	181
Justification des pertes	182
Moyens de preuve	183
Serment estimatif	183
Privation de collection d'échantillons	183
Perte de valises	184
Forcement d'une serrure de malle	186
Atermoiements dans la réparation du préjudice	186
Objets de valeur	187
Déclaration *ad valorem*	187
Colis égarés	193
Bagages avariés	193
Expertise	193
Réserves à la prise de livraison	195
Délais pour la confirmation des réserves ou protestations	196
Inscription à exiger d'un représentant de la Compagnie	197

AUTRES CAS DE RESPONSABILITÉ

Pages.

Buffets et buvettes 198
Affichage des tarifs 199
Bascules automatiques : appareils distributeurs 200
Renseignements erronés fournis par des agents . 200
Responsabilité en cas de fausses indications. 200
Agissements des agents des Compagnies 201
Perte ou soustraction d'objets 202
Avertissement nécessaire du contrôleur en cas de fausse direction. 202
Dénonciation mal fondée 203
Voyageurs oubliés dans les voitures détachées d'un train 203
Responsabilité des Compagnies quand les voyageurs sont obligés de changer de train 204
Télégraphe, téléphone 205
Cas de force majeure 207
A qui incombe la preuve du cas fortuit. 209

POURSUITES

A qui demander réparation. 217
Différentes espèces de juridictions 217
Tribunaux de paix 218
Procédure 227
Demandes reconventionnelles 227
Tribunal civil 230
Tribunal de commerce. 230
Compétence territoriale 230
Délais de prescription. 233
Pendant la guerre 235

Bordeaux. — Imprimeries Gounouilhou, rue Guiraude, 9-11.

www.ingramcontent.com/pod-product-compliance
Lightning Source LLC
Chambersburg PA
CBHW070625170426
43200CB00010B/1911